講談社選書メチエ
824

哲学するベートーヴェン

カント宇宙論から《第九》へ

伊藤貴雄

MÉTIER

プロローグ

第一主題——ベートーヴェン

ある分野で優れた功績を残した人を指して、私たちは「巨星」と呼び、その仕事を「輝かしい」と形容する。詩人ゲーテ（Johann Wolfgang von Goethe）（一七四九—一八三二年）、哲学者ヘーゲル（Georg Wilhelm Friedrich Hegel）（一七七〇—一八三一年）、数学者ガウス（Carl Friedrich Gauss）（一七七七—一八五五年）といった多くの知性を生んだ近代ドイツ文化圏を一個の星空に喩えるなら、音楽家ベートーヴェン（Ludwig van Beethoven）（一七七〇—一八二七年）はそのなかでもひときわ眩い光を放つ巨星の一人といえる。およそ後代の作曲家で彼の影響を受けなかった人はいないだろう。

交響曲、ピアノ・ソナタ、弦楽四重奏曲など、その作品は音楽史上不滅の輝きを放っている。なかでも交響曲第九番ニ短調（Op. 125）「合唱付き」——以下《第九》——は傑作の誉れ高く、その直筆楽譜はユネスコ記憶遺産に登録されている。最終楽章のメロディーの一部（いわゆる《歓喜の歌》）は、東西ドイツの統一や、南アフリカ共和国のアパルトヘイト（人種隔離政策）撤廃など、世界史を画する出来事の際にも歌われてきた。まさに人類の共通遺産というべき作品である。

ベートーヴェンはこの《第九》をどのようにして作曲したのか。これまで多くの人がこのテーマについて研究してきたが、そこには音楽学者だけでなく、文学研究者も含まれている。その理由は、《第九》という作品自体の魅力もさることながら、この曲の一番有名な合唱部分が、詩人シラー

（Friedrich Schiller）（一七五九―一八〇五年）――ゲーテと並び称されるドイツ文学の巨星――の詩「歓喜に寄す」を歌詞にしているところにある。

シラーとの関係から《第九》の成立史を描いた書籍は、二十一世紀になってからもいくつか刊行されており、ディーター・ヒルデブラント『第九――シラー、ベートーヴェンと世界的に成功した音楽の物語（Die Neunte: Schiller, Beethoven und die Geschichte eines musikalischen Welterfolgs）』（二〇〇五年／邦訳、ヒルデブラント 二〇〇七）や、矢羽々崇『「歓喜に寄せて」の物語――シラーとベートーヴェンの『第九』』（二〇〇七年、改訂版二〇一九年）などがある。これらは《第九》の成立史に関する豊富な情報を提供している。

すでにこうした先行研究があるにもかかわらず、本書を企画したのはなぜか。それは、シラーだけでなく、さらに多くの関連人物を視野に入れることで、《第九》の成立史をいっそう立体的・複眼的に捉えられるからである。ベートーヴェンがシラーの詩に音楽を付けようと考えたときの、その着想を大本で支えていた時代精神を一個の星空のように描き出し、《第九》の成立に関係した人々の知的ネットワークを星座のように可視化してみたい。

できるだけわかりやすく親しみやすく、読者と共に考えていくために、ここでは講義スタイルをとることにした。これから始まる全十四回の講義の第一主題は、ベートーヴェンという音楽家、および彼の代表作である《第九》を対象として、一個の芸術作品が創造される過程がどういうものであるかを解明するところにある。

第二主題――カント

さきほど、ベートーヴェンの生きた近代ドイツ文化圏を一個の星空に喩えた（ここで近代とは、おおよそ十八世紀後半から十九世紀前半までの時期を指すことにする）。これまで《第九》研究者の多くは、この星空を見上げてベートーヴェンとシラーという巨星に注目し、両者の放つ光が交わる位置（ベートーヴェンがシラーからどんなインスピレーションを得ていたか、あるいはベートーヴェンによってシラーがどう解釈されたか、等々）を探ってきたといってよい。

しかし、この文化圏にはほかにも多くの巨星が見られる。すでに挙げたゲーテ、ヘーゲル、ガウスをはじめ、言語学者／地理学者のフンボルト兄弟（Wilhelm von Humboldt）（一七六七―一八三五年）（Alexander von Humboldt）（一七六九―一八五九年）、哲学者のフィヒテ（Johann Gottlieb Fichte）（一七六二―一八一四年）やシェリング（Friedrich Wilhelm Joseph von Schelling）（一七七五―一八五四年）、教育学者のペスタロッチ（Johann Heinrich Pestalozzi）（一七四六―一八二七年）やヘルバルト（Johann Friedrich Herbart）（一七七六―一八四一年）など、数えると際限がない。ドイツ文化の黄金時代といわれるだけあって、まことに眩い星空である。

そしてさらに目を凝らすとき、この星空の奥のほうに、他のどの星よりも強い光を放つ巨星が見えてくる。カント（Immanuel Kant）（一七二四―一八〇四年）である。ドイツの哲学者といえば真っ先に挙がる一人であろう。イギリス経験論と大陸合理論というヨーロッパ哲学の二つの伝統を総合して、真・善・美を探究する「批判哲学」の体系を築き、現在に至るまで世界の哲学に影響を及ぼしてきた。晩年の著作『永遠平和のために』（一七九五年）は、今日の国際連合の思想的源流の一つに数えられている。

この巨星が照らす範囲は哲学に限らない。さきに挙げたドイツの巨星たちは、みな大なり小なりカントの影響を被っている。彼らの業績（いわゆるゲーテ色彩論、ヘーゲル弁証法、フンボルト地理学、ペスタロッチ教授法など）は、いずれもカントからの学習の跡をとどめている。シラーに至っては、後半生をカント研究に捧げ、その土台の上に自身の芸術理論（シラー美学）を構築したほどである。カント以降のドイツ文化圏は、いわばカントを中心とする銀河系として見ることもできるだろう。

ベートーヴェンもこの銀河系に属する一人である。詳しくは本講義で述べるが、彼は若き日にボン大学の聴講生として学び、シラー文学はもとより、カント哲学についても知識を得ていたようだ。また、四十代後半にはカントの『天界の一般自然史と理論』（一七五五年）を読んで日記に抜粋しており、この読書がのちに《第九》作曲時のシラー解釈に影響を及ぼした形跡がうかがえる。それゆえベートーヴェンとシラーとの関係も、カント哲学を補助線にすることでいっそう精確に捉えることが期待できるのである。

カント受容史の文脈で《第九》を扱い、ベートーヴェンにとってカント哲学が意味したものが何であるかを解明すること――これが本講義の第二主題に当たる。それは芸術創造の知的源泉としての哲学の役割を問うことでもある。

知の歴史

このように本講義では、片や音楽界、片や哲学界でドイツを代表するベートーヴェンとカントという巨星に注目し、両者の接点を探っていく。もちろん、カントのほうはおそらくベートーヴェンの存在を知らず、その曲を耳にしたこともなかったと思われるので、接点といってもベートーヴェン側での受容が中心になるのだが。

そうすると、ここで次のような疑問を持つ方もいるかもしれない。「はたして音楽は哲学を表現するものなのだろうか」、「哲学が音楽を表現することができないように、音楽も哲学を表現することはできないのではないか」、と。

これは至極まっとうな疑問である。しかし、私が述べたいのは、ベートーヴェンの音楽がカントの哲学を表現しているということではない。そもそも音楽は音楽、哲学は哲学として自立しており、一方によって他方を代弁できるような関係にはないだろう。ベートーヴェン研究者でもあった評論家のサリヴァン（John William Navin Sullivan）（一八八六―一九三七年）は、ベートーヴェンが「哲学的音楽家」であることを認めつつも、彼が表現を意図したのは思想ではなく、思想によって「よび起こされうる魂の状態」であったと述べているが（Sullivan 1927, pp. 81f.／邦訳一二一頁以下）、私も同意見である。

その上で、本講義で探究したいのは、「ベートーヴェンがカントに関心を持ったのはなぜか」という問いである。より詳しく言語化するならば、「ベートーヴェンは、カントのどういう思想を、いつ、どこで、どうして、どのように受容したのか」である。

もちろん、これは音楽的研究というよりも、伝記的研究に属する問い、しかも思想という限定された側面に関する問いである。それゆえベートーヴェン研究としては些末な部類に入るかもしれない。しかし思想史・文化史研究にとってはきわめて興味深い問いである。というのも、カント哲学の影響が及んだ範囲を、同時代の音楽界にまで探ることは、これまでそれほど多くは試みられてこなかったからだ（ゲーテやシラーのような文学者たちのカント受容についてはそれなりに研究があるが、これは文学も哲学もともに文字で表現される点が大きいと思われる）。

端的にいえば、本講義は「知の歴史（intellectual history）」を扱うものである。アメリカの哲学者ローティ（Richard Rorty）（一九三一―二〇〇七年）が述べるように、知の歴史は既存の学問区分の自明性を疑い、むしろ境界領域やマイナーな人物に積極的な意義を見出す（ローティ 一九八八）。哲学という知的活動の舞台を、アカデミズムに限ることなく、非専門家や一般読者をも含めた社会全体のなかで捉えるとき、どのような思想史が浮かび上がってくるであろうか。ベートーヴェンを例にそれを試みたいというのが、本講義を企画した根本動機である。

先行研究

もっとも、ベートーヴェンが青年時代にカント哲学に触れた可能性があることや、四十代後半にカントの著作を読んでいたことについては、古典的なベートーヴェン伝の著者であるセイヤー（Alexander Wheelock Thayer）（一八一七―九七年）やソロモン（Maynard Solomon）（一九三〇―二〇二〇年）も言及している。また、これらの情報を単なる伝記上のエピソードとして終わらせるのではなく、ベートーヴェンの創作活動とカント哲学との関係を論じた研究もないわけではない。ここでは代表的なものを紹介しておく。

最初の本格的な研究は、ドイツの音楽学者のシーダーマイアー（Ludwig Schiedermair）（一八七六―一九五七年）が著した『若きベートーヴェン』（一九二五年）である。同書はベートーヴェンが過ごした一七八〇年代のボンの文化状況を克明に調査し、当時カント哲学が市民の間で広く流行していたことを資料的に跡づけた。ベートーヴェンが接した可能性があるカント学徒やその思想的傾向についても若干の情報を提供している。

同書を基にドイツの哲学者フォアレンダー（Karl Vorländer）（一八六〇—一九二八年）は「カントとベートーヴェン」（一九二六年）、フランスの作家ロラン（Romain Rolland）（一八六六—一九四四年）は「第九交響曲」（一九四三年）、イギリスの音楽学者ジェイコブス（Robert L. Jacobs）（一九〇四—九〇年）は「ベートーヴェンとカント」（一九六一年）と題する論考を著し、《第九》の作曲にもカント哲学が影響を与えた可能性を指摘した。

また、音楽社会学からのアプローチとしてドイツの哲学者アドルノ（Theodor W. Adorno）（一九〇三—六九年）の『ベートーヴェン——音楽の哲学』（一九九三年）がある。これは彼のベートーヴェン関連の文章（一九三八—六六年執筆）を第三者が編集したもので、必ずしもカントとの関係を主題化したものではないのだが（主題はむしろベートーヴェンと同年生まれのヘーゲルとの関係にある）、近代社会における音楽と哲学との構造的な対応関係を論じている。同書によれば、たとえばカントの「力学的崇高」の概念とベートーヴェンの「不屈性」の形式との間にそうした対応関係が見られるという。

イタリアの音楽学者マニャーニ（Luigi Magnani）（一九〇六—八四年）が、カントの二元論とベートーヴェンのソナタ形式との間に構造的な対応関係を見ているのも、アドルノと似た路線の考察といってよいだろう（『ベートーヴェンの会話帳』一九六七年）。

さらに近年では、シーダーマイアーとアドルノとを総合するような観点からの研究も現れている。スイスの音楽学者ヒンリヒセン（Hans-Joachim Hinrichsen）（一九五二年生）の『ベートーヴェン——近代のための音楽』（二〇一九年）である。同書は一七八〇年代のボンだけでなく、一七九〇年代のウィーンでもカント哲学が芸術家たちの間の常識になっていたことを論証しつつ、ベートーヴェンの楽曲形式には初期から後期に至るまで随所にカントの哲学形式との対応関係を認めることができるという。その後ヒンリヒセンは「『永遠の平和』——イマヌエル・カントの道徳哲学とルートヴィヒ・ファン・ベートーヴェンの『ミサ・ソレムニス』」(二〇二一年)と題する論文も発表している。

探究の方法

以上のような先行研究はあるものの、音楽と哲学との境界領域に属する「知の歴史」が主題であるだけに、ベートーヴェンとカントとの関係については細部においてまだ不明な点が多く、全容の解明はこれからといえる。そこで本講義では、先行研究の成果を踏まえつつ、以下のような仕方でアプローチしたい。

第一に、ベートーヴェンがカント哲学の知識を得る際に「媒介者」となった人々に注目する。ベートーヴェンはボン時代、カント哲学についてどんな情報を、誰を通して、どの程度知り得たのか。近年の研究成果も交えて、若きベートーヴェンが身を置いていた知的環境を再構成する必要がある(第1—3講)。

第二に、啓蒙都市ボンの知識人や芸術家が持っていた共通の関心であるコスモロジーに目を向ける。若きベートーヴェンがカント哲学やシラー文学に寄せた関心も、この時代精神ともいうべき大きな文脈から理解する必要がある。十八世紀の啓蒙主義思想、すなわち科学の進歩と矛盾しない形でキリスト教の神を説明する考え方を熟知していた当時の人々にとって、天文学と神学は不可分のものだった(第4—7講)。

第三に、ベートーヴェンが若き日に触れたコスモロジーは、その後、彼の精神のなかでどのような展開をたどったのか。また、この展開は、後年の彼のカント読解とどのような関係があるのか。彼の残した言語情報における「用語法」に注目してその作業を行う。たとえば、彼が作曲した歌曲の歌詞や、歌劇の台詞から、宇宙や神に関する彼が好みとした言語表現がうかがえる（第8―10講）。第四に、ベートーヴェンは実際にカントの著作をどのように読んだのか。彼はそこから何を学び取ったのか。そしてその内容は《第九》の作曲とどのような関係があるのか――という問いである。ベートーヴェンがカントの著作に言及した事例は、四五歳のときと四九歳のときと二回（計七箇所）ある。その抜き書きのそれぞれをカント原典の文脈と対照させながら、ベートーヴェンの読解過程を再現する。その結果、カント哲学が彼の後年の――とくに《第九》作曲時の――シラー解釈をも方向づけた可能性が見えてくるだろう（第11―13講）。

ここまで跡づけることができたならば、残る作業は、《第九》におけるベートーヴェンのシラー読解を、カントのコスモロジーと重ねて理解することである。すなわち、ベートーヴェンが「歓喜に寄す」の原詩に加えたさまざまなアレンジについて、その思想的な根拠を考察する（第14講）。

星図を眺めるように

本講義の主題は、単に歴史上の巨人と巨人が交流していたということではない。そもそも人間と人間、思想と思想のつながりはどのようにして可能になったのかという、知の歴史の形成現場を捉えることである。数十年におよぶ無数の人々とのコミュニケーションの蓄積を経てはじめて、ベートーヴェンという一人の人間の思想も形成されていく。そうした知的成長のプロセスのなかで、カント哲学やシラー文学に対する彼の理解も徐々に変化する。あるいは深まっていく。《第九》という芸術作品も、単に一人の音楽家の頭脳から生まれたのではなく、彼が長年かけて多くの人々と織り成した知的ネットワークのなかから生まれたものといえる。

歴史にはしばしば錯覚が付きまとう。私たちは過去の時代を想像するときに、つい有名な人物に目が行きがちだが、彼らは現在から見ていわば等級が高いから光って見えるのである。地球から見た北斗七星や、カシオペア座の星々のように。しかし、それは星々の世界全体から言えばごく一部であり、もっと等級が低くて私たちの眼にはキャッチされない星もじつは光っている。その光を私たちがキャッチできないのは、肉眼でとらえられる光には限りがあるからである。望遠鏡で倍率を上げて拡大していくと、すべての星が輝きはじめる。すべての星が互いに関係し合い、照らし合っている。それが宇宙の実相である。

このことは宇宙だけではなく、人間についても同様であろう。近代ドイツ文化圏を生きた人々は、互いにどのように関係し合い、照らし合っていたのだろうか。時間を遡って観察の解像度を上げ、そこに生きていた一人一人に焦点を当てていくとき、人間と人間、思想と思想とのつながりは、現在私たちが知っているものとは大きく異なる相貌を見せてくれるはずである。

近代ドイツ文化圏という星空に、思想史研究という望遠鏡を向け、そこに群れなす星々を——ゲーテのような一等星から、無名に等しい六等星に至るまで——拡大観測して、星同士の配置をいわば「星図」のような仕方で捉えること。カントの放った光線に、ベートーヴェンが——意識的か無意識的かを問わず——どのように浴し、どのような反射光を放ったかを測定すること。時間的な距離に阻まれ、常識という肉眼では見えなかった星も含めて、この星図を精確に描き直すならば、今まで気づかなかった銀河に気づき、引いてこなかった星座の線を引くことも可能になるかもしれない。

哲学するベートーヴェン◉目次

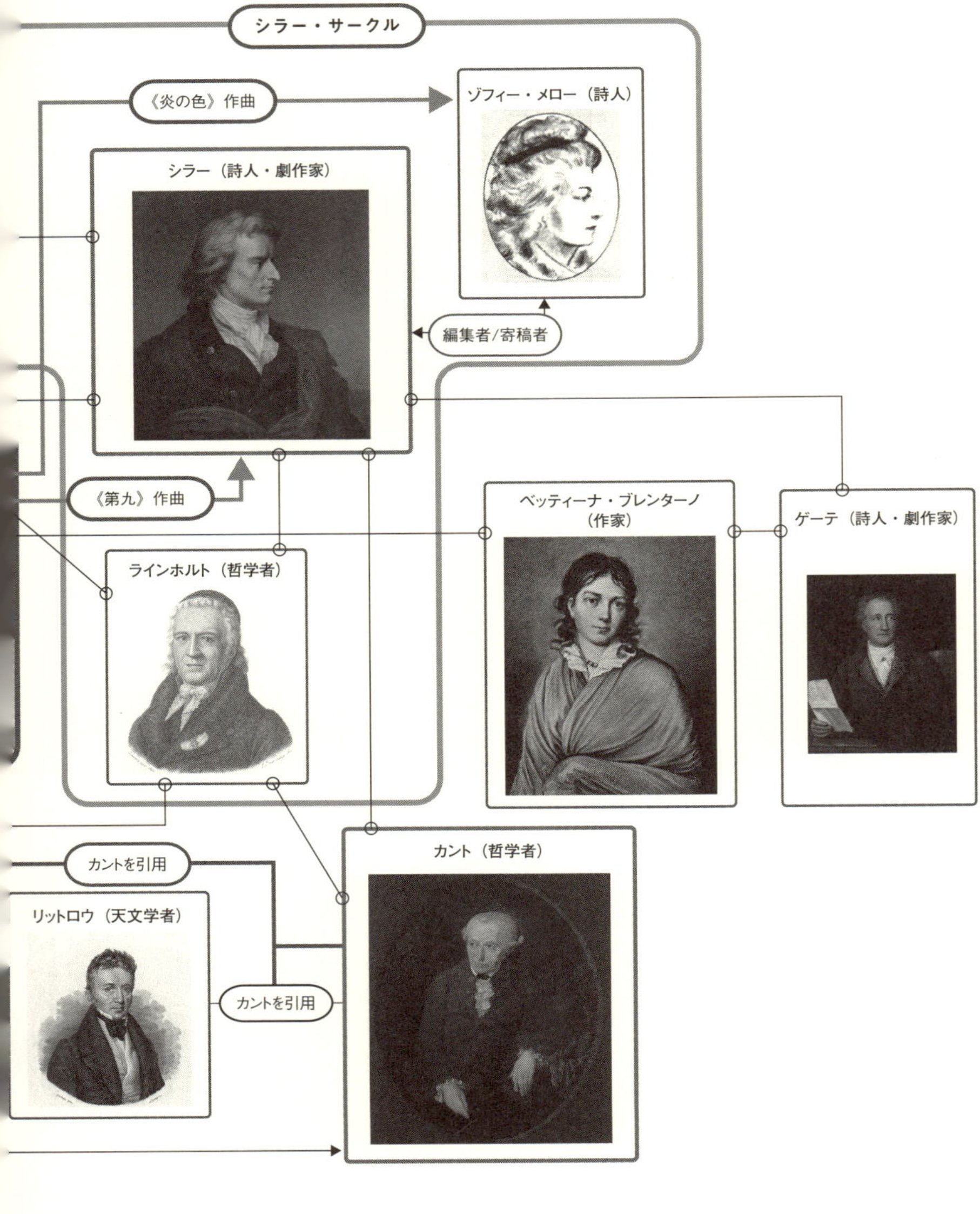

シラー・サークル
《炎の色》作曲
ゾフィー・メロー（詩人）
シラー（詩人・劇作家）
編集者/寄稿者
《第九》作曲
ベッティーナ・ブレンターノ
（作家）
ゲーテ（詩人・劇作家）
ラインホルト（哲学者）
カントを引用
カント（哲学者）
リットロウ（天文学者）
カントを引用

主要人物相関図

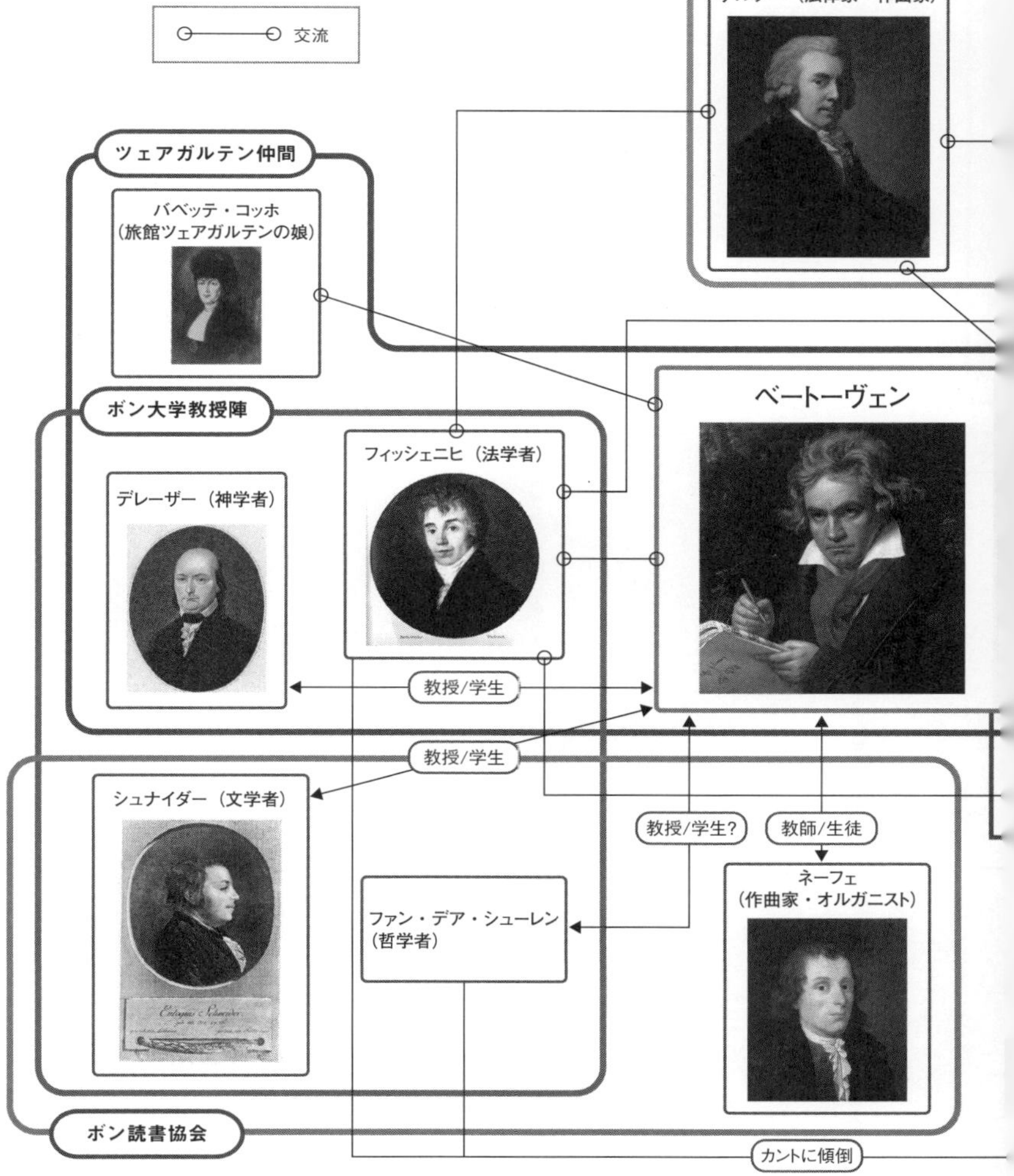

交流
ケルナー（法律家・作曲家）
ツェアガルテン仲間
バベッテ・コッホ
（旅館ツェアガルテンの娘）
ボン大学教授陣
ベートーヴェン
フィッシェニヒ（法学者）
デレーザー（神学者）
教授/学生
教授/学生
シュナイダー（文学者）
教授/学生?
教師/生徒
ネーフェ
（作曲家・オルガニスト）
ファン・デア・シューレン
（哲学者）
ボン読書協会
カントに傾倒

第1講　啓蒙都市ボン

1　その歴史と文化

僕がこの世の光を浴びた麗しい地、わが故郷は、あなた方とお別れした時のままの姿で、美しくはっきりと眼前に浮かんでくる〔…〕。

（ベートーヴェンのヴェーゲラー宛書簡、一八〇一年六月二十九日付（Beethoven 1996-98, Bd. 1, p. 79／ベートーヴェン 一九七八、八三頁））

これはベートーヴェンが三十歳のとき、ボンに住む旧友ヴェーゲラーに宛てた手紙の一節である。音楽の都ウィーンに来て八年余りが経ち、すでにピアニストとして確固たる名声を得ていた。最初の交響曲も発表し、世間的には順風満帆に見えた。しかし数年前から原因不明の難聴に襲われていた。人知れず悩むなか、心の支えになったのは故郷の仲間との交信だった。ベートーヴェンはこの手紙ではじめて他人に耳疾を告白する。ウィーンの知人たちには口が裂けてもこの秘密は言えなかった。

生まれてから二十二歳になる年まで、多感な時期をベートーヴェンはボンで過ごした。研究者たちの多くは、彼がこの地で経験したことが、生涯にわたって、その音楽はもとより、思想や人格、教養などあらゆる面で影響を与えたと考えている。本講義でも、最初にこのボンという都市について少し触れておきたい[1]。

ケルン選帝侯領の宮廷都市

一七七〇年十二月十六日頃（受洗記録は十七日）、ベートーヴェンはライン河畔の宮廷都市ボンで生まれた[2]。父ヨハン（Johann van Beethoven）（一七三九／四〇―九二年）は宮廷テノール歌手、母マリア・マグダレーナ（Maria Magdalena van Beethoven）（一七四六―八七年）は宮廷離宮料理長の娘だった。父方の祖父ルートヴィヒ（Ludwig van Beethoven）（一七一二―七三年）は宮廷楽長として知られていた。

ボンは当時、神聖ローマ帝国ケルン選帝侯領の中心地だった。神聖ローマ帝国は九世紀から十世紀にかけて成立した中央ヨーロッパの複合国家であるが、十八世紀には大小約三百の封建領主による緩やかな結合体になっていた。全体を代表する神聖ローマ皇帝を選出する権力を持っていたのが七人の選帝侯で、なかでもケルン選帝侯（カトリックのケルン大司教を兼任していた）は広大な領地を有していたが、代々、市民との間に政治的軋轢を抱え、ケルンから二十五キロメートルほど離れたボンを居城としていた。ボンが宮廷都市になったのはそのためである。

もっとも、ベートーヴェンがいた頃のボンの人口は約一万、同時期のウィーンの人口が約二十万であったから、ボンがドイツ語圏のなかでは小規模の都市であったことは間違いない。にもかかわらず、当時のボンは文化的には黄金時代であったとされる。そこには歴代のケルン選帝侯の力が大きくあずかっていた。

一七二三年に選帝侯に就任したクレメンス・アウグスト（一七〇〇―六一年）は、巨額を投じて宮殿や教会を建築し、中等教育機関であるギムナージゥムを新設したほか、宮廷楽団を充実させ、オペラや演劇、舞踏会を推奨した。ベートーヴェンの祖父が宮廷楽士に採用されたのも、彼の治下においてであった。

クレメンス・アウグストの後任として一七六一年に選帝侯になったマクシミリアン・フリードリヒ（一七〇八―八四年）は、先代の文化政策を引き継ぐとともに、ゲーテやシラー、カントなど、啓蒙主義の文学や哲学の普及につとめた。彼は一七七七年五月、ボンの宮廷内に、高等教育機関として神学・法学・医学・世俗学の四部門を備えたアカデミーを開設した。ベートーヴェンの最初のピアノ・ソナタである《三つのクラヴィーア・ソナタ》（通称《選帝侯ソナタ》WoO 47）（一七八二／八三年）は、この選帝侯に捧げたものである。

選帝侯マクシミリアン・フランツ

一七八四年四月十五日、マクシミリアン・フリードリヒが七十五歳で他界し、後任としてマクシミリアン・フランツ（一七五六―一八〇一年）が選帝侯に就いた。彼はハプスブルク帝国の女帝マリア・テレジア（一七一七―八〇年）の末子（五男）である。一七五六年、ウィーンに生まれた。音楽家モーツァルト（Wolfgang Amadeus Mozart）（一七五六―九一年）と同い年である。

母のマリア・テレジアには十六人の子どもがいたが、長男は神聖ローマ皇帝で、音楽家モーツァルトとも親交のあったヨーゼフ二世（一七四一―九〇年）であり、第十一女はフランス国王ルイ十六世に嫁ぎ、のちにフランス革命下でギロチンの露と消えたマリー＝アントワネット（一七五五―九三年）

である。彼女のすぐ下の弟に当たるのがマクシミリアン・フランツだった。

選帝侯就任時、マクシミリアン・フランツは二十八歳だった。啓蒙君主として名高い兄ヨーゼフ二世を慕っていた彼は、ボンの文化政策を先代以上に充実させた。彼自身も音楽に造詣が深く、ボンの宮廷楽長にモーツァルトを据えようと交渉したほどだった。この交渉は実現しなかったが、モーツァルトの師匠格に当たるハイドン（Franz Joseph Haydn）（一七三二―一八〇九年）など、著名な音楽家がたびたびボンに招聘されることになった。新選帝侯の指導下で、ボンはウィーンとの精神的距離を縮めていった。

ただしマクシミリアン・フランツも、就任当初は、先代までの豪華な文化政策によって傾いたボンの財政を再建するため、一時的な国民劇場の閉鎖、宮廷楽団の縮小などの経営改革を行った。楽団員の給与を見直し、浮いた分を新規採用に充てた。この恩恵を受けて宮廷楽士に就任したのが、当時十三歳のベートーヴェンだった。のちの話になるが（一八〇〇年頃）、ベートーヴェンは交響曲第一番をマクシミリアン・フランツに献呈しようとした（この計画は同選帝侯の死によって実現しなかった）。

マクシミリアン・フランツの功績としてもう一つ忘れてはならないのが、ボン大学の創設である。一七八六年春、彼の働きかけで兄ヨーゼフ二世は、ボンのアカデミーに、神聖ローマ帝国の認める博士学位授与権を与え、これによりアカデミーは大学に昇格した。大学には国内外から優れた学者が招かれ、しかもギムナージウム卒業生以外にも聴講生の制度が設けられた。ベートーヴェンは三年後にこの制度を利用することになる（第2―3講）。

また、ボンからは法学、哲学、自然科学、文献学、美術、音楽、医学等、さまざまな分野の有為な若者が、それぞれの中心地に留学生として派遣された。ベートーヴェンが音楽の都ウィーンに派遣されたのもこの文化政策の一環だった（Hinrichsen 2019, p. 28）。

カントの君主論

マクシミリアン・フランツは言論の自由にも理解があった。ボン大学の教授たちのキリスト教に関する見解がローマ教皇から問題視されたとき、彼は大司教を兼任していたにもかかわらず教授たちを擁護した。こうしたマクシミリアン・フランツの歴史的意義を考える上で参考になる同時代の文献がある。カントの論考「啓蒙とは何か」（一七八四年）である。

カントは一七二四年四月二十二日、東プロイセンのケーニヒスベルク（現ロシア連邦のカリーニングラード）で、馬具職人の家に生まれた。ルター派の敬虔主義の学校で学んだあと、ケーニヒスベルク大学で自然学を修め、初期には物理学・数学関連の論文を多数発表した。天文学の「星雲」という概念はカントが提案したものである。一七七〇年、ケーニヒスベルク大学の論理学・形而上学の正教授に就任してから、十年ほど「沈黙」が続いたが、一七八一年、五十七歳のときに、主著の一つとなる『純粋理性批判』を発表し、世の注目を集めた。いわゆる「批判哲学」の誕生である。その思想については本講義で追々触れることになろう。

論考「啓蒙とは何か」は、カント六十歳の一七八四年十二月、雑誌『ベルリン月報』に掲載された。ちょうどマクシミリアン・フランツがボンの国民劇場の改革に着手していた頃である。この論考はプロイセン国王フリードリヒ二世（一七一二—八六年。「フリードリヒ大王」とも呼ばれる）を念頭において書かれたものだが、マクシミリアン・フランツの兄ヨーゼフ二世が崇拝していたのが、ほかならぬフリードリヒ二世であった。

それまでの絶対王政の時代から、科学や産業の発達に伴い、人間の理性が重視されるようになった十八世紀後半、時代のスローガンになったのが「啓蒙」であった。ドイツ語でアウフクレールング(Aufklärung) といい、「光を灯す」という意味である。当時、啓蒙の定義をめぐる論議が盛んで、カント以外にも同じ主題で論考を書いた哲学者にモーゼス・メンデルスゾーン (Moses Mendelssohn)(一七二九―八六年) がいる。ヴァイオリン協奏曲で知られる作曲家フェリックス (Felix Mendelssohn Bartholdy)(一八〇九―四七年) の祖父である。

論考のなかでカントは言う。啓蒙とは何か。それは、人間がみずから招いた未成年状態から抜け出ることだ。未成年状態とは、他人の指示がないと考えることができない状態を指す。だから、啓蒙の標語は、自分で考える勇気を持てということだ。それには、自分が考えることを否定しない社会、すなわち言論の自由が保障された社会が必要だ。それゆえ、言論の自由を尊ぶ君主こそが、人類の啓蒙を促進できる。そうした君主は、「まず少なくとも統治の側から人類を未成年状態から脱却させて、良心に関する事柄すべてにおいて自分自身の理性を用いる自由を誰にでも認めた者として、当世および後世の人々によって感謝され賞賛されるにふさわしい人である」(Kant 1912/1923, p. 40 /カント 二〇〇〇g、三二頁)。

ただし、カントは最後に謎めいた一言を添えている。

しかしまた、自分自身で啓蒙され、影におびえず、しかも同時に公共の安寧を保証するためによく訓練された兵士を多数もつ軍隊を準備している者だけが、共和国でさえもあえて言ってはならないこと、すなわち「君たちは何に関しても好きなだけ議論してよい。ただし服従せよ!」と言

うことができる。(ibid., p. 41／同書、三三頁)

フリードリヒ二世は、学芸を重んじ啓蒙君主と謳われる一方で、軍隊を四倍に増やした富国強兵の辣腕政治家でもあった。そうした彼の二面性を、カントは——真正面からではなく——皮肉を込めて批評している。君主よ、あなたに服従するから、私たちに言論の自由を認めてくれないか、と。要するに、良き君主とは、どれほど人民が議論しようとも恐れず受け止めることのできる包容力ある人物であると言うのだ。

この主張に照らすと、プロイセンのフリードリヒ二世よりも、むしろボンのマクシミリアン・フランツのほうがカントの理想に近い君主であったと言える。カントの論考は時代の最先端をもその射程に収めていた。若きベートーヴェンは、期せずしてカント啓蒙論の思想圏に身を置いていたと言っても過言ではない。

2　市民生活

音楽の師・ネーフェ

では、文化政策に力を入れた歴代選帝侯の統治下で、ボンの市民たちはどのような知的生活を送っていたのか。ベートーヴェンと関連が深い人々を中心に見ていきたい。まず彼の音楽家としてのキャリアを考えるとき——宮廷歌手だった父親による苛酷な指導を脇に置くならば——作曲家で宮廷オルガニストだった師匠ネーフェ（Christian Gottlob Neefe）（一七四八―九八年）の存在を忘れるわけにはいかない。

ネーフェは一七四八年、ザクセン選帝侯領のケムニッツに生まれた。幼少期から楽才を示し、独学で作曲法を学んだ。一七六九年、ライプツィヒ大学に入学し法学を修めるが、その後、心身症を患ったことを契機に、文学と哲学に関心を深め、最終的に音楽に転じた。劇団指揮者として各地を回ったあと、一七七九年十月からボンで活動し、一七八一年二月に宮廷オルガニストに就任する。一七八九年からボン国民劇場でピアノ奏者とオペラ舞台監督を務めた。しかし一七九四年十月、フランス軍によってボンが占領されてからは不遇を味わい、一七九六年十二月にボンを去る。それから一年余り経った一七九八年一月、デッサウで病没した。四十九歳だった（Nettl 2021 (1951), pp. 246-263）。

ベートーヴェンがネーフェの指導を受けはじめたのは、一七八一年の初め頃らしい（大崎 二〇一九、一七頁）。師は三十三歳、弟子は十歳だった。ベートーヴェンはほどなく作曲にも手を染め、翌一七八二年秋頃、十一歳で《ドレスラーの行進曲による九つの変奏曲》（WoO 63）を書いた（ここで用いられたハ短調は、のちにピアノ・ソナタ第八番《悲愴》、交響曲第五番など、ベートーヴェンの多くの代表作に見られることになる）。ネーフェは弟子の早熟ぶりに驚き、早速その楽譜を出版した（同年暮れ頃）。これにより、ベートーヴェンは十二歳で作曲家としてのデビューを果たした。

一七八三年十月十四日、ネーフェの尽力で、ベートーヴェン作曲の《三つのクラヴィーア・ソナタ》が刊行された。ネーフェはこれを当時の選帝侯マクシミリアン・フリードリヒに献呈するよう膳立てした。いわゆる《選帝侯ソナタ》である。

友愛結社イルミナティ

ベートーヴェンを指導しはじめた頃、ネーフェには音楽と並んでもう一つ力を注いでいることがあった。友愛結社イルミナティ（照明派、光明会）の活動である。

友愛結社とは、十八世紀後半、啓蒙思想の流行のなかで生じた運動の一つである（日本では「秘密結社」という呼び方もあるが、先入見を避けるために本講義では使用しない）。代表的な結社に、専制政治を批判して「自由・平等・友愛・寛容・人道」の理念を掲げたフリーメーソンがあり、ハイドンやモーツァルトも加入していた。

一方、イルミナティは、一七七六年五月、哲学者でインゴルシュタット大学教授のヴァイスハウプト（Adam Weishaupt）（一七四八―一八三〇年）がミュンヘンで創設した。この結社は、宗教的教義ではなく普遍的理性に基づいた人間の精神的向上、専制政治からの脱却、コスモポリタン的な世界秩序の形成などを唱えていた。一七八一年、ボンにもイルミナティの支部が結成された。

ネーフェは、一七八一年十一月、イルミナティに入会した。『ネーフェとボンのイルミナティの人々』（一九六九年）という研究書に、ネーフェが入会した際の書類が翻刻されている。同書には、結社の理念に関するメンバーの書面や、入会審査での質問に対するネーフェの回答書面が収められており、これらから当時のイルミナティの様子と入会時のネーフェの思想をうかがうことができる。

まず結社の理念としては、「人類的な浄福も、個人的な浄福も、同様に促進することを唯一最高の目標とする」人間の集いであること、結社は各々をより良く、より賢く、より有徳にし、人間社会にふさわしい一員にするための「師」であり、その下では全員が「弟子」であること、したがってメンバー間に敵対関係があってはならず、互いに進んで和解の手を差し伸べるべきこと、等々が記されている（Becker 1969, pp. 5-6)。

またネーフェは、入会審査で「結社の目的として望むものは何か」と聞かれて、「人間と神、人間と自然、人間と自己自身とを一層緊密に結合すること、とりわけ人権を尊ぶこと」と答え、「その目的を達するために望む手段は何か」と問われると、「不幸な者には同情と支援を。改善し得ぬ悪には破滅を。弱点には忍耐を。無学な者には教育を。誤謬には啓蒙を。市民社会における相異なる立場間の交流、および可能な限りの接続。結社の観点からはとくに、変わることなき兄弟愛。たゆみなき勤勉。より高き揺るがし得ぬ秩序には進んで従うこと」と答えている（ibid., pp. 7-8)。

読書協会

イルミナティに入って三年後の一七八四年、ネーフェはボン支部の責任者になった。同年四月から、同支部は『有用な知識の普及のための論集』という新聞を毎週発行するようになった。しかしその二か月後、ヴァイスハウプトが活躍していたバイエルンで結社禁止の勅令が出された。翌一七八五年、飛び火を恐れたイルミナティのボン支部は、グループを一旦解消することにした。

もっとも、ボン支部が短期で解消せざるを得なかったのは、ネーフェに指導者としての力量が不足していたからだという見方もある。例えば、他のメンバーから見て、ネーフェは「名誉欲」や「自己愛」が強く、「鼻持ちならない自尊心」の持ち主だったという証言が残されている（Becker 1969, pp. 23-25)。また、ネーフェが気を許した女性（後述の旅館経営者・コッホ夫人）に不用意に話した内容が、結社の秘密を外に漏らすものとして他のメンバーから咎められ、そこから内部対立が生じて支部の解消につながったとの指摘もある（ibid., p. 27)。言論に寛容なボンではあったが、それでも既存の国家や宗教に囚われず新しい価値観を取り入れようとする友愛結社の存在は、体制側から「無神論者」や「信仰冒瀆者」を利するものとして捉えられかねないため、メンバーは秘密保持に細心の注意を払っていた（ibid., p. 30）。

一七八七年十二月、イルミナティの元メンバーたちは、時代の先端を行く学術書や哲学書を回し読みしたり、語り合ったりする「読書協会」として再出発することを決めた。会場には、マルクト市場に面した「ツェアガルテン」という旅館が使われた。コッホ夫人という寡婦が経営していた旅館で、隣に小さな書店を構えて啓蒙思想の書籍も販売していた。読書協会は、初めはメンバーを十三名にまで絞り込んで活動し、徐々にその人数を拡大していった。ネーフェもメンバーになったが、イルミナティで活動した時期ほどの深い関わり方ではなかったようだ。一七八八年初頭には、選帝侯マクシミリアン・フランツが読書協会の後援者となった。

この読書協会には、ベートーヴェンの人間形成に影響を与えることになる人物が多数在籍していた。ボン宮廷楽団のホルン奏者でのちに音楽出版社を興したジムロック（Nikolaus Simrock）（一七五一―一八三二年）、同コンサートマスターでベートーヴェンのヴァイオリンの師リース（Franz Anton Ries）（一七五五―一八四六年）、のちにベートーヴェン自身がピアノ・ソナタを献呈した貴族ヴァルトシュタイン（後述）、ボン大学教授でのちにフランス革命に参加して処刑された悲劇の思想家シュナイダー（後述）などである。

一七八九年五月、十八歳のベートーヴェンはボン大学の聴講生になった。読書協会は会則上、学生の入会を認めていなかったが、メンバーの多くはツェアガルテンの食堂で市民と談論のひとときを持っており、そこにベートーヴェンも積極的に参加していた。

談論の場・ツェアガルテン

ツェアガルテンでは、市民が飲食を共にしながら自由な議論を戦わせた。当時としては珍しいことに、女性も加わっていた。経営者コッホ夫人の客人を扱う手腕が見事だったこともあるが、彼女の娘アンナ・バルバラ、通称バベッテ（Anna Barbara Koch）（一七七一—一八〇七年）の存在も大きかったようである。

バベッテ・コッホは、一七七一年にボンで生まれた。ベートーヴェンより一歳年下である。一七七七年に父親が旅館の経営を始めたが、一七八三年、バベッテが十二歳のときに死んでしまう。残された母親のコッホ夫人は旅館をよく切り盛りした。とくに書店を併設して以降は、貴族や大学教授から、芸術家、学生に至るまで、新しい知識を求める人々が集まるようになった。そして座の中心にはいつも才色兼備の娘バベッテがいた。ベートーヴェンの友人ヴェーゲラーの回想によれば、バベッテは「私が老境に至るまでの波乱万丈の人生で出会ったあらゆる女性のなかで、完全な女性の理想像に一番近い人であった」（Wegeler und Ries 2018（1906), p. 72)。

ベートーヴェンもバベッテに憧れていたらしく、ウィーン留学（一七九二年秋）後も彼女に手紙を二回書いている。だが返信はなかったようだ。なお、バベッテは庶民の出身であったが、のちにベルダーブッシュ伯爵（Anton Maria Karl von Belderbusch）（一七五八—一八二〇年。彼もボンの読書協会の一員だった）に求婚されて伯爵夫人となった。一八〇二年のことである。しかし五年後の一八〇七年に、四人目の子どもを出産したあとに亡くなった。三十六歳だった。

ベートーヴェンはツェアガルテンで、階層や世代を超えた出会いに恵まれた。とくにボン大学教授たちとの会話は、彼の教養形成に大いに役立ったと思われる。ベートーヴェンより十三、四歳年上の神学者デレーザーと、二歳年上の法学者フィッシェニヒについては、次回以降詳しく触れよう。ここでは、彼らとの交流がベートーヴェンのシラー受容やカント受容のきっかけとなった可能性を指摘するにとどめる。

また、ベートーヴェンと同い年の宮廷楽団員ライヒャ（Anton Reicha）（一七七〇―一八三六年）もツェアガルテン仲間だった。彼はプラハ出身で、十歳で孤児になったが、音楽家の叔父に引き取られ、一七八五年からボンの宮廷楽団で第二フルートを担当していた。ベートーヴェンがボン大学聴講生になったのもライヒャの誘いだったらしい。二人の友情は長く続いた（一八〇二年にウィーンで再会する）。ちなみにライヒャは一八〇八年、パリ音楽院の作曲科教授になった。リスト（Franz Liszt）（一八一一―八六年）、ベルリオーズ（Hector Berlioz）（一八〇三―六九年）、グノー（Charles Gounod）（一八一八―九三年）、フランク（César Franck）（一八二二―九〇年）も彼の教え子である。

3　カント啓蒙論の視点から

言論の自由

以上が、ベートーヴェンが若き日を過ごした頃のボンの知的環境である。こうした啓蒙都市ボンの特徴を理解するための補助線として、再度、カントの論考「啓蒙とは何か」を参照しておこう。

すでに触れたように、カントによれば、啓蒙とは、人間が未成年状態（他人の指示なしでは考えることができない状態）から抜け出すことである。また、啓蒙は個人によってではなく、人間の共同によって成し遂げられるものである。カントはこのことを「理性の公的使用」という言葉で表現している。すなわち、個人がみずから考えたことを公に発信すること（公表すること）であり、一口で言えば、言論の自由のことである。現代に生きる私たちからすると、これは保障されて当然の権利かもしれない。しかし、カントが著述活動をしていた十八世紀末のヨーロッパではそうではなかった。「啓蒙とは何か」が発表される半年前、一七八四年六月には、バイエルンで友愛結社の禁止令が出ていた。翌年にイルミナティのボン支部が解消したことは、先述の通りである。

カント自身、自分が属するプロイセンの検閲制度には不満を持っていた。「啓蒙とは何か」の後半部分では、とくに宗教に関して言論の自由に制約が課されている状態を批判している（Kant 1912/1923, p. 41／カント 二〇〇〇g、三二一―三二三頁）。現に十年後の一七九四年、カントはこの制度の被害者となった。彼が書いた『単なる理性の限界内の宗教』（一七九三年）が、キリスト教の権威を揺るがすという嫌疑を被ったのである。フリードリヒ二世はすでに没し、甥フリードリヒ・ヴィルヘルム二世（一七四四―九七年）の代になっていた。この王の勅令で、一七九四年十月、カントに宗教と神学に関する著述を禁ずるという処分が下された。カントが七十歳のときのことである。

そのときカントは、嫌疑自体は根拠のないことだと否定しつつも、処分については「陛下の忠実な臣下として」甘受する旨を表明した。傍目には、権力に屈したかのような表明である。しかしカントは、したたかにも先を見越していた。数年後にフリードリヒ・ヴィルヘルム二世が病没すると、カントは、自分が誓った君主はすでに亡くなったのだから、新しい君主フリードリヒ・ヴィルヘルム三世（一七七〇―一八四〇年）の下では著作を発表する権利が認められていると考えた。そして、『諸学部の争い』（一七九八年）を著し、一連の経緯を詳らかにして当局に一矢を報いた。これが有名なカント晩年の検閲問題の顚末である。

理性の公的使用と私的使用

「啓蒙とは何か」に話を戻す。この論考でカントは、「理性の公的使用」と「理性の私的使用」との対比という仕方で説明している。

カントは言う。理性の公的使用とは「ある人が読者世界の全公衆を前にして学者として理性を使用すること」（Kant 1912/1923, p. 37／カント 二〇〇〇g、二七頁）である。また、理性の私的使用とは「ある委託された市民としての地位もしくは官職において、自分に許される理性使用のこと」（ibid.／同所）である、と。

注意しなければならないが、カントの言う「公的」とは、けっして「社会的」という意味ではない。むしろ自分の見解を積極的に世の中に提示する点で、ときには既存の社会規範との衝突もあり得るだろう。その点では「個」を重視するものである。また、カントの使う「私的」という言葉も、けっして「個人的」という意味ではない。社会において自分の役割を守り、全うする点では「社会」を重視するものである。カントはこのことを以下のように表現している。

ところで、公共体の関心事となる業務では一定の機構を必要とするものがあり、これによって公共体の若干の成員はもっぱら受動的な態度をとらざるをえない〔＝私的使用〕。〔…〕しかし、機構のこの役割を担う同じ人が、同時に自らを公共体全体の成員、それればかりかさらに世界市民社会の成員とみなすかぎり、したがって書物をとおして本来の意味における公衆に語りかける学者の資格においてそうするならば、その人にはもちろん議論することは許される〔＝公的使用〕。(ibid., p. 37／同書、二七―二八頁)

それゆえ、カントの「公的」と「私的」との違いは、むしろ「公開的」と「私秘的」という対比で理解した方が適切だろう。「理性の公的使用」が「学者として理性を使用すること」だという記述も、身分としての学者ではなく、公平性・透明性といった学者的な態度のことを指している。同様に、「理性の私的使用」が「市民としての地位もしくは官職において」とされているのも、身分としての官職ではなく、一貫性・遵守性といった官職的な態度のことを指している。

カントの言う「自由」とは、一切合切何ものにも縛られないという意味ではない。あくまで彼は、人間が自分に与えられた社会的役割を尊重するよう説いている。ただし与えられたその役割が果たして妥当なものなのか、みずから吟味検討して決定する必要が人間にはある。そして、ときには自分の考えを世間の全公衆に向けて伝える必要がある。いやむしろ、そうする責任がある。こうした理性の公的使用によってこそ、人間は真に未成年状態を抜け出し、啓蒙を実現できるとカントは述べているのだ。

公衆とは

カントの言う「理性の公的使用」とは、人々みずからが著作者となり、考えたことを発信することだった。それゆえ「公衆」は「読者世界」とも表現される。

この主張は時代状況とも対応していた。カントが「啓蒙とは何か」を発表したのは、一七八四年十二月である。掲載誌『ベルリン月報』は、ベルリン水曜会という友愛結社が発行する雑誌だった。この結社は前年の一七八三年に結成されたばかりだった。ネーフェのボン・イルミナティ入会が一七八一年秋であることから分かるように、この頃すでに各地で友愛結社の活動が盛んだった。

現代ドイツの哲学者ハーバーマス（Jürgen Habermas）（一九二九年生）の『公共性の構造転換』（一九六二年）という本がある。同書によると、カントの言う「世界」とは、「当時において広汎な市民層の中で発展しはじめた、論議する読者公衆の世界」（ハーバーマス 一九九四（一九七三）、一四八頁）のことである。これは一面において「文筆家たちの世界であるが、またサロンの世界でもあり、ここで「混合した社交」が討論をとり交わすのである。この市民の家々で、公衆が成立する」（同所）と言う。すなわち、公衆とは、一部の知識人だけで成り立っているのではなく、自発的に討論する市民たちが、サロンのような場所で自分の理性を発揮して人々とつながっていくことにより成り立っているということである。

ハーバーマスも同書で引用しているが、カントは「啓蒙とは何か」から四年後の『実践理性批判』（一七八八年）のなかで、次のようなことを述べている。「学者や哲学者だけでなく、実業家や婦人からも成り立っている混合した社交での対話の運びに注意してみれば、そこに物語や冗談だけでなく、もうひとつのたのしみが、すなわち論議が行なわれていることに気付くのである」（Kant 1911, p. 153／ハーバーマス 一九九四（一九七三）、一四八頁）[3]。カントが念頭に置いていた「公衆」の姿は、実業家や婦人、つまり男性だけでなく女性も含めた「混合した社交」での論議であった。

カントの『実践理性批判』が刊行されたのは一七八七年末（タイトルページには一七八八年とある）

で、フランス革命の勃発まであと一年半という時期に当たる。このときボンにはすでに読書協会が誕生し、選帝侯マクシミリアン・フランツがその後援者となっていた。ツェアガルテンでは、学者以外にも政治家や芸術家が、また男性だけでなく女性も一緒に談論をしていた。ボンは啓蒙都市として、当時のドイツ文化圏においては、カントの理念に最も近い位置にあったと見ても、あながち間違ってはいないだろう。

4 小括

カントの啓蒙論を踏まえると、啓蒙都市ボンの特徴として以下の三点を指摘できる。

第一に、「公開性」の保障である。公衆がみずからを啓蒙するというカントの理念さながらに、人々が自発的に集い、身分や地位や職位に囚われることなく、文芸批評から政治批評に至るまで議論していた。君主みずから、そうした言論の自由を認めていた。理性の公的使用（公開性）を保障する精神がボンにはあった。

第二に、「多様性」の尊重である。ツェアガルテンには階級、職業、世代、性別、さらには国境（ライヒャはプラハ出身だった）を超えて多様な人々が集った。音楽家のベートーヴェンが年齢も経歴も異なる貴族、知識人たちと交流できたのも、また大学の聴講生になるよう誘ってくれる友人に出会えたのも、ボンの多様性のおかげと言える。

第三に、「貢献性」の促進である。ボンに集まった多彩な人々は社会貢献への志向が強かった。ボン大学でベートーヴェンを教えたデレーザーやシュナイダーは、フランス革命の現場に赴いている。こうした人々が同じ時期、同じ場所に居合わせたことはけっして偶然ではなく、ボンに啓蒙思想が深く根づいていた証左であろう。

以上のような公開性・多様性・貢献性は、それぞれ自由、平等、博愛の精神と呼応しており、ボンはまさに啓蒙思想を体現した先進地であったと言える。ベートーヴェンもツェアガルテンでの垣根のない交流を通して、啓蒙思想の沸騰する現場に居合わせることができた。彼らの影響の下、十八歳のベートーヴェンはボン大学の聴講生となる。一七八九年五月、フランス革命勃発の二か月前のことであった。

第2講　ボン大学の教授たち（その1）

1　ボン大学とベートーヴェン

聴講生になるまで

ボン大学聴講生としてのベートーヴェンに触れる前に、彼の十代の経歴を簡単に確認しておこう。[1]

一七八四年六月、ベートーヴェンは十三歳で宮廷楽士になり、第二オルガニストを担当した。第一オルガニストは前回触れたネーフェである。以前よりベートーヴェンはしばしば無給でネーフェの補佐を務めていたが、ここで正式に俸給を得るようになったのである。

一七八六年末、十六歳のときにバイエルンとウィーンに派遣された。選帝侯マクシミリアン・フランツが音楽の人材としてベートーヴェンに目をかけたのである（ウィーンでモーツァルトに会ったという説があるが、モーツァルト側にはその記録は見当たらず、真相は不明である）。翌一七八七年五月、ボンに戻ると、七月に母が結核で他界してしまう。まだ四十歳だった。母の医療費による借金で家計は傾き、父は酒癖もあって実入りが良くなかったので、ベートーヴェンが弟たちの面倒を見るようになった。

このころベートーヴェンを世話したのが、ボンの貴族ブロイニング家であった。当時の貴族は子女に音楽のたしなみを持たせるため、有能な音楽家を雇っていた。ベートーヴェンはピアノの名手として同家からの信頼も厚かった。ブロイニング夫人（Helene von Breuning）（一七五〇―一八三八年）は文学や芸術に造詣が深く、ベートーヴェンを我が子のように愛して彼の教養や人格に深い影響を与えた。また長女エレオノーレ（Eleonore von Breuning）（一七七一―一八四一年）は生涯の友人となった（ベートーヴェンの初恋の人との説もある）。

一七八八年初頭、貴族のヴァルトシュタイン伯爵（Ferdinand von Waldstein）（一七六二―一八二三年）がボンにやって来て、ベートーヴェンの才能を見抜いて支援を申し出た。この伯爵も読書協会の一員だった（一七九四年には責任者になっている）。一説によると、ヴァルトシュタインはベートーヴェンに、当時まだ珍しかったフォルテ・ピアノを贈ったという。このころからピアノを使って作曲する彼の習慣がはじまったようである。十五年後のことになるが、ベートーヴェンのピアノ・ソナタのなかでも白眉とされる第二十一番（Op. 53）（一八〇三／〇四年）は、ヴァルトシュタインに献呈されている。

一七八九年一月、ボンの国民劇場が再開されると、十八歳のベートーヴェンは新設楽団の一員としてヴィオラを担当した。その四か月後の五月十四日、同じく楽団員で友人のライヒャとともに、ボン大学哲学科に聴講生として登録した。そのときの登録簿がいまも残っている。ただし修了時期は不明である（当時の哲学科の課程は最長二年だった）。

のちにライヒャはボン大学での学びを高く評価し、自分の精神形成に本質的な影響を与えたと述べている。また、自分とベートーヴェンとの関係をギリシア神話の英雄の友情に喩え、「われわれはオレステスとピュラデス[2]のような友のきずなで、〔…〕青年時代は片時もそばをはなれなかった」（Schiedermair 1925, pp. 195-196, Thayer 1964, p. 96／邦訳、上巻一〇二頁）と回想している。

四人の教授

ライヒャの回想からは、彼とベートーヴェンが熱心にボン大学の授業を聴講した様子がうかがえる。彼らが抱いていた知への憧れ、学びの熱量は、現在の私たちにはおよそ想像もつかないものであっただろう。また、ボン大学にそれだけの魅力があったことの証とも言える。

ベートーヴェンが本職の音楽と並行して聴講していたことを考えると、このときの学習が彼の教養の根幹を形作ったであろうことは、十分に推測できる。ところが、彼がいったい誰のどのような授業を聴講したのかは、ほとんど明らかにされていない。ただし当時ボン大学で教えていた教授たちの名前は判明している。

そこで本講義では、ベートーヴェンと接点があった（もしくは接点があったと推測される）教授のうち、とくに重要と思われる四人について見ていく。すなわち、神学者アントン・デレーザー（Anton Dereser）（一七五七―一八二七年）、哲学者エリアス・ファン・デア・シューレン（Elias van der Schüren）（一七五〇―?年）、文学者オイロギウス・シュナイダー（Eulogius Schneider）（一七五六―九四年）、法学者バルトロメウス・フィッシェニヒ（Bartholomäus Fischenich）（一七六八―一八三一年）の四人である。

彼らに関する基本情報の多くを、私は『最初のボン大学とその教授たち――啓蒙時代のライン精神史への貢献』（一九四七年）(Braubach 1947) という本に負っている。著者はマックス・ブラウバッハ (Max Braubach)（一八九九―一九七五年）というドイツの歴史学者である。第二次世界大戦後のボン大学再建に大きく貢献し、一九四六／四七年に副学部長、一九四七／四八年に学部長、一九五九／六〇年には学長に選出された。ラインラント（ライン川中流地域）史の専門家として知られるが、とくにボン大学の歴史については後にも先にも彼の研究が傑出しており、現在でもベートーヴェン学者の多くがそれを参照している。[3]

以下、主にブラウバッハの研究をベースとし、その他の関連文献も参照しながら、上記四人の略歴と思想を紹介する。そして彼らとの交流からベートーヴェンが受けた影響がどういうものであったかを考察したい。

2　神学者デレーザー

最初に取り上げるのは、神学者アントン・デレーザーである。彼の名前は、いくつかのベートーヴェン伝のなかで、ベートーヴェンを教えたボン大学教授の一人として（平野 二〇一二、二五―二六頁）、あるいはツェアガルテンの常連客の一人として（Wegeler und Ries 2018（1906）, p. 72, Schiedermair 1925, p. 210）言及されている。

略　歴

一七五七年、デレーザーは、ドイツ中部のファール・アム・マイン（現フォルカッハ。ヴュルツブルク近郊）に生まれた。[4]一七七六年にヴュルツブルク大学で哲学の博士号を取得し、ハイデルベルク大学で神学を修めた。一七八三年、二十六歳のときにボンのアカデミーに教授として呼ばれ、新約聖書とギリシア語を教えた。一七八五年には東洋言語と聖書解釈学を担当する。東洋言語とはヘブライ語のことである。翌年、アカデミーが大学に昇格すると、同じく教授に就任した。その学識と人格によって多くの人々の共感を獲得したという。

フランス革命が勃発して二年あまりたった一七九一年十一月、デレーザーはボンを去って、ストラスブールに移った。現在のドイツとフランスとの国境地帯にある町である。デレーザーは言論の自由という点で、選帝侯マクシミリアン・フランツの治めるボンでもまだ窮屈さを感じたのか、革命に近い場所に行こうとしたようである。

しかしストラスブールでは革命が過激化していた。カトリックの神学者であったデレーザーは「反革命的司祭」と見なされて逮捕され、死刑を宣告されてしまう。聖職者をフランス国家に従属させる憲法に対して、忠誠の誓いを拒否したのが原因のようだが、幸運にも減刑されてドイツに戻った。

その後デレーザーは一七九九年にハイデルベルク大学教授、一八〇七年にフライブルク大学教授、一八一一年にルツェルンの司教神学校長、一八一五年にフリードリヒ・ヴィルヘルム大学（ブレスラウ）教授に就任した。そして一八二七年六月――ベートーヴェンの死の三か月後――に、ブレスラウの地で七十年の生涯を終える。

思　想

デレーザーは一言でいうと理神論者だった。理神論は、十八世紀ヨーロッパで、ニュートン力学に代表される自然科学の進歩を受けて展開された、聖書を合理的に解釈する神学思想である。これはじつはニュートン自身が体現した立場でもあった。力学の三大法則を論じたニュートンは、同時に、その科学的世界像の中でいかにして神の存在が証明されるのかを考えた神学者でもあった。ある神学論文のなかでデレーザーは述べている。

私は、一部の熱心な批評家たちが私に対して主張するような、旧約および新約聖書のすべての奇蹟を否定してそれを単なる自然現象として説明しようとする、抑制のない自由からは程遠い立場にいる。むしろ、弁護に値する奇蹟、つまり神が意図を持ち得た奇蹟や、モーセとキリスト教の啓示の真実を証明する強力な証拠となる奇蹟について、私がどれほど熱心に擁護しているかは、私の教え子たちを証人に挙げることができるだろう。（Braubach 1947, p. 109）

聖書の教説をできるかぎり合理的に解釈しようとした点で、デレーザーは間違いなく啓蒙主義者であった。しかしカトリックの神学者だったから、完全に合理主義一辺倒というわけでもなく、彼の目的はあくまで奇蹟の擁護にあった。彼のこうした立場は「中道派」と称してもよいだろう。

それだけではない。デレーザーはカトリックに属しながら、プロテスタントの聖書研究をも取り込んだ解釈を展開した（ibid., p. 107）。語学に長けていて、旧約聖書をヘブライ語原典からドイツ語に翻訳もしている。秀でた文献学者にして、合理主義的な神学者であった彼のような人物が、保守的な神学者から嫌忌されたであろうことは想像に難くない。しかし選帝侯マクシミリアン・フランツはデレーザーの能力を高く評価した（ibid.）。

なお、デレーザーは、次回言及する文学者オイロギウス・シュナイダーと仲が良かったらしい。シュナイダーは、デレーザーと同じく、フランス革命に共鳴するあまり、ストラスブールに移って革命に参加した人物である。選帝侯マクシミリアン・フランツでさえも容認しなかったシュナイダーを擁護したのがデレーザーであり、哲学者ファン・デア・シューレン（後述）だった。

ベートーヴェンとの関係

デレーザーは一七八三年以降、ボンの宮廷礼拝堂で講義していた。その同じ場所でベートーヴェンは一七八四年六月以降、第二オルガニストとして演奏することになった。おそらくこのときが彼らの最初の出会いであっただろう（平野 二〇一二、二六頁）。ベートーヴェンが十三歳、デレーザーが二十七歳のときであった。

ベートーヴェンが当時作った楽曲に、十二歳のときの《オルガンのための二声のフーガ》ニ長調（WoO 31）（一七八三年、遅くとも八四年二月）がある。バッハやヘンデルの影響が濃厚にうかがえるが、翌年に第二オルガニストに抜擢される手腕を十分に示す作品である。あるいはデレーザーがこれを耳にしたこともあったかもしれない。

一七八九年五月以降、二人はボン大学で教授と学生として対面する。ベートーヴェンは十八歳、デレーザーは三十二歳だった。十四歳差で、親子ほどは離れていないので、ベートーヴェンにとってデレーザーは教授とはいえ兄貴分のような存在だっただろう。先述のように、デレーザーはツェアガルテンの常連客でもあり、そこでも二人は親しく会話していたはずである。

もっとも、管見の限りでは、ベートーヴェン自身がデレーザーとの関係について述べた記録はない。しかし、その後のベートーヴェンの創作活動には、彼が若き日にデレーザーから得た知的感化の痕跡が見て取れるように思われる。

例えば、晩年の大作《ミサ・ソレムニス》ニ長調（Op. 123）（一八一九―二三年）の宗教性にそれは現れていると言えないだろうか。カトリックの典礼文に則りながらも、そこに込められた精神はけっしてカトリックの伝統に収まってはいない。カトリックの聖職者でありながらプロテスタント神学をも摂取し、宗派を超えた普遍的な言語で宗教性を語ろうとしたデレーザーの姿勢を、同曲の思想的淵源の一つに求めることは不当ではあるまい。

また、《ミサ・ソレムニス》と並行して作られた《第九》についても、同じことが言える。《第九》には、古代ギリシアの世界像とキリスト教の世界像の融合という発想がうかがえる。そこには、古代ギリシア語と聖書解釈の授業を行っていたデレーザーの知的関心との重なりが見られないだろうか。あるいは、デレーザーとの出会いが、その後のベートーヴェンの知的感受性を育む一助になったという見方も可能であろう。

3　哲学者ファン・デア・シューレン

次に取り上げるのは、哲学者エリアス・ファン・デア・シューレンである。彼はボン大学でカント哲学を講じた人物として言及されることがあるが（平野 二〇一二、二六頁、Schiedermair 1925, pp. 329-330）、その思想の内実に触れられることはほぼない。そもそも彼に関する文献はドイツでも皆無に等しい。彼自身がまとまった著作を残していないからでもあろう。今日では完全に忘却された思想家である。彼の功績は学者業というよりは教師業にあったと言える。私はボンのベートーヴェン・ハウスの図書室で、一七七九年刊のボン・アカデミー史料（Eichhoff (hrsg.) 1779）を閲覧したが、そこにはファン・デア・シューレンの名前が明記され、彼の論理学講義の主題が列挙されていた（ibid., p. 27）。

略歴

ファン・デア・シューレンは一七五〇年、オランダやベルギーの国境に近いドイツ西部のアーヘンに生まれ、カトリックの修道会の一つであるイエズス会に属した。[5] 一七七一年から七四年にかけて、トリーア大学で教会法学者のヘデリッヒ（Philipp Anton Hedderich）（一七四三／四四―一八〇八年）に師事して頭角を現し、一七七七年にボンのアカデミーに教授として呼ばれた。そこで彼は論理学、数学、形而上学、道徳および自然法を、八三年には論理学、形而上学、実践哲学を担当した。

彼はボン大学で当初、教科書にカトリック系の哲学者レッサー（Columban Rösser）（一七三六―八〇年）の著作を使用していた。レッサーは当時カトリックの牙城だったケルンを中心に影響力のあった思想家である。ところが一七八〇年代末、ファン・デア・シューレンはプロテスタント系の哲学者フェーダー（Johann Georg Heinrich Feder）（一七四〇―一八二一年）の著作を教科書に採用し、物議をかもした。フェーダーはカント批判で知られる啓蒙主義者だが、当時ボンでは反カトリック、反宗教的な思想家と見られていたらしい。[6]

その後、ファン・デア・シューレンはカント哲学に傾倒し、一七八七年に「カント『純粋理性批判』と伝統的世界観」と題する対話篇を匿名で発表した。他にもファン・デア・シューレンの名で出た作品が四つほどあるが、ブラウバッハによるとそのうち二つは彼のオリジナルではなく、弟子が下書きしたものを推敲し発表したものらしい。残り二冊は彼のオリジナルらしいが、私は入手できなかった。

ファン・デア・シューレンは必ずしも独創的な思想家とは言えないが、学者としては当時高名だったようで、一七九〇／九一年にはボン大学の学長に選ばれている。ところが一七九二年二月、先述のデレーザーと同じく、ストラスブールに移ってしまう。ボンを去ったのは、教会から攻撃されたこと、フランス革命に共感したこと、またこれらの点で立場を同じくした元同僚シュナイダーからの誘いがあったことが理由と推測される。

ストラスブールに移住した教授たちのうち、デレーザーは死刑判決を受けたあとに減刑されて帰国、シュナイダーはギロチンで処刑された。だが彼らとともにストラスブールに行ったファン・デア・シューレンに関しては、その後、足跡がまったく途絶えてしまう。手紙一つ残されていない。死んだ時期も場所も不明である。

思　想

ファン・デア・シューレンはカントを講じた最初のボン大学教授だった。では、彼の「カント『純粋理性批判』と伝統的世界観」は、どういう著作であったか。

この対話篇は一七八七年一月、『月刊ニーダーライン』という雑誌に掲載された。これは今日ファン・デア・シューレンの作品として手に入るほぼ唯一のものである。歴史家ヨーゼフ・ハンゼン（Joseph Hansen）（一八六二／六三―一九四三年）が編集した『フランス革命期ラインラント史料集　一七八〇―一八〇一年』（一九三一年）（Hansen (hrsg.) 1931）という本に収録されている。この本でわずか五頁ほどの短い対話篇だが、ラインラントにおけるカント哲学受容の幕開けを告げるものと言ってよい。

書かれたのは一七八六年末であろう。カントの『純粋理性批判』第一版が出たのが一七八一年五月、第二版が出たのが一七八七年六月である。この第一版を批判した一人が先述のフェーダーであり、フェーダーの批判に応えるべくカントは第二版を出した。したがって、ファン・デア・シューレンの「カント『純粋理性批判』と伝統的世界観」は、『純粋理性批判』第一版に関する批評ということになる。

ただし、内容的には、この対話篇は、ヨハン・シュルツ（Johann Friedrich Schultz）（一七三九―一八〇五年）という哲学者の『カント教授著『純粋理性批判』の解説』（一七八四年）（Schultz 1784）に対する批評になっている。シュルツはカントの友人であり、同書は難解なカント哲学を平易に祖述したものとして、カント本人からも評価されたほどであった。きわめて早い時期に書かれた良質のカント入門として、今日も一定の評価を得ている著作である。

同書を話題にしながら、ファン・デア・シューレンは、二人の登場人物にカント哲学をめぐる対話をさせている。対話はシュルツの著作への感想に始まり、徐々に、カント哲学がキリスト教信仰にとって危険であるか否かという問題へと迫っていく。一人はカント哲学を危険視し、もう一人は擁護する。結論部分で、ファン・デア・シューレン自身を代弁すると思われる人物はこう述べる。

それゆえ、〔カント哲学によって〕一方で〔宗教上の真理に関する〕確実性の見せかけの根拠が失われるとしても、他方では、これらの高貴な真理に対してこれまで提出された、あるいは将来提出され得るすべての反論が消滅する。〔…〕確かなのは、カントの体系を理解する者が、不幸な懐疑者となって世界創造者と不死への信仰をすべて喪失してしまうような危険は、さほどないということだ。(Hansen (hrsg.) 1931, p. 165)

カント哲学を学んでも、キリスト教信仰に害を及ぼすことはないと語る。対話形式をとっているので、必ずしも直接的とは言えないが、明らかにカント擁護のメッセージが込められた作品である。

じつはこの著作が出る一年半前、一七八五年九月に、選帝侯マクシミリアン・フランツが、ファン・デア・シューレンの論理学講義に対して注文をつけたことがあった。「言葉遊びや無駄な考察に陥るのではなく、とりわけ根本的確信を追究することに努め、可能なかぎり数学的方法を学生に習得させるよう心がけるように」(Braubach 1947, p. 89)、と。根本的確信と数学的方法とは不思議な取り合わせに見えるが、カトリックの伝統においては両立する。例えば、神の存在証明は、誰もが疑いえない確実な論証でなければならない[7]。そうした姿勢がファン・デア・シューレンの講義には不足していると、マクシミリアン・フランツの眼には映ったのかもしれない。ケルン大司教を兼ねる選帝侯としては、やはりカトリックの宗教的立場をボン大学の学生に学んでほしかったのだろう。

こうした経緯を踏まえると、ファン・デア・シューレンが授業でプロテスタント系哲学者のフェーダーを取り上げ、さらに続いてカントを扱ったことは、当然、カトリック保守派との間に衝突を生じたであろうと推測される。ファン・デア・シューレンの対話篇がわざわざカント哲学とキリスト教信仰との関係に触れたのは、そのためであっただろう。

カント哲学と宗教

ところで、当時、カント哲学はどうしてカトリック保守派から危険視されたのか。

ファン・デア・シューレンが対話篇で取り上げたシュルツの『カント教授著『純粋理性批判』の解説』は、人間の理性の限界についてこう述べている。

それゆえ私たちは、最も完全な存在者〔神〕には基礎概念〔カテゴリー〕をまったく適用できず、このような存在者がある量や質をもつこと、この存在者が一つの実体であり、他の物の原因であること、この存在者が可能的である、または現実的である、または必然的であること、といったことをまったく証明できないのである。(Schultz 1784, p. 214／邦訳二二四頁)

カント哲学によれば、私たちは神に対しては学問的理論を適用できない。すなわち、神が一定の量や質を持っているとか、神が実体であるとか、神が何かの原因であるとか、神が可能だとか現実だとか必然だとかということを証明できない。そうシュルツはカント哲学を要約する。保守派の人々の多くがカント哲学に対して不安を覚えたのは、おそらくこの点にあった。それまでの神学の伝統は神の存在証明をすることだったが、カントは神の存在は学問では証明できないと言ったのだから。

カント哲学と宗教との関係については、のちに詩人ハインリヒ・ハイネ(Heinrich Heine)(一七九七―一八五六年)が『ドイツ古典哲学の本質』(一八三四年)で行った批評が有名である。ハイネによれば、カントとフランス革命の指導者ロベスピエール(Maximilien de Robespierre)(一七五八―九四年)には三つの共通点がある。一つ目に「くそまじめな正直さ」、二つ目に「うたがいぶかさ」、三つ目に

「小商人根性」である。三点目はロベスピエールもカントも商人の子だったことを指している。ただし「ロベスピエールのはかりの皿には国王が、カントのはかりの皿には神がのせられたのである」「そしてカントもロベスピエールも、てきとうな分銅をそのはかりの分銅皿にのせた！」（ハイネ 一九七三、一六七頁）。ロベスピエールは国王の首を切り、カントは神の首を切った。前者が既存の王朝政治を倒したのと同様に、後者は既存の神学体系を破壊した。

ハイネのこの総括は、ベートーヴェンの死後七年目に書かれたものだが、カント哲学が十八世紀末のドイツ宗教界に与えた衝撃を見事に表現している。これに照らすと、『純粋理性批判』第一版が出てまもない一七八〇年代に、カント哲学とキリスト教信仰との両立を主張したファン・デア・シューレンの先駆性がよく理解できるであろう。

ベートーヴェンとの関係

ファン・デア・シューレンとベートーヴェンとの間に直接接点があったことを示す史料は見つかっていない。ファン・デア・シューレンの名は、これまでのベートーヴェン伝でもボン大学教授の一員として挙げられるにとどまる。二人に接点があったのか、もしあったとすればどういう関係だったのか、いくつかの状況証拠から推測してみたい。

ベートーヴェンがボン大学哲学科に聴講生として登録したのは、一七八九年五月十四日だった。ファン・デア・シューレンはこの年の夏学期にフェーダーの論理学・形而上学[8]を、冬学期にカント哲学を講義した[9]（Schiedermair 1925, p. 196）。当時すでにフェーダーとカントとの論争も知られていただろうから、ファン・デア・シューレンの選択は一見奇妙に思える。しかしカント自身も一七六七／六八年から（フェーダーがカント批判を公言したあとの）一七八五／八六年までに、フェーダーの『哲学的諸学の基礎』を十一回も教科書に用いていた（有福・坂部（編集顧問）一九九七、四五一頁）。ファン・デア・シューレンとしては、啓蒙主義の最前線を講義したかったのだろう。なお、ファン・デア・シューレンのカント哲学講義は一七九〇年夏学期だったとの説もある（Hansen (hrsg.) 1931, p. 161）。

一七八九年一月にボンの国民劇場が再開されてから、楽団員のベートーヴェンは多忙になっていた。彼が大学を聴講した期間を、仮に最長の二年間（一七八九年五月から一七九一年四月まで）だったとして、この間だけでも彼の仕事の状況は以下の通りであった。劇場の第一シーズンは、一月三日から五月二十三日までで、十三曲の歌劇が上演された。第二シーズンは、十月十三日から翌一七九〇年二月二十三日までで、十三（もしくは十七）曲の歌劇が上演された。[10] 第三シーズンは、同年十月二十三日から翌一七九一年三月八日までで、十一曲の歌劇が上演された（Thayer 1964, pp. 97-98／邦訳、上巻一〇三頁）。

ベートーヴェンの大学聴講は一七八九年五月十四日以降なので、第一シーズンの終了後には聴講の時間をそれなりに取れただろう。この場合、ファン・デア・シューレンの講義のうち、夏学期（フェーダー論理学・形而上学に関する講義）に参加した可能性はある。冬学期（カント哲学に関する講義）は第二シーズンと重なっているので、ベートーヴェンがどのくらい聴講できたかは怪しい。ただし先述のように、ファン・デア・シューレンのカント講義が一七九〇年夏学期だったという説もある。この場合、第二シーズンと第三シーズンとの間が約八か月空いているから、もしベートーヴェンがまだ聴講生を続けていたとしたら、このとき彼の耳にカントの名前が刻印された可能性はある。

もちろん、以上はあくまで推測の域を出ず、ベートーヴェンがファン・デア・シューレンの授業を一度も聴講しなかった可能性も否定はできない。だが、もしそうであったとしても、二人の相性はけっして悪くはなかったはずである。ベートーヴェンの歓談仲間だったデレーザーやシュナイダーがボン大学で立場が悪くなったとき、ファン・デア・シューレンは彼らを擁護した。ベートーヴェンからすれば、いわば味方の味方であった。年齢的には二十歳差で、ベートーヴェンが聴講生になったときに、ファン・デア・シューレンは三十九歳だった。

ベートーヴェンよりも五歳年長で、ボン時代からの友人だったヴェーゲラーは、『ベートーヴェンの伝記的覚書』補遺（一八四五年）（Wegeler 1845）のなかで、こう証言している。

> ベートーヴェンは母国語のほかラテン語、イタリア語、フランス語を理解した。それどころかカント哲学をも学んでいたに違いない。ただし〔一七九〇年代に〕ウィーンでカントに関する私的な講演会が開かれたときには、私が誘っても一回も同席しようとしなかったが。彼は自分のなかに、偉大なケーニヒスベルク人〔カント〕とは異なる一個の「定言命法」を持っていた。（ibid., p. 9）

知識欲に飢えていたベートーヴェンも、国民劇場の楽団員として多忙だった十八歳から十九歳の時点ではまだ、カントの哲学を学ぶだけの動機はなかったかもしれない。彼がカントの著作を熟読するのは、四半世紀もあとの一八一六年、四十代後半になってからである。しかし、音楽界で巨匠となった壮年期のベートーヴェンが、あえてカント哲学に手を染めるに至ったのは、やはり青年期にいわば皮膚感覚としてその哲学の要素を吸収していたからではなかったか。彼とカントとの出会いを可能にした源泉の一人が、ファン・デア・シューレンだったと考えても、けっして大胆すぎる推測にはならないだろう。

4　小括

ベートーヴェンが聴講生だったときのボン大学教授のうち二名を紹介したが、これだけでも当時のボン大学がいかに先進的であったかが理解されよう。

デレーザーもファン・デア・シューレンも、カトリック系の教授でありながら、プロテスタント系の書籍を教材にしていた。もちろん二人の存在を過大評価する必要はないが、ベートーヴェンの思想形成を考える上で無視することはできない。彼らはカトリックとプロテスタントという宗派の「間に立つ」思想家だった。宗派に囚われない普遍的・人類的な宗教的地平を目指していた。彼らがいたからこそ大学と読書協会の自由な気風が生まれた。

後年、ベートーヴェンは交響曲（シンフォニー）の大家となっていく。「シンフォニー」という言葉は、古代ギリシア語で「共に（Sym）響く（phone）」という意味で、さまざまな声が共存・調和するということである。これは単に楽器の話にとどまらない。本講義でいずれ触れるが、ベートーヴェンは、ギリシア古典や旧約・新約聖書を読み、カント哲学やインド思想をも視野に入れて《第九》を作曲した。また《ミサ・ソレムニス》はカトリックの典礼形式をベースに、プロテスタントとの融合、さらには一種の汎神論的世界観をも漂わせるものとなった。その偏見なき包摂的宗教観は、ボン大学の気風と相通ずる。大学聴講の経験は、間違いなくベートーヴェンの教養の基礎となったはずである。

第3講　ボン大学の教授たち（その2）

1　文学者オイロギウス・シュナイダー

引き続き、ベートーヴェンが聴講した時期のボン大学教授たちを紹介する。前回触れたデレーザーおよびファン・デア・シューレンと違って、今回取り上げる二人は、過去のベートーヴェン伝でもしばしば言及される人物である。とくにオイロギウス・シュナイダーは、ベートーヴェンに強い影響を与えた人物とされる（Schiedermair 1925, pp. 319-320, 山根 二〇二一、七七—七八頁）。

略　歴

シュナイダーは一七五六年、ヴュルツブルク近郊のヴィプフェルトに生まれた[1]。一七七七年、バンベルクのフランシスコ会修道院に入り、一七八〇年にザルツブルクで叙階される。一七八六年、ヴュルテンベルク公国の宮廷説教者になるが、君主と対立して国を出た。ヴュルテンベルクは詩人シラーの故郷で、シラーも君主と対立して亡命したので、シュナイダーにとっては精神的先人として共感の対象だっただろう。現に、シュナイダー自身がのちに書いた数々の詩は、シラーへの共感にあふれている。

一七八九年四月にシュナイダーはボン大学に赴任し、文学と詩を教えた。同年五月にはボンの読書協会に加入する。一七九〇年二月頃、『詩集』を出版し、そのなかで前年に勃発したフランス革命を大胆に賞賛した。しかも同じ時期に、宗教に関しても進歩的解釈を盛り込んだ著書を発表し、これが保守派からのシュナイダーに対する解雇要求に発展する。最初彼を守ろうとしたマクシミリアン・フランツもついに守りきれなくなり、一七九一年六月、シュナイダーはボンを去ってストラスブールに移った。

ストラスブールはフランス革命の前線地の一つで、ここで革命歌ラ・マルセイエーズも誕生した。その初演の場にシュナイダーは居合わせていたという（山根 二〇二一、九五頁）。しかし革命が過激化すると、シュナイダーは急進派から旧体制の擁護者と見られるようになり、一七九三年十二月に逮捕、翌年四月にギロチンで処刑された。三十七歳だった。

思想

シュナイダーは、ボン大学教授就任に際し、「カトリック圏ドイツにおける文芸の現状と障害について」と題して講演した。その記録は彼の『詩集』の巻末に収められている。

シュナイダーによれば、カトリックはイタリアやフランスでは数々の偉大な文芸を生み出してきたが、ドイツでは宗教改革（一般に一五一七年開始とされる）以降、プロテスタントに圧され、不毛の時代が続いている。この間、ドイツの学校教育はスコラ哲学的な研究に従事し、想像力や感性といった人間精神の全体性を忘却している、という。

それゆえわれわれは、美学の諸原則を単に理論的に研究するだけでは満足しない。われわれはときおり実践的な試みをも行わなくてはならない。〔…〕われわれが見て感じている美しいものを、われわれはみずから模倣するよう試みなければならない。また、われわれが感嘆している偉大な模範を追って飛翔しなければならない。〔…〕諸君、われわれは手を携えてミューズの森を散策し、この森の周りで高貴な満足を手にしたいと願う。(Schneider 2010 (1790), pp. 326-328)

偉大な文学者よ、偉大な芸術家よ、カトリック圏ドイツから誕生せよ。こういう一種のアジテーションを、シュナイダーはボン大学でやった。

また、彼は神学者として、貧者、困窮者に寄り添って共に生きる隣人愛こそがキリスト教の本質だと語った。彼はコスモポリタンであり、民族や国家を超えて、援助が必要な人がいれば博愛の精神で連帯すべきだと考えた。当然、彼は圧制を嫌悪した (Braubach 1947, pp. 121-123)。彼のシラーに対する敬慕の念も以上の点から推察できよう。

ベートーヴェンとの関係

シュナイダーのボン大学着任が一七八九年四月、ベートーヴェンの聴講生登録が五月であるから、ベートーヴェンにとってシュナイダーは新任教授の一人だったことになる。この年、ベートーヴェンはシュナイダーのギリシア文学講義を受講したようだ。ベートーヴェンは生涯、ホメーロスの愛読者だったが、そうした古典文学の素養はこのとき培われたものと思われる。

一七九〇年二月、マクシミリアン・フランツの兄、神聖ローマ皇帝のヨーゼフ二世が死去したとき、シュナイダーが所属するボンの読書協会は、追悼式用のカンタータの作曲をベートーヴェンに依頼した。また、次の皇帝レオポルト二世（一七四七―九二年）の戴冠を祝すカンタータも依頼した。この二つのカンタータは、いずれも演奏時間が三十分を超えるベートーヴェン最初の大規模な声楽曲で、《第九》の淵源の一つとも言われる（第4講で詳述する）。両カンタータの作詞はシュナイダーの弟子の一人が担当したが、シュナイダー自身の手も相当入っていたようだ。

シュナイダーは一七九〇年に『詩集』を出版した際、予約注文制をとり、予約者の名前は巻頭に掲載された。デレーザー、ライヒャ、ブロイニング家の人々、あるいは皆の憧れのバベッテ・コッホなど、ツェアガルテン関係者が多く並ぶなかにベートーヴェンの名前も明記されている（Schneider 2010（1790）, p. XVII）。このときシュナイダーは三十三歳、ベートーヴェンは十九歳だった。[2]

一般にベートーヴェン関連の文献では、シュナイダーはフランス革命の賛美者として描かれている。たしかに、彼の詩「バスチーユ崩壊に」を見ると、「僭主者によってはめられた手錠の鎖はお前の手から切り落とされた／（解放されて）幸せになった人民よ、／君主の王座はお前にとって自由の場所となり／王国は祖国に取って代わった」、「フランス人は自由になったのだ」（ibid, p. 247, 藤田 二〇二〇、二一二頁）とある。シュナイダーが革命に情熱を燃やした人であったことは事実である。

「真の啓蒙について」

ただし彼の『詩集』を読むと分かるが、じつは革命の詩は一部でしかない。この詩集は全体としては、生きる喜び、愛の喜び、芸術の喜び、そしてとりわけ人間における理性と信仰との調和、さらに、啓蒙と、教育と、文化の素晴らしさを歌い上げたものである。そのなかの一つ、「真の啓蒙について」という詩を見てみよう。

おのれの眼で見る者、おのれの職分に通じた者、賢くあらんと努める者、かかる者こそ、啓蒙された人と自称し得る。

おのれの義務を知り、臣民を同胞と呼び、貧者に対しても人間性を敬い、愛をもって統治する君主は、啓蒙された人なり。

法を理解し、正義の直道を歩み、攻撃や暴力を阻止する市参事会員、かかる者を、思想家は啓蒙された人と呼ぶ。

忍耐を説き、無味乾燥な教義を、道徳に変容することを敢えて為す神学者、かかる者は啓蒙された人にして、かつ啓蒙する人なり。

狭い仲間うちであっても、おのれの仕方で善を為し、法と理性と人間性を敬う市民、ああ、かかる者が啓蒙された人でないことがあろうか？

かよわき子等に囲まれ、真理と美徳への感情を、彼らの内に覚まさせ養う母親、かかる者を、余は啓蒙された人として賞賛する。

おのれの職分に満足し、ふるさとの地にあって、健康な五体を欲する農夫、かかる者はたとい無学なりとも、啓蒙された人なり。

妻のさまざまな務めを、身に付けんと試みる少女、彼女を妻に迎えんとする者にとって、未来の妻は啓蒙された人なり。（Schneider 2010（1790), pp. 266-269）

真の啓蒙とは、学問の有無とも、身分の高低、まして職分の違いとも関係がない。人間がそれぞれ置かれた場所にあって自分に課せられた課題、いわゆる使命を実現しようと誠実につとめることである。自分が本来の果たすべき役目を果たすために地道に努力し、知性を用いる人、こういう人はみな啓蒙の人である。そういうことを言っている。[3]

ベートーヴェンがシュナイダーから影響を受けたとすれば、それは革命思想というよりもこうした人間観だったのではないか。あるいは、芸術家としての使命の自覚だったのではないか。ベートーヴェン自身は選帝侯から給料を得て働く宮廷楽士だった。彼はデレーザーやファン・デア・シューレンやシュナイダーのようにフランスには行かなかった。むしろマクシミリアン・フランツの采配でウィーンに留学し、交響曲第一番を彼に捧げようともした。それゆえ、君主制を否定する革命の発想はおそらくベートーヴェンにはなかっただろう。後年の彼の楽曲、例えば交響曲第三番（通称《英雄》）や《第九》の精神的起源をもっぱらフランス革命とだけ結びつけるのは、解釈としていささか無理がある。ただし、シュナイダーが持っていた友愛や平等にかける想い、あるいは、ドイツ文学に新たなルネサンスを起こそうという芸術に捧げる情熱は、確実に若きベートーヴェンの魂を揺さぶったに違いない。

2　法学者バルトロメウス・フィッシェニヒ

次に取り上げるのはバルトロメウス・フィッシェニヒである。すでに少し触れたが彼はベートーヴエンの二歳上で、ほぼ同世代だが、弱冠二十四歳でボン大学教授になった人である。ブラウバッハはこのフィッシェニヒを「卓越した法律家であり、同時に真に高貴な人間であった」（Braubach 1947, p. 159）と讃えている。また、フィッシェニヒ生誕二百周年の一九六八年には、彼にフォーカスした研究書（Teschner 1968）も出版されている。

略歴

一七六八年、フィッシェニヒはボンに生まれた。一七八六年、ケルン大学で修士号を取得、翌八七年にボンに戻り、ボン大学に入った。[4] フィッシェニヒは国民劇場でベートーヴェンの演奏を聞いたこともあったかもしれない。一七九〇年にはボンの参審員（民間から選ばれる裁判官）になり、翌九一年春には将来のボン大学教授候補に推薦された。このときフィッシェニヒは二十二歳だった。

一七九一年半ばから翌九二年秋にかけて彼はイエナに留学した（途中数か月間ライプツィヒでも学んだ）。マクシミリアン・フランツの文化政策の一環である。このイエナこそはシラーがいる都市で、フィッシェニヒはシラーと昵懇の仲になった。当時シラーは三十二歳、前年の一七九〇年に結婚したばかりで、夫人シャルロッテ（Charlotte von Schiller）（一七六六―一八二六年）とともに、フィッシェニヒを家族のように可愛がった。シラー没（一八〇五年）後もフィッシェニヒとシラー夫人の交流は続き、彼らの往復書簡集も書籍になっている。

一七九二年十月、二十四歳のフィッシェニヒがボン大学の教授に就任し、自然法、国際法、刑法を担当すると、講義は大いに評判を呼んだ。もっとも、彼は当初こそフランス革命に共鳴していたようだが、デレーザーやファン・デア・シューレン、シュナイダーと違い、革命の暴力的傾向を懸念して、最終的には距離を置く。一七九四年十月（ベートーヴェンがウィーンに移った二年後）、フランス軍がボンに侵攻し、一七九八年四月にボン大学が廃止されると、フィッシェニヒはボンを去った。一八一一年、フィッシェニヒはアーヘン地方裁判所の裁判長になり、一八一九年にはプロイセン法務省枢密院議員に就任する。一八三一年六月、ベルリンにて六十二歳で死去。ベートーヴェンが没して四年後だった。

カント主義者たちとの交流

フィッシェニヒはボン大学の学生時代に、ファン・デア・シューレンのカント講義を受講した可能性が高い（Teschner 1968, p. 29）。また、フィッシェニヒがイエナでシラーと交流した一七九一―九二年当時、シラーは寝ても覚めてもカント哲学に没頭していた。「歓喜に寄す」の発表から六年後、シラーはすでに詩作の手を止めて、哲学者として第二の人生を歩もうとしていた。シラーの感化を受けてフィッシェニヒもカントに傾倒した。

留学中、フィッシェニヒはシラーの友人である詩人ケルナー（Christian Gottfried Körner）（一七五六―一八三一年）、哲学者ラインホルト（Karl Leonhard Reinhold）（一七五八―一八二三年）とも交流した。ケルナーはシラーが「歓喜に寄す」を捧げた相手で、彼もカントを愛読していた。ラインホルトは当時を代表するカント主義者であり、カント本人とも交流があった。フィッシェニヒはシラーとともに夜更けまでカントについて語り合うときもあった。

年譜的な補足をしておくと、シラーがイエナ大学教授に就任したのは、一七八九年五月だった。その就任講演「世界史とは何か、また何のためにこれを学ぶか」は、カントの歴史哲学をもとに世界史を考察したものである。一七九〇年から九二年にかけてシラーは『三十年戦争史』という、十七世紀ヨーロッパで起きた一種の世界大戦に関する歴史研究を連載した。一七九一年二月頃からシラーは本格的にカント研究を開始する。とくにカントの美学思想に惹かれたらしい。

当時すでにカントは一七八七年に『純粋理性批判』の第二版を、同年末（タイトルページは一七八八年）には『実践理性批判』を発表していた。一七八八年、ラインホルトが『実践理性批判』を「太陽」のごとき著作だと批評した。一七九〇年にカントは『判断力批判』を刊行し、これによりカントのいわゆる三批判書が出揃った。

カント哲学の体系がほぼ完成したこの段階で、フィッシェニヒはイエナに来て、シラーやラインホルトのもとでカントを学んだ。それゆえ、フィッシェニヒは当時最先端のカント主義者たちを通して、三批判書を含むカント哲学の全体像をつかんだことになる。ちなみに、フィッシェニヒが留学中の一七九二年春、カントは宗教論を『ベルリン月報』に掲載したので、これもフィッシェニヒの周囲の思想家たちの間で話題になったことであろう（翌年、カントはこの掲載分を含む『単なる理性の限界内の宗教』を刊行するが、すでに触れたように検閲問題を引き起こすことになる）。

フィッシェニヒは、一七九二年二月、ボンの知人に宛てた手紙のなかで、「哲学的に（したがって宗教的にも政治的にも）正反対の立場にあるあらゆる人々が結合する（vereinigen）ための原材料を、カントが初めて発見した」、「カントは人権のための、倫理のための、政治のための、世界平和のための普遍的原則を発見した」（趣意）（Teschner 1968, p. 38）と述べている。イエナの地でフィッシェニヒは、カント哲学を中心に、フランス革命や人権思想にも深い関心を抱いたようである。

一七九二年七月、フィッシェニヒはボンの知人に、「ケーニヒスベルクに旅をしてカントと自然法について語り合いたい」という心情を伝えている（Teschner 1968, p. 40）。この希望は実現しなかったようだが、カントへの傾倒の深さをうかがわせる。この年十月、ボン大学就任講演で、フィッシェニヒは、カント哲学を用いて自然法講義を行った。自然法とは、国法に限らず、国家があろうと無かろうと、およそ人間であれば守るべき共通の規範のことである。それを彼はカント哲学で説明した。

以後、フィッシェニヒは法学講義（一般国家法）でもカント哲学を扱った。残念ながら講義原稿は第二次世界大戦で焼失して残っていない（ibid., p. 21）。残っていれば画期的だったことだろう。なぜなら、この時期はカント自身でさえもまだ自分の法論を発表していなかったからである。カントの法論は、『永遠平和のために』（一七九五年）等の小品を除くと、本格的には一七九七年の『人倫の形而上学』まで待たねばならない。他の学者がカント哲学を法学に応用した初期の例としては、政治思想家ゲンツ（Friedrich von Gentz）（一七六四―一八三二年）の「法の根源と最高原理」という、一七九一年四月の論文がある（『ベルリン月報』掲載）。フィッシェニヒが留学時代にこのゲンツの論文を読んでいたかどうかは不明である。

フィッシェニヒが法学講義をした約半年後の一七九三年四月、哲学者フィヒテが、カント宛の書簡で、『純粋理性批判』の理念に基づく法哲学の著述をしたいと述べている。実は当時、カント自身も同様の目標を持っていた。しかしカントは、一か月後のフィヒテ宛の書簡で、自分の仕事がなかなか進まないので、フィヒテには自分より先に法哲学の著作を仕上げてほしいと述べた。

こうした当時の思想状況を踏まえると、フィッシェニヒの思考がいかに時代の最先端を走っていたかがうかがえる。それは彼の学んだイエナの思想家たち――とりわけシラーとラインホルト――の先進性を物語るものでもある。

ともかく、フィッシェニヒの講義の切り札はカントだった。しかし、カントの論理を推し進めていくと、ゆくゆくは封建制や絶対王政に対する批判にならざるを得ない。フランス革命が始まってまだ三年目という時期である。選帝侯にいくら言論の自由への理解があったとはいえ、国家としては政治的発言には敏感にならざるを得なかっただろう。フィッシェニヒのシラー宛書簡によれば、彼は講義内で政治に触れるところではあえて口をつぐんで、受講者に目配せで示唆したと述べている(Braubach 1947, p. 157)。いわば「ほのめかし戦略」で乗り切ったのである。

ベートーヴェンとの関係

フィッシェニヒは、一七九二年冬学期のボン大学について、シラー夫人宛の手紙のなかでこう述べている。「多くの受講者の表情から、いかにこの〔カントの〕道徳説の偉大な真理が彼らの心を深く揺さぶっているかが読み取れる」、「この哲学は当地に急速に浸透している。何人もの実業家が（なかには単に虚栄心からの者もいるだろうが）彼らの余暇をこの哲学に捧げている。また、ここの哲学教師たちも熱烈な支持者で、神学道徳の教授さえもケーニヒスベルクの哲学者〔カント〕の道徳論を講じている」(Hennes 2017 (1875), p. 20. 強調原文)。

フィッシェニヒによれば、哲学教師も神学道徳教授もカント哲学に傾倒していたという。哲学者ファン・デア・シューレンはすでにボン大学を去っていた（第2講）。しかし、彼が蒔いたカント哲学普及の種は、着実にボンの地に根を下ろし、芽吹き始めていたようである。ベートーヴェンの周囲には、カントに傾倒していた市民も少なくなかったことがわかる。また、そうした時期にベートーヴェンはツェアガルテンでボン大学の教授や学生たちと交流していたことになる。

ボンがドイツ文化圏のなかで最先端を走った十数年に、ベートーヴェンは幸運にも居合わせることができた。なかでも、デレーザーやファン・デア・シューレン、シュナイダーのような年長の教授たちのみならず、彼らよりも若くベートーヴェンと同世代のフィッシェニヒと交流できたことは、少なからぬ意義を持っていただろう。もちろん、ベートーヴェンがボン大学で聴講していた時点で、デレーザーは三十二歳、ファン・デア・シューレンは三十九歳、シュナイダーは三十三歳だったから、この教授たちもそれほど年長だったわけではないが、フィッシェニヒとの関係はさらに親密なものだったのではないかと推測される。

ベートーヴェンとフィッシェニヒがツェアガルテンで常連同士だった（そこにはデレーザーもいた）ことは、ベートーヴェンの旧友ヴェーゲラーが証言している（Wegeler und Ries 2018 (1906), p. 58)。ヴェーゲラーによれば、これはベートーヴェンがボンで過ごした最後の数年間のことであったそうである（Thayer 1964, pp. 107-108／邦訳、上巻一一五頁）。

「歓喜に寄す」への作曲構想

さて、フィッシェニヒがイエナ留学からボンに戻ったのが、一七九二年十月（日付は不明）。ベートーヴェンが二度目のウィーン留学のためボンを発ったのが十一月二日。この約一か月の間にも二人は親しく交流したようだ。

そのことは、フィッシェニヒがシラー夫人シャルロッテに宛てた書簡（一七九三年一月二十六日付）

から推測される。これはベートーヴェンの伝記作家たちによって必ずと言ってよいほど引用される資料でもある。というのも、そこには《第九》作曲の起源を理解する上で重要な証言が記されているからだ。フィッシェニヒはこう述べている。

ここに同封いたします《炎の色》の作曲について、御高見を承りたく存じます。これは当地出身の一青年によるもので、同人の楽才はあまねく賞賛され、また選帝侯は彼をヴィーンのハイドンのもとに派遣されました。彼はシラーの《歓喜》を、実に一節も余さず作曲することをも企てています。私が知るかぎり、彼はひたすら偉大なもの、崇高なものに向かって心をこらしていますから、私は何か無上なものを期待しているのです。〔…〕同封しましたような小さなものに、彼はあまり手を染めないのですが、これはある女性の求めに応じて書いたものです。（Kopitz und Cadenbach (hrsg.) 2009, p. 272, Thayer 1964, p. 120／邦訳、上巻一二九頁）

ここでフィッシェニヒは、ベートーヴェンがシラーの「歓喜に寄す」に作曲しようと企てていることを報告している。これは《第九》に関するドキュメントとして最初のものである。このときベートーヴェンは二十二歳だった。

《第九》の起源が、その完成（一八二四年）から三十年以上も遡ることを示す点で、この手紙が非常に興味深いことは間違いない。そのため、先行研究もこの手紙を《第九》との関連で解釈するのが常であった。しかし私は今回改めてフィッシェニヒのことを調べてみて、別の角度からアプローチする必要を覚えている。それは、フィッシェニヒがこの手紙を書いた「意図」を考察することである。

3　歌曲《炎の色》

作詞者ゾフィー・メロー

先の書簡でフィッシェニヒは、同封したベートーヴェンの歌曲《炎の色》(Op. 52, No. 2) について述べている。まずはこの曲について知る必要がある。

これは一七九二年秋頃に作曲されたもので、歌詞はゾフィー・メロー (Sophie Mereau) (一七七〇―一八〇六年) という女性の詩人による。ゾフィーは一七七〇年、ザクセン公国のアルテンブルクに生まれた。ベートーヴェンと同い年である。友人の法学者フリードリヒ・メロー (Friedrich Mereau) (一七六五―一八二五年) を通して、シラーの知遇を得、一七九一年に二十一歳でシラー編集の雑誌『タリーア』に最初の詩を発表した。シラーは彼女の才を高く評価した。

ゾフィーはイエナで、フィヒテ、シェリング、シュレーゲル兄弟といった知識人たちとも交流した。フィヒテのゼミナールを受講し、しかも自著でフィヒテの女性観を批判していることから、その才気煥発ぶりがうかがえる。一七九三年にゾフィーはメローと結婚したが、家庭生活は幸せではなかったようである。一八〇〇年に六歳の息子を失った彼女は、翌年に離婚した。これは、ザクセン゠ヴァイマル公国において女性による最初の離婚とされている。

一八〇三年に文学者クレメンス・ブレンターノ (Clemens Brentano) (一七七八―一八四二年) と結婚したが、この結婚にも彼女は不満だった。ブレンターノの嫉妬心や独占欲の強さが彼女を苦しめたようである。翌年から夫婦でハイデルベルクに住み、一八〇六年、ゾフィーは六人目の子どもを出産中に死去した。三十六歳だった。

歌詞に見る啓蒙思想

ゾフィーの「炎の色」は、一七九二年八月に、雑誌『華美と流行』（現代風にいえば『ゴージャス＆トレンド』になろうか）に発表された。この雑誌はドイツ最古のファッション誌であり、洋服を着た女性のカラー・イラストも入っている。「炎の色」はこの雑誌の末尾に掲載された。ゾフィー二十二歳の作である。

ベートーヴェンが「炎の色」に作曲した経緯は不明である。先述したフィッシェニヒの書簡では「ある女性の求めに応じて書いたもの」とあるが、私の調べた限り女性の名前は分からなかった。

原詩は八連あるが、ベートーヴェンの歌曲ではそのうち二連が省かれている。[5] 作曲者ベートーヴェンの思考や、この歌曲をシラーに送ったフィッシェニヒの意図を理解するという趣旨から、以下の連番号は歌曲版による。第一連はこうなっている。

私は知っている、自分の大好きな色を
私にとって銀や金よりも大切な色を
私は好んでそれをひたいや衣服に着け
真理の色と名づけたのだ。（Mereau 1792, p. 377. 強調原文）

ここから分かるように、「炎の色」とは「真理の色」を意味する。それは銀や金よりも尊く、ひたいや衣服に着けたいものだと言う。ひたいが内面の、衣服が外面の象徴だとすれば、これは真理を思考でも行動でも体現したいとの趣旨だろう。

このあと詩は第二連から第四連にかけて、地上の色のはかなさを説く。時の経過とともにバラの花（愛の象徴）はしおれ、青空（誠実の象徴）は曇り、雪（無垢の象徴）は汚れる。しかし第五連で、真理の色だけは不滅だと言う。

あなた方は尋ねる、なぜ私が自分の大好きな色に
真理という聖なる名前を贈ったのかと――
それはこの色から燃えるような煌めきがあふれていて
いつまでも褪せないようになっているからだ。(ibid., p. 378)

そして最終第六連では、真理の色は「灼熱の陽光にも色褪せない」(ibid.) と言う。なお、歌曲で省略された部分では、「真理だけが永遠不変のもの／それはまばゆい太陽のごとく燃える」(ibid.) ともある。

太陽はこの時期のヨーロッパに広く共有された理性信頼のメタファーである。真理こそ人類の目の前を照らす (aufklären) 灯火であるという主張がうかがえる。ゾフィーは詩における象徴技法をシラーに学んだ。「炎の色」はその技法を活かした啓蒙 (Aufklärung) への讃歌といってよい。

一七九三年一月にベートーヴェンの歌曲をシラー夫人に送ったとき、フィッシェニヒはこの詩が啓

蒙思想の表明であることを当然理解していただろう。その理解は、作曲者ベートーヴェンもおそらく共有したものだったに違いない。フィッシェニヒは、この歌曲をシラー夫人に送ることで、遠くボンの地にも啓蒙主義の支持者が少なからずいることを、シラーに伝えようとしたのだと推測される。

カント『判断力批判』の視点から

以上の推測を裏づけるのが、フィッシェニヒの書簡の後半部分である。彼は、ベートーヴェンがシラーの「歓喜に寄す」に作曲しようとしていることに触れて、ベートーヴェンが「偉大なもの、崇高なもの」を志向していると書いている。

偉大も崇高も、カント哲学、なかでも『判断力批判』のキーワードである。シラーは当時カントに傾倒していた。そのシラーの夫人に宛てて、これらの表現を用いてベートーヴェンの歌曲を紹介したことの意味を考えないといけないだろう。先述のように、フィッシェニヒは、大学でカントを講義しながら「ほのめかし戦略」を用いた人物である。この書簡でも、シラー夫妻とフィッシェニヒの間で共通了解が示唆されていると考えてよい。

そこで、カントの『判断力批判』から、「偉大なもの」や「崇高なもの」という言葉が出てくる箇所を見てみよう。

> われわれは、端的に大きいものを崇高と呼ぶ。（Kant 1913, p. 248／カント 一九九九―二〇〇〇、上巻一一七頁）

崇高なものは自然の諸物のうちに求められうるのではなく、もっぱらわれわれの諸理念のうちにのみ求められうる〔…〕。(ibid., p. 250／同書、上巻一二〇頁)

崇高とは、それと比較すれば他のすべてのものが小さいあるものである〔…〕。(ibid.／同所)

崇高とは、それを考えうることだけでも諸感官のあらゆる尺度を凌駕している心のある能力を証明するものである。(ibid.／同書、上巻一二一頁)

要約すると、「崇高」とは、人間が自分よりも圧倒的に大きいものに対して抱く感情である。この感情は、自然のなかにあるのではなく、ただ人間の理念のなかにある。なぜなら、他の動物は自分と自分よりも大きなものとを比較認識することはできるが、そこから尊敬の念や畏敬の念を抱くことはできないからである。人間のみが、自分を超えたものを前にして自身の小ささに気づき、偉大なものに対する尊敬の念や畏敬の念を持つことができる。人間のみが崇高という感情を持ち得る。

このカントの主張を踏まえてフィッシェニヒの書簡を読むと、ベートーヴェンがシラーの「歓喜に寄す」に作曲しようとする姿勢には、偉大なものを前にしての尊敬や畏敬が感じられるという趣旨になるだろう。フィッシェニヒはベートーヴェンを、シラー文学の崇拝者として、またカント哲学とも響き合う啓蒙思想の表現者としてシラー夫妻に紹介していたことになる。

以上の推測が正しいとすれば、次の問題は、フィッシェニヒがベートーヴェンに「偉大なもの、崇高なもの」への志向を感じとったのはなぜかという点であろう。この点については次回講義で考察したい。

４　小　括

今回の講義ではベートーヴェンがボン大学聴講生時代に接したシュナイダーとフィッシェニヒを取り上げた。ベートーヴェンはシュナイダーを通して、芸術家としての使命の自覚や、新たな文芸復興という理念を受け取ったことだろう。また、フィッシェニヒからは、シラー文学だけでなくカント哲学の魅力をも聞かされたのではなかろうか。すでにデレーザーやファン・デア・シューレンのように、ベートーヴェンとフィッシェニヒの共通の知人もカント哲学に傾倒していたことを考慮すれば、なおさらそう思われる。

最後に、後日譚を一つ述べておく。一七九三年二月十一日、シラー夫人シャルロッテはフィッシェニヒ宛に返事を書いた。そのなかに次のような一節がある。「《炎の色》の作曲は大変優れたものです。私はこの作曲家［ベートーヴェン］に大いに期待しており、彼が［シラーの］「歓喜」に作曲することを嬉しく思います」（Hennes 2018 (1841), p. 23）。シラー夫妻がベートーヴェンの歌曲《炎の色》を知っていたことは確実である。シャルロッテはピアノが弾けたので、夫にそのメロディーを弾いて聞かせたかもしれない。

しかし、「歓喜に寄す」への作曲が最終的な完成までに三十年以上を要することになるとは、フィッシェニヒはおろかベートーヴェン自身も予想していなかっただろう。シラー夫妻がその後のベートーヴェンの音楽活動を知っていた可能性も低い。仮にシラー夫妻がベートーヴェンの他の楽曲を耳にする機会があったとしても、《炎の色》とは曲想が違いすぎて、作曲者が同じであることに気づかなかっただろう。シラーは一八〇五年五月、四十五歳で病没した。

第4講　皇帝カンタータ

1　《皇帝ヨーゼフ二世の逝去を悼むカンタータ》

作曲経緯

ボン時代にベートーヴェンが作曲した、知る人ぞ知る大曲がある。それは二つのカンタータである。「カンタータ」はイタリア語で「歌われるもの」を意味し、独唱と通奏低音のための歌曲だが、ベートーヴェンは独唱だけでなく合唱も用い、オーケストラを駆使して、演奏時間が三十分から四十分に及ぶ大曲に仕立て上げた。まさに《第九》の原型のような作品を十九歳で作ったのである。

まず、《皇帝ヨーゼフ二世の逝去を悼むカンタータ》（WoO 87）（一七九〇年）である。ヨーゼフ二世はハプスブルク家の当主で、神聖ローマ皇帝だった。ケルン選帝侯マクシミリアン・フランツの長兄に当たる。このヨーゼフ二世が一七九〇年二月二十日に逝去し、訃報が四日後にボンに届くと、早速、ボン大学教授のシュナイダーが、二月二十六日に「亡き皇帝ヨーゼフ二世に寄せる悲歌」という詩を発表して、二日後の二月二十八日にボンの読書協会を招集した。そして三月十九日に追悼式を開催することを決定し、シュナイダーの教え子のアヴェルドンク（Severin Anton Averdonk）（一七六八―一八一七年）が歌詞を提出した。さらに、読書協会の一員だったヴァルトシュタインを通して、ベートーヴェンに作曲が依頼されたようである。

作詞者アヴェルドンクは一七六六年生まれで、当時二十四歳だった。すでにボン大学で哲学を修め、前年の一七八九年からは神学を学んでいた。ベートーヴェンとは古くからの知己であったらしい。[1] シュナイダーの同門としても気脈を通じる仲だっただろう。

しかし、作曲依頼から追悼式までわずか三週間しかない。ベートーヴェンも努力して大方の旋律まで作ったが、オーケストレーションが完成しなかった。そこで、時を改めて六月頃に演奏されることになった。今度はベートーヴェンもゆっくり腰を据えて曲を完成させたが、結局演奏されずに終わり、楽譜が世に出ることもなかった。その写譜が発見されて話題を呼んだのは、ベートーヴェンの没後半世紀以上もたった一八八四年のことである。このとき作曲家ブラームス（Johannes Brahms）（一八三三―九七年）が「徹頭徹尾ベートーヴェンだ」と批評し（Thayer 1964, p. 120／邦訳、上巻一二八頁）、以後、その評価が定着した。

皇帝ヨーゼフ二世

追悼曲が捧げられたヨーゼフ二世について情報を補っておこう。彼は一七四一年にマリア・テレジアの長男として生まれ、一七六五年に神聖ローマ皇帝に選出された。正式名称はハプスブルク＝ロートリンゲン朝、第二代神聖ローマ帝国皇帝である。就任当初はマリア・テレジアの傀儡政権のようであったが、彼女の没後（一七八〇年）、ヨーゼフ二世は独自の政策を次々と打ち出した。

一七八一年――カントの『純粋理性批判』が出た年――、ヨーゼフ二世は農奴解放令、次いで宗教寛容令を出した。カトリックの政治共同体である神聖ローマ帝国の、しかも自身もカトリック教徒である皇帝が、プロテスタント諸派に公民権を承認したのである。信教の自由、言論の自由、思想の自由を宣言したものであり、「ヨーゼフ主義」と呼ばれる。

ヨーゼフ二世はさらにカトリック改革を掲げ、一七八三年に観想修道会を廃止した。彼が存続を認めたのは、司牧、教育、救護など社会的に有益とされる仕事に従事する修道会のみだった。ローマ教皇ピウス六世（一七一七―九九年）はこの政策を止めさせようとしたが、いかなる譲歩も得られなかった（ロジエ他 一九九七、二八〇―二八二頁）。

ヨーゼフ二世が啓蒙君主として、プロイセンのフリードリヒ二世を崇拝していたことについては、すでに述べた。そのフリードリヒ二世よりもはるかにリベラルで、啓蒙時代を象徴すると言われたのが、ヨーゼフ二世だった。彼は宮廷音楽家にモーツァルトを雇ったことでも知られる（ピーター・シェーファー原作・脚本の映画『アマデウス』（一九八四年）では二人の出会いのシーンが描かれている）。

しかし、一七九〇年――フランス革命の翌年――、ヨーゼフ二世は四十八歳の若さで病没した。この死が、啓蒙主義を奉じるボンの知識人たちに大きな衝撃を与えたであろうことは、以上の彼の業績からも十分に推測できる。

歌詞概要

《皇帝ヨーゼフ二世の逝去を悼むカンタータ》はハ短調で始まっている。ピアノ・ソナタ第八番《悲愴》（一七九八―九九年）や交響曲第五番（一八〇八年）と同じく、ベートーヴェンの作品のなかでも荘重かつ雄渾な曲に多く使われる調性である。

全体は七曲で構成される（歌詞の訳文は平野昭による）[2]。

第一曲「合唱」は混声四部合唱で始まる。「死よ！」という呼びかけを三回繰り返したあと、「死よ、荒涼たる夜を貫き呻《うめ》け。岩よ、再び泣け！　そして海の波たちよ、その深みを通して唸りをあげよ、偉大なるヨーゼフが逝去したのだ！」と嘆く。

続く二曲はバス独唱である。第二曲「レチタティーヴォ」では「一匹の巨大怪物、その名は狂信。地獄の深みから這い上がり出で……大地と太陽のあいだに体を伸ばし、そして闇夜をもたらした！」と述べ、第三曲「アリア」では「そこで神の力を身につけたヨーゼフ現れ、暴れ狂う怪物を引き裂いた。天と地のあいだで！」と歌う。

第四曲「合唱付きアリア」はソプラノ独唱と合唱である。「そして人々は光に向かって昇り、すると地球は幸運に恵まれて、太陽の周囲を回り、また、太陽は神聖なる光をもって暖めた！」ちなみに、ここのメロディーは、のちに歌劇《レオノーレ》（一八〇五年初演）のクライマックスでふたたび使われることになる。

続く二曲はソプラノ独唱である。第五曲「レチタティーヴォ」では「彼は眠る、かの世界の憂慮から解放されて」と述べ、第六曲「アリア」では「偉大なる忍耐の人。その広き心の下に、人間の幸せを願うが故の苦痛を、人生の最後の日まで背負いつづけた人」と讃える。

第七曲「合唱」では、第一曲と同じ内容がもう一度繰り返される。

この歌詞のなかで注目したい描写が三つある。

第一に、情景の描写――荒涼たる夜、岩礁、逆巻く海（第一曲・第七曲）。

第二に、功績の描写――狂信との闘い（第二―三曲）、偉大なる忍耐（第五―六曲）。
第三に、恩恵の描写――光への上昇、地球の公転（第四曲）。
これらを当時の思想的文脈から解釈するとどうなるだろうか。

疾風怒濤と崇高

まず、荒涼たる夜、岩礁、逆巻く海という情景。これらは、文学史的に言えば、典型的なシュトゥルム・ウント・ドランク（疾風怒濤）期の修辞である。ゲーテの『若きヴェルターの悩み』（一七七四年）で引用されるスコットランドの伝説の詩人オシアン（今日ではテクスト的信憑性が問題にされているが）の詩は、こうした表現に溢れている。

アヴェルドンクが何に範を仰いだかは不明だが、彼の師シュナイダーが敬愛していたクロプシュトック（Friedrich Gottlieb Klopstock）（一七二四―一八〇三年）は参照された可能性が高い。彼は当時、とくに青年世代から絶大な支持を得ていた。ドイツ文学史上、最初の職業詩人としても知られる。その詩「世界」（『頌歌集』一七七一年所収）にはこうある。

〔…〕高く昇れ、波よ、どこまでも！
ああ、最後の、最後の波よ！　船は沈む！
嵐は死の歌を鈍く響かせる、
常に口を開けた巨大な墓場の上で！（Klopstock 1771, p. 58）

また美学史的には、当時、大洋や暴風、あるいは暗闇は「崇高」なものの典型とされていた。イギリスの思想家エドマンド・バーク（Edmund Burke）（一七二九―九七年）の『崇高と美の観念の起源』（一七五七年、ドイツ語訳の刊行は一七七三年）や、カントの『美と崇高の感情に関する観察』（一七六四年）などにその事例が見られる。

バークによれば、われわれを圧倒する自然現象を前に、われわれが自己を維持しようとする感情が「崇高」という観念の起源である。のちにカントは、バークの議論を踏まえつつ、『判断力批判』（一七九〇年）で自身の批判哲学の立場から崇高論を展開した。カントが言うには、「威嚇するような岩石」や「惨憺たる荒廃を残して去る暴風」、「怒濤逆巻く際限のない大洋」などが「崇高」と呼ばれるのは、以下の理由による。

> 自然の力の抵抗しがたさもまた、自然存在者としてみられたわれわれに対して、われわれの自然的な無力を認識させるのではあるが、しかし同時に、われわれを自然の力に依存しないものとして判定する能力と自然に優る卓越性とをあらわにする。（Kant 1913, p. 261／カント 一九九九―二〇〇〇、上巻一三六頁）

抵抗できない自然の威力に直面したとき、われわれは自分の無力さを思い知る。しかし自然自身はその威力を感じてはいない。人間だけがこれを感じる能力を持つ。この一点において、人間は自然に優越する。人間の無力さの自覚を契機に、人間の能力に対する認識が開かれるという逆説をカントは指摘している。

もっとも、アヴェルドンクがカンタータの歌詞を練っていた一七九〇年二月には、『判断力批判』はまだ出版されていない。同書の刊行はその約ひと月後の復活祭のときであった。彼が大洋、岩礁、暴風といった言葉を歌詞に織り込んだのは、むしろこの種の修辞がそれだけ一般化していたことの証である。

ただし、このカンタータが作られた二年後、その歌詞を『判断力批判』の視点から解釈することのできる人物が、ベートーヴェンの前に現れることになる。より正確には、彼の旧友の一人が『判断力批判』をマスターして、改めて彼と対面したと言うべきかもしれない。その人物こそ、前回触れたボン大学教授のフィッシェニヒである。

読書協会がヨーゼフ二世の追悼式を企画し、アヴェルドンクに作詞を、ベートーヴェンに作曲を依頼したことを、ツェアガルテンの常連だったフィッシェニヒが知らなかったはずはない。ベートーヴェンの友人のなかでは、一七九一年から翌年にかけてイエナで学んだフィッシェニヒが、誰よりも『判断力批判』に通じていた。だからこそフィッシェニヒは、一七九三年一月、シラー夫人宛書簡でベートーヴェンに言及し、彼が「ひたすら偉大なもの、崇高なものに向かって心をこらして」いると述べたのだろう。フィッシェニヒの眼には、大洋、岩礁、暴風を描いた歌詞にベートーヴェンが作曲する姿が、カント的「崇高」を志向するものとして映っていたに違いないのだ。

狂信 vs. 寛容

次に、狂信との闘い、偉大なる忍耐という功績の描写である。これらは、ヨーゼフ二世の宗教政策、とくに信教の自由の保障に対する称賛であろう。「忍耐（Duldung）」という言葉は、当時のドイツ語の用法では「寛容（Toleranz）」を意味した。
狂信批判、寛容と言えば、当時ヨーロッパ中で広く読まれていたのは、フランスの啓蒙思想家ヴォルテール（Voltaire, 本名は François-Marie Arouet）（一六九四―一七七八年）である。彼はヨーゼフ二世がとくに愛読した著作家だった。ヨーゼフ二世の尊敬するフリードリヒ二世がヴォルテールの崇拝者だったからである。ヴォルテールは理神論者で、カトリック国フランスで少数派のプロテスタントを擁護し、信教の自由を唱えた。キリスト教徒同士が宗派の違いで争うこと、とくに多数派が少数派を武力でもって排斥する「不寛容」を、ヴォルテールは「狂信」と呼んで批判した。彼は『寛容論』（一七六三年）でこう述べている。

一方では自然のおだやかで慈悲深い声が聞こえているのに、この自然の仇敵である狂信が怒号している次第である。そして平和が人類の目の前に姿を現わしている一方、不寛容はその武器を鍛えて怠りない。（ヴォルテール 二〇一一、一七四頁）

また、当時のドイツを代表する寛容論者にレッシング（Gotthold Ephraim Lessing）（一七二九―八一年）がいる。彼はヨーゼフ二世の文化政策にも共鳴し、ウィーンに国民劇場を造るよう提唱した。さらにベートーヴェンの師・ネーフェが傾倒した啓蒙思想家でもあった。

寛容を説いたレッシングの作品に『賢者ナータン』（一七七九年）がある。十字軍時代のエルサレムを舞台にした劇である。このなかでイスラムの王サラディンが、ユダヤ人の豪商ナータンに難問を出す。ユダヤ教、キリスト教、イスラム教のうち、どれが真実の宗教であるかという問いである。ナータンは答える代わりに、ひとつの昔話を語る。

――ある家に父祖伝来の不思議な指輪があった。家長がそれを代々相続し、嵌《は》めた者は神にも人にも愛されるという。ある代の家長に三人の息子がいた。家長は三人を等しく愛していたので、指輪の複製を二つ作り、どれが本物か分からないようにして各人に与えた。家長の死後、三人の息子は自分の指輪こそが本物であると言って相続権を争った。争いは法廷に委ねられた。裁判官は三人に告げた。お前たちのなかで、他の二人から一番愛されているのは誰か。それが分からなければ、お前たちの指輪はいずれも効力を発揮していないから偽物である、と。そして裁判官はこう忠告した。

めいめいが自分の指環に鏤《ちりば》めてある宝石の力を顕示するように励み合いなさい、――そして柔和な心ばえ、和らぎの気持、善行、神への心からなる帰依をもってその力を助成しなさい。（レッシング　一九五八、一一五頁）

この指輪の話はもともと十四世紀イタリアの作家ボッカチオの『デカメロン』に由来するが、レッシングはそれを宗教論に転用したのだった。イスラム教、ユダヤ教、キリスト教のうち、どれが神の教えの正統な相続者であるかを争っても収拾がつかない。それゆえ、めいめいが自らの奉じる教えを本物と信じるべきである。そして教えの真正性を証明するものは、それを信ずる者が周囲の者から愛されるという効力である。その教えを奉じる人がいかに他者を愛し、他者に愛される人になるかである。つまり、宗教の本質は、教義の真贋にではなく、むしろ心情や行為にあるということをレッシングは説いた。

読書協会の人々がヨーゼフ二世を「狂信」と闘う英雄に喩えたとき、彼らは時代の共通言語として、以上のような啓蒙主義の寛容論を念頭に置いていたであろう。ヴォルテールはキリスト教宗派間の、レッシングは三大宗教間の溝を越えることを説いた。ベートーヴェンの信仰については、カトリック信者説、理神論者説、普遍宗教希求者説など諸説あるが、いずれにせよ狂信とは対極的であったことは間違いない。このことは彼が後年、インド思想やカント哲学に手を伸ばしたことからもうかがえる。そうした寛容の精神との接点を示す最初期の作品が、このカンタータであったと言ってよい。

天動説から地動説へ

第三に、ヨーゼフが狂信を退けたことによる恩恵、すなわち、人々が光に向かって上昇し、地球が太陽の周囲を回ったという描写である。先行研究では、この描写は「ヨーゼフII世の政治が中世の暗黒に対して勇敢に闘い、それを見事に打倒したこと」（山根 二〇二一、八〇頁）や、あるいは「解放と人間の尊厳への道」を表すという（ゴールドシュミット 一九八七、一八一頁）。しかし、それだけではなぜ「地球が太陽の周囲を回る」という話が出てくるのかを説明できない。

これは文字通り、天動説から地動説への転換という科学史上のエピソードと関連づけて読むべきだろう。アヴェルドンクは、コペルニクス（Nicolaus Copernicus）（一四七三—一五四三年）やガリレオ（Galileo Galilei）（一五六四—一六四二年）以降のいわゆる科学革命を、理性による人類進歩の象徴として捉えていたに違いない。おそらくシュナイダーが傾倒したクロプシュトックの影響と思われる。クロプシュトックはコペルニクスとケプラー（Johannes Kepler）（一五七一—一六三〇年）の理論に基づいて宇宙を描いた。彼の『救世主』第一讃歌（一七四八年）にはこうある。

もろもろの太陽が集まる真ん中で、天は昇る、
円を描いて、果てしなく。それはもろもろの世界の原型であり、
目に見えるあらゆる美の充満である。美は渓流のように、
周囲にほとばしる。無限の空間を通して原型を模倣しながら。
こうして永遠の下、天は自分自身の周りを回る。(Klopstock 1751, p. 12)

十八世紀、ドイツの大学で地動説はすでに教えられていた。カントがケーニヒスベルクで学んだニュートン(Isaac Newton)(一六四二―一七二七年)の力学も、地動説の総仕上げをするものだった。カントはその延長線上で「星雲説」を提唱したことでも知られる。この学説はカント三十一歳の著作『天界の一般自然史と理論』(一七五五年)で発表された。

同書によれば、自然の根本的粒子はもともと密度や引力の違いによって、空間に不均等に分散されていた。そうした不均等がなければ、物質の総体は永遠に均衡を保って、動くことはなかっただろう。しかし、ある時点で最も重い粒子の濃縮が起こり、そこを中心に粒子の軽さに比例して、段々と薄くなるように拡散が行われた。こうして、中心になる塊の周辺を回転する惑星や衛星の系が生じた。そうやって宇宙は無限に発展し、多様化していく。多様性をすべて実現してしまうと、宇宙の成長は止まり、消滅に向かう。この生成消滅の過程は永遠に繰り返される。これがカントの星雲説である。[3]

のちにベートーヴェンは四十代後半のときにこの書を熟読することになる。カントの宇宙論が説

く、「不均等」が生じる運動や円環構造が、じつはベートーヴェンの作曲形式にも見られることを、本講義の後半で論じたい（第11―14講）。地動説とベートーヴェンとの関わりについては、歌劇《レオノーレ》をとりあげる際にも触れる（第9講）。ベートーヴェンの作品を特徴づける天文学との関係をうかがわせる点で、《皇帝ヨーゼフ二世の逝去を悼むカンタータ》はとりわけ興味深い初期の作品である。

なお、カントと言えば、彼がその代表作『純粋理性批判』でみずからの哲学をコペルニクスの地動説になぞらえていること（Kant 1904, BXXII／カント 二〇〇一―〇六、上巻三四頁）も、ここで想起されてよい。カントは先入見に囚われずに知性を用いるよう説いた。地球の周りを太陽が回っているという中世ヨーロッパの世界観は、先入見がもたらした誤謬の典型である。カントのこうした先入見批判は、彼の晩年の国際認識（ヨーロッパ中心主義批判）や宗教論（儀式中心主義批判）にまで一貫して見られるものである。彼にとって地動説は啓蒙思想のシンボルであったとも言える。

アヴェルドンクやシュナイダーが、カントの宇宙論や批判哲学をどこまで知っていたかは分からないが、ボン大学教授のファン・デア・シューレンが一七八七年に「カント『純粋理性批判』と伝統的世界観」を発表していたので（第2講参照）、読書協会のメンバーのなかには、当然、カントと地動説との関連について知っている者もいたはずである。

クザーヌス的伝統

付言すると、ボンを含むライン川中流地域（ラインラント）は、天文学史的には地動説の伝統がある場所だった。十五世紀初頭にモーゼル河畔のクースで生まれ、ケルン大学で教鞭をとった哲学者クザーヌス（Nicolaus Cusanus）（一四〇一—六四年）が、先駆的に地動説を提唱している。コペルニクスの『天体の回転について』（一五四三年）が書かれる約一世紀も前のことであった。クザーヌスは『知ある無知』（一四四〇年）のなかでこう述べる。

〔…〕この地〔球〕にしろ他の球にしろ、中心をもっていない。なぜなら、中心は周から等しく距たった点であり、また、よりいっそう真な球や円がありえないような最も真な球や円は存在することが不可能であるがゆえに、よりいっそう真でよりいっそう厳密な中心がありえないような（最も真で最も厳密な）中心が存しえないことは明白だからである。さまざまな点にたいして厳密に等しい距たりを保っているものは、神のほかには見出されえない、なぜなら、神のみが無限な相等性であるから。（クザーヌス　一九六六、一三六頁）

クザーヌスは慎重にも宇宙は無限であるとは断定していない。しかし、宇宙に中心がないという説は、当時として革新的なものであった。クザーヌスがこの主張をした約百五十年後、イタリアの哲学者ブルーノ（Giordano Bruno）（一五四八—一六〇〇年）は、宇宙は無限であるという思想を積極的に打ち出したために、宗教裁判にかけられて命を失うことになった。無限の空間のなかでは、地球も太陽も宇宙の中心とは見なせなくなるからである。聖書では神が太陽や大地を作ったとされているのに、それが宇宙の中心でないとすれば、神の御業が特別なものではなくなってしまう。ブルーノの主張は教会を恐れさせた。

クザーヌスも、宗教的には危ない橋を渡っていたと言える。地球も太陽も宇宙の中心ではないと言ったのだから。しかし彼はその学識ゆえに多くの人から尊敬され、抵抗を受けながらも高位の聖職者として活躍した。彼は「反対の一致」という思想を唱え、東ローマの教会と西のカトリック教会とをつなぐ対話も企てた。イスラム教やユダヤ教にも理解を示したという。ルネサンス期のドイツを代表する知の巨人であった。

すでに述べたように、ベートーヴェンが聴講した時期のボン大学教授には、デレーザーやファン・デア・シューレン、シュナイダーのように、カトリック聖職者でありながらも、プロテスタントや啓蒙主義に理解を示す思想家が少なくなかった。この自由な気風は、ライン川中流地域のカトリックにおけるクザーヌス的伝統と言えるかもしれない。後年、《ミサ・ソレムニス》や《第九》で表現される包摂的な宗教観も、この系譜に連なるものだったと見ることができよう。なお、クザーヌスについては、のちほどシラーの「歓喜に寄す」との関連で改めて触れる（第5―6講）。

2 《皇帝レオポルト二世の即位を祝うカンタータ》

作曲経緯

それでは、二曲目のカンタータに話を移そう。ヨーゼフ二世亡き後、神聖ローマ皇帝の座は、弟でトスカーナ大公だったレオポルトが継ぐこととなった。一七九〇年九月三十日に新皇帝が選出され、その戴冠式が十月九日にフランクフルトで行われることが決まった。おそらくこれに合わせて、シュナイダーを中心にボンの読書協会が彼の即位を祝う企画をしたのだろう。今回もアヴェルドンクが作詞をしたと考えられている。

こうしてベートーヴェンが作曲したのが、《皇帝レオポルト二世の即位を祝うカンタータ》（WoO 88）（一七九〇年）である。しかし、どういうわけかこの曲も結局演奏されずに終わった。一八八四年、作曲から約一世紀を経て、《皇帝ヨーゼフ二世の逝去を悼むカンタータ》とともにその写譜が発見された。

皇帝レオポルト二世

レオポルト二世（一七四七―九二年）についても情報を補っておこう。一七四七年、彼はマリア・テレジアの第九子（三男）として生まれた。一七六五年、トスカーナ大公国を継承して約二十五年間統治し、この間、拷問や死刑の廃止（同国はヨーロッパで最初に死刑を撤廃した国となった）、軍縮、税率軽減などの改革を行った。

一七九〇年、神聖ローマ帝国の皇位を継ぐと、兄ヨーゼフ二世が多くの急進的な改革を行ったことで、ハプスブルク家に対する抵抗勢力が増えていたため、レオポルト二世は兄の政策を部分的に停止した。また、フランス革命政府に囚われていた妹マリー・アントワネットとその夫ルイ十六世の脱走を支援したため、フランスとオーストリアとの間に政治的緊張をもたらした。これは一七九二年四月の第一次対仏大同盟戦争のきっかけとなった。ただし、この戦争が始まるひと月前、レオポルト二世は病没する。皇帝選出からわずか一年半後、まだ四十四歳の若さだった。

オーストリアの反動化や、フランスとの戦争の原因を作ったという理由で、レオポルト二世の評価は一般的には高くない。しかしそれは兄ヨーゼフと比較してのことであり、全体的にはバランス感覚に秀でた統治者だったとの指摘もある。トスカーナ大公時代の進歩的政策からもうかがえるように、レオポルト二世もまた啓蒙思想の申し子だった。

歌詞概要

《皇帝レオポルト二世の即位を祝うカンタータ》は全五曲で構成される。[4] 前の追悼カンタータから一転して、祝祭的な雰囲気を湛えている。

第一曲「レチタティーヴォ」はソプラノ独唱と合唱である。ヨーゼフ二世の魂の安らかな眠りと、レオポルト二世の治世が到来することへの期待とを歌う。第二曲「アリア」はソプラノ独唱で天使からの祝福を、第三曲「レチタティーヴォ」はバス独唱で民衆の喜びを歌う。第四曲「レチタティーヴォと三重唱」は、テノール独唱のあとバスとソプラノを加えて、「民衆はもはや涙しない！　ヨーゼフのように彼もまた偉大である！」と歌う。第五曲「合唱」では「万歳！」を三回繰り返したあと、「ひざまずけよ百万の人々よ。香煙る祭壇の前に！　帝位の主人に目を向けよ。この人こそ平安を生み出す人！　鳴り響け、歓喜の合唱。世界がその声を聞くように！」と歌い上げる。

第四曲の「ヨーゼフのように彼もまた偉大である！」という歌詞を単純に体制賛美と解してはなるまい。カンタータが作られた時点では、レオポルト二世の政策がヨーゼフ二世時代よりも反動的になるとは想像もしていないからである（大崎 二〇一八、三四三頁）。この歌詞はむしろ、レオポルト二世にヨーゼフ二世の路線を継承することへの期待感を示していると見るべきだろう。トスカーナ大公としてのレオポルトの名君ぶりは、ボンの知識人たちも知るところだったに違いない。

また、第五曲の合唱が、ニ長調で「歓喜」を表現する点で、のちの《第九》と同じ構成になっている。しかも多くの先行研究が指摘するように、「ひざまずけよ、百万の人々」という歌詞は、《第九》最終楽章で歌われるシラーの詩と酷似している。ハ短調で始まる《皇帝ヨーゼフ二世の逝去を悼むカンタータ》と、ニ長調で終わる《皇帝レオポルト二世の即位を祝うカンタータ》とを合わせると、演奏時間は六十分を超え、《第九》に匹敵する。両カンタータは、規模的にも内容的にも《第九》の淵源と見なしうる。

ここで想起したいのは、ボン大学教授フィッシェニヒが、一七九三年一月のシラー夫人宛書簡で、ベートーヴェンの「歓喜に寄す」作曲構想に言及していることである（第3講参照）。この構想の背景は不明だが、少なくとも言えることは、これに先立つ二年前にベートーヴェンが作曲した二つのカンタータの歌詞が、シラーの影響を濃厚にうかがわせるという事実である。一七九〇年のカンタータ作曲が、その後ベートーヴェンのシラー受容に陰に陽に影響を与えたと見ても、それほど大過はないだろう。時系列から言えば、むしろこの想定の下で、ベートーヴェンのシラー受容を解釈するほうが自然である。

3　小括

ボン時代にベートーヴェンは、二つのカンタータの作曲を通じて、啓蒙主義の宇宙観や宗教観に接していた。その歌詞やメロディーは、のちの《レオノーレ》や《第九》にもつながるものである。闇から光へ、狂信から寛容へ、天動説から地動説へというモチーフは、カントの天体論とも相通ずる。

今日伝わるベートーヴェンの蔵書目録のなかでも多い部門の一つが天文学であり、カントの天体論もそこに含まれる。ベートーヴェンの後年の天文学やカント哲学への関心は、ボン時代にその起源を持つと言える。

それまでベートーヴェンはカンタータの作曲について特別な訓練を受けていなかったようだが、宮廷楽団での演奏経験や、学習した教会音楽を総合して作ったものと思われる。両カンタータは、いわば彼の音楽家人生を注ぎ込んだ作品であった。それがいずれも上演されなかったことには、さぞかし落胆したことだろう。彼にとってボンは次第に狭い場所となりつつあった。転機はほどなくやってきた。ボンを訪れたハイドンにカンタータの楽譜を見せると、この老大家からウィーンで学ぶよう提案されたのである。これは一七九二年七月頃のことだったらしい。[5] 同年十一月、ベートーヴェンはウィーンに旅立ち、ふたたびボンに帰ることはなかった。

一七九四年十月、フランス軍がケルン選帝侯領のライン川左岸に侵攻した。マクシミリアン・フランツは亡命し、ドイツ各地を転々とすることになった。一七九八年四月、ボン大学は閉鎖され、この都市の黄金時代は終わりを告げる。一八〇〇年四月、マクシミリアン・フランツは故郷ウィーンの近郊ヘッツェンドルフに移った。そしてボンに戻ることなく、一八〇一年七月、四十四歳で病没した。

十八世紀末の十数年間、ボンはカント哲学の専門家からシラーの愛読者に至るまで、進歩的な知識人を招聘して時代の最先端を走った。ベートーヴェンはそのうちの数年間、彼らとツェアガルテンで親しく交流し、啓蒙思想の息吹を胸一杯に吸い込んだ。もし二つのカンタータが上演されていれば、ベートーヴェンは一七九〇年の時点で、啓蒙思想の発信者としてボンの歴史にその名を刻んでいたことだろう。

第5講　歓喜に寄す

1　フリードリヒ・シラー

音楽と哲学との関係を扱うにはどうするとよいのだろうか。一方は楽曲分析の対象であり、他方は概念分析の対象である。ベートーヴェンの頭脳のなかで、この二つの世界がどう結びついていたか。それを考察するために、本講義は一つの手がかりを見出しつつある。それは声楽曲の歌詞、すなわち言語である。

ベートーヴェンが一七九〇年に作曲した二つのカンタータは、歌詞の端々に十八世紀啓蒙思想の痕跡をとどめている。カンタータ上演を企画した読書協会や、その指導的存在の一人であったシュナイダーが与えた影響は大きかっただろう。

《第九》もシラーの詩「歓喜に寄す」を主題にした声楽曲である。シュナイダーがシラーを敬愛していたことを勘案すると、本講義のキーパーソンとしてここでシラーを取り上げないわけにはいかない。

ベートーヴェンが「歓喜に寄す」への作曲を構想した時期は、フィッシェニヒがボンでベートーヴェンと再会した一七九二年十月の前後から、彼が二度目のウィーン留学に向かう十一月二日以前のことと推測される。

しかし、ベートーヴェンが（広義において）シラーの詩的世界に触れたのは、もう少し早い時期であっただろう。というのも、一七九〇年作の二つのカンタータ、とくに《皇帝レオポルト二世の即位を祝うカンタータ》の歌詞は、「歓喜に寄す」との表現上の類似が確認されるからだ（第4講）。それゆえ、一七九〇年までにベートーヴェン（もしくは彼にシラー関連情報を提供したであろうシュナイダーやフィッシェニヒ）が触れ得たシラーの詩について見ておきたい。

略　歴

シラーは一七五九年十一月十日に、ヴュルテンベルク公国のマールバッハで生まれた。[1] 両親は敬虔なプロテスタントだった。神学校で学んだあと、法学、ついで医学を学ぶ。軍医になるが、君主カール・オイゲン（Karl Eugen）（一七二八—九三年）の専制政治に批判的な立場をとるようになった。

一七八一年初夏、二十一歳のとき、戯曲『群盗』でデビューするが（カント『純粋理性批判』の刊行とほぼ同時期である）、自由を希求する内容が君主に危険視され、著述を禁じられたので亡命を余儀なくされる。マンハイムで劇場付詩人となり、『たくらみと恋』（一七八四年）や『ドン・カルロス』（一七八七年）を書くが、期限までに完成しなかったことから劇場を解雇されてしまう。窮迫したシラーを援助したのが思想家ケルナー（後述）であった。ケルナーに対する感謝として作られたのが、一七八五年の詩「歓喜に寄す」である。

一七八九年五月、イエナ大学教授に就任し、歴史学や悲劇論を講じた。一七九一年二月頃から、本格的にカント哲学の研究を開始し、以後、シラーはカント哲学を継承する美学者となっていく。その成果は『カリアスまたは美について』（一七九三年）、『人間の美的教育に関する書簡』（一七九五年）

等に結実した。カントとの間で文通もあった。

一七九二年八月、パリの立法議会から、「人権のために闘った同志」として、フランス市民の称号を授与された。このとき他に詩人クロプシュトックや、スイスの教育者ペスタロッチも授与されている。一七九四年からシラーはゲーテとの交流を深めた。二人が交わした書簡は約十一年間で千通を超える。

一七九九年に『ヴァレンシュタイン』、一八〇〇年に『マリア・ストゥアルト』、一八〇一年に『オルレアンの少女』、一八〇三年に『メッシーナの花嫁』と、大作戯曲を矢継ぎ早に発表し、一八〇〇―〇三年に自選の『詩集』を出した。

一八〇四年、『ヴィルヘルム・テル』を発表し、これはシラーが完成させた最後の戯曲となった。翌年、持病が悪化したシラーは、ヴァイマルにて四十五歳で早世する。訃報を聞いたゲーテは、わが人生の半分を失ったと嘆いたという。

詩「太陽に寄す」

シラーは「歓喜に寄す」以前にも多くの詩を書いているが、ここではそのうち二つを紹介しよう。[2]

まず、十四歳の作「太陽に寄す」（一七七四年）である。これは彼の最初期の詩の一つとされているが、今日確認されるのは二十三歳で彼が友人たちと自費出版した『一七八二年詞華集』に収録されたものである。十四歳のときの初稿は見つかっていない。また、後年の『詩集』（一八〇三年）にも収録されていない。

汝を讃えよう、かなたに輝き昇る、天の娘よ！
その微笑みの愛しいきらめきを讃えよう、
万物に挨拶し、万物を喜ばせる、汝の微笑み！
〔…〕
ああ、長く隔てられていた
恋人たちのように、天は大地に愛の目配せをし、
大地は天に向かって微笑む。
大空の足もとで雲は丘に口づけし、
大気は甘い香りを放つ。
〔…〕
万物は喜びの乳房にとりすがるように酔いしれ、
自然はあまねく至福にひたる。（Schiller 1992, p. 504／シラー 二〇〇三、一七八—一七九頁）

詩の前半から抜粋したが、「天の娘」や「喜びの乳房」等、のちの「歓喜に寄す」に近い表現が随所に見られる。このあと詩は「太陽」を「父なる神」と言い換え、その御業を讃える。そして、「太陽が深紅に染まる雲の波をぬけて、諸王の治める領土の上を、果てしない大海の上を、また宇宙万有の上を漂いゆく」さまを歌う。あらゆる玉座や都市が朽ち果て、大地がまるごと墳墓の丘と化そうとも、「太陽は高みにとどまり、時という殺し屋にも微笑み、みずからの偉業をなしとげて天球を照らす」。太陽は「高貴なものの最高の模範」である（ibid., p. 505／同書、一七九—一八〇頁）。

文明は滅んでも自然は滅びない。宇宙と人間、物理と道徳とを対比させる壮大なコスモロジーである。ドイツ文学史家クーアシャイト（Georg Kurscheidt）（一九四八年生）によれば、この詩を作った頃、シラーはクロプシュトックを愛読していたという。とりわけ、自然と創造主の崇高さを謳い上げるところは、クロプシュトックの詩風を思わせる（ibid., p. 1175. Kommentar）。

ちなみに、シュナイダーはボン大学教授になる前、一七八六年から数年間、ヴュルテンベルク公国の宮廷説教者を務めていた。同国の民衆はプロテスタントが主流だったが、君主カール・オイゲンはカトリック教徒だったためである。しかし、啓蒙思想を奉じるシュナイダーは、ほどなくオイゲンと対立してヴュルテンベルクを去った。こうした経緯を考えると、シュナイダーはシラーの『一七八二年詞華集』を読んでいたかもしれない。もっとも、シュナイダーもクロプシュトック愛読者だったので不思議なことではないが、《皇帝ヨーゼフ二世の逝去を悼むカンタータ》と「太陽に寄す」との間には表現上の類似点が少なくない。いずれも啓蒙時代の「崇高の美学」を体現した作品と言えよう。

詩「友情」

次に二十二歳の作「友情」（一七八一年）である。副題に「ある未公刊の小説『ユリウスがラファエルに宛てた手紙』から」とあるが、これは架空の設定らしい。この詩は『一七八二年詞華集』で発表され、のちにシラー編集の文芸雑誌『タリーア』第三号（一七八六年春）で、「ユリウスの神智学」と題して再録された（冒頭二節を除く）。ただし後年の『詩集』（一八〇三年）には収録されていない。

友よ！　存在を統べるお方は満ち足りておられる――

個々の法則の観察に明けくれる、
度量の小さい思想家どもは恥じるがいい——
精神の王国と物体の世界との混合体を、
一つの車輪が動いて目的へと回す、
わがニュートンは物体界でその運行を見ていたのだ。

車輪は教える。天球たちよ、一本の手綱が馬を駆るように、
大宇宙の中心をめぐって
迷路《ラビュリント》のような軌道を描きゆけ、と——
また、精神たちよ、小川が海に流れ入るように、
大いなる精神の太陽をめざして
体系の渦のなかを流れゆけ、と。（Schiller 1992, p. 525／シラー 二〇〇三、一九〇頁、強調原文）

前述の「太陽に寄す」と比べ、物理学的な比喩が著しく増えている。ニュートンへの言及から分かるが、この詩は地動説以降の宇宙観を踏まえている。ただし、ニュートンの説く必然的な物体界と、そこに還元できない自由な精神界とを対比するという仕方によってである。シラーはもともと医学専攻で、身体と精神との相関関係は彼の卒業論文のテーマでもあった。宇宙と人間の根源的な共振構造を説くコスモロジーは、古代ギリシアの哲学者ピタゴラス（前五七〇頃—前四九五年頃）に代表され、古くからヨーロッパ哲学を貫く思想である。ここで見られる「天球」「車輪」「軌道」「渦」等の表現

は、「歓喜に寄す」でも使われることになる。

そして詩は「その車輪は、僕らの心臓同士を、愛という永遠なる歓喜の絆（Jubelbund）へ向かわせた全能の歯車ではなかったか」、「たとい混沌が世界をゆさぶり、原子と原子を震動させようとも、僕らの心はいつも互いのうちに安らぎを見出すのだ」と歌う（ibid., pp. 525-526／同書、一九〇―一九一頁、強調原文）。歓喜こそ人と人とを合一させるものである。この思想も「歓喜に寄す」のなかで再述される。

そもそも原子論（これも古代ギリシア哲学に由来するが、この詩ではニュートン力学を指す）によれば、世界の出来事はすべて機械的な組み合わせにすぎず、人間の運命も必然的なものと見なされることになろう。だとすれば人間に自由はあるのか？　もし自由が可能とすれば、どういう条件のもとにおいてだろうか？　シラーはニュートン力学だけでは満足できず、それと矛盾しない形での、より包括的な世界観を求めていた。

クーアシャイトは若きシラーの思想を「汎神論的」と呼び、スピノザ（Baruch de Spinoza）（一六三二―七七年）やライプニッツ（Gottfried Leibniz）（一六四六―一七一六年）からの影響を指摘する。ただしシラーは彼らの思想を原典からではなく、当時愛読したファーガソン（Adam Ferguson）（一七二三―一八一六年）、ズルツァー（Johann Georg Sulzer）（一七二〇―七九年）、メンデルスゾーン等の著作、またシラーのカール学院時代の師アーベル（Jacob Friedrich von Abel）（一七五一―一八二九年）を通して間接的に知ったらしい（ibid., p. 1188. Kommentar）。

無限

詩「友情」の後半部分は、友を得た喜びを連綿と歌い上げる。「天地創造の世界に僕が一人立ったなら、岩石に魂を描きこんだことだろう、そしてそれを胸に抱いて、口づけしたことだろう――」(Schiller 1992, p. 526／シラー 二〇〇三、一九一頁)。これは神の天地創造と自分の芸術的創造を重ね合わせた大胆な主張である。さらに、「僕らは死者の群れだ――もし憎み合うならば。神々だ――愛し、抱き合うならば！」「腕を組み、つねに上へ、また上へ、〔…〕僕らは一体となって輪舞を踊りながら経めぐっていく」(ibid., pp. 526-527／同書、一九二頁)とも歌う。友情、接吻、抱擁――いずれも「歓喜に寄す」にも見られるモチーフである。最後の一節ではこう述べる。

大いなる世界の造り主には友がなく、
不足を感じて彼は精神たちを造った。
彼の浄福を映す浄福の鏡たちを！――
至高の存在者がもはや残すところなくその似姿を造りあげたとき、
魂たちの全王国の盃から
彼に泡立ち出てくるもの――それは無限なのだ。(ibid., p. 527／同所、強調原文)

神が人間を作ったのは、神の浄福を人間の浄福によって照らすためだと言う。これもまた大胆な主張である。人間がいなければ、神は孤独であり、すなわち不完全な存在だったことになるだろうから。言い換えれば、人間がいてはじめて神は完全な存在になるということである。啓蒙主義らしい人間中心主義の主張と言えよう（のちに哲学者ヘーゲルは『精神現象学』（一八〇七年）の末尾をこの詩の最終二行で締めくくることになる。ヘーゲルもヴュルテンベルク公国の生まれで、シラーを敬愛していた。また、ヘーゲルはシラーに哲学を教えたアーベルの弟子でもあった）。

ちなみに、神と人間とが互いに互いを映すという「鏡」の比喩や、その相互反照を「無限」という観念で表現する発想は、すでに十五世紀のクザーヌスに見られるものである。クザーヌスが地動説の提唱者だったことはすでに述べた（第4講）。シラーがクザーヌスを読んでいたかは不明だが、先述のようにシラーはこの時期スピノザやライプニッツに関心を抱いていたようであるし、これらの思想にはクザーヌスの反響がうかがえる。この点は次回以降に検討しよう。

2　詩「歓喜に寄す」

以上の概観によって、私たちはシラーの詩「歓喜に寄す」を理解するための最小限の知識を手にしたことになる。

この詩は『タリーア』第二号（一七八六年二月）に掲載されたが、作られたのは一七八五年秋か冬、シラー二十五、六歳の頃とされる。のちに『詩集』（一八〇三年）に収録されたが、そこでは初版の第一節が改訂され、最終節（第九節）は丸ごと削除された。

一七九三年一月のフィッシェニヒのシラー夫人宛書簡によれば、ベートーヴェンはこの詩に「一節も余さず作曲する」ことを企てていた（第3講）。したがって、ベートーヴェンの当初の構想を推測するには、やはり初版に触れなくてはならない。

友人ケルナー

当時この詩はドイツ中に広く知れ渡り、シラー生前だけでも五十人ほどの音楽家が曲を付けている。歌曲《魔王》で有名なシューベルト（Franz Schubert）（一七九七―一八二八年）も一八一五年に作曲していて、これはベートーヴェンの《第九》よりも九年早い。しかし、本講義にとってより重要なのは、シラーの友人ケルナーが付けた曲であろう。もともとシラーは彼のために「歓喜に寄す」を書いたからである。

ケルナーは一七五六年、ライプツィヒに生まれた。ゲッティンゲン大学とライプツィヒ大学で法律を修め、一七七七年にフリーメーソンに入会している。一七八三年にドレスデンの上級評議員、一七九〇年に上級控訴判事、一七九八年にザクセンの枢密顧問官に就任するなど、法学分野で出世した人物だが、リベラルな思想の持ち主で、哲学や芸術に造詣が深く、作曲家でもあった。シラー没後に最初の『シラー全集』（コッタ社、一八一二―一五年）を編集している。一八三一年に、ベルリンにて七十四歳で亡くなった。なお、息子テオドール（Theodor Körner）（一七九一―一八一三年）は、一八一三年の対仏解放戦争で死んだ愛国詩人として知られる。

ケルナーとシラーの交友は一七八四年六月、ケルナーが友人三人とともに匿名で書いたファンレターから始まった。三人の友人とはケルナーの婚約者ヴィルヘルミーネ・シュトック（Wilhelmine Stock）（一七六二―一八四三年）、その姉ドロテーア（Dorothea Stock）（一七六〇―一八三二年）と彼女の婚約者で作家のフーバー（Ludwig Ferdinand Huber）（一七六四―一八〇四年）である。フーバーもフリーメーソン会員だった。ヴィルヘルミーネとドロテーアは彫刻家を父親にもち、彼女たち自身、絵画の教育を受けていた（のちに二人とも画家として活躍したが、とくにドロテーアは一七八九年に描いたモーツァルトの肖像スケッチで有名である）。

一七八五年春、ケルナーたち四人は、マンハイム劇場を解雇されて困窮していたシラーをライプツィヒに招待し、経済的に支援した。感激したシラーは「歓喜に寄す」を書いてケルナーたちに捧げた。ケルナーは返礼として、この詩に曲を付けた。初出誌『タリーア』では、「歓喜に寄す」の前にケルナーの楽譜が付いている。シラーもこのケルナーの曲を気に入っていたようだ。

余談だが、「歓喜に寄す」を書いた頃のシラーの姿を一番忠実に描いているとされるのは、画家グラフ（Anton Graff）（一七三六—一八一三年）による肖像画である。同じくグラフによるケルナー肖像画と比較すると、ケルナーの方は官僚然としてスカーフをフォーマルに結んでいるが、シラー肖像画ではこれがほどいてある。このカジュアル・スタイルは当時、「シラー襟」と呼ばれて流行した。シラーはファッションの世界でも革命児であった。

初版「歓喜に寄す」

それでは、初版「歓喜に寄す」の中身を概観しよう。全部で九節あり、一節につき八行の独唱と四行の合唱から成っているので、合計（八＋四）×九＝一〇八行である。独唱と合唱を交互に用いるこの形式は「集いの歌」といい、フリーメーソンの曲によく見られる。ケルナーが作曲したバージョンもフリーメーソンの集会で歌われたようである。

なお、題名にある「歓喜（Freude）」という主題は、当時ドイツでさかんに取り上げられたものの一つだった。ハーゲドルン（Friedrich von Hagedorn）（一七〇八―五四年）、ウーツ（Johann Peter Uz）（一七二〇―九六年）、グライム（Johann Wilhelm Ludwig Gleim）（一七一九―一八〇三年）等の詩人も「歓喜に寄す」という詩を書いている[3]（Schiller 1992, pp. 1037-1038. Kommentar）。

〔第一節〕

歓喜よ、神々の美しい火花よ、
楽園の娘よ、
われらは炎の陶酔のなか
天なるものよ、汝の神殿に踏み入る。
汝の魔法はふたたび結ぶ、
時流の剣が切り裂いたものを、そう、
貧者が王族の兄弟となるのだ、
汝のやさしい翼がとどまるところ。

合唱

抱かれてあれ、幾百万の人々よ！
受けるがいい、全世界のこの口づけを！
兄弟よ――きらめく星空のかなたには、
愛する父がおられるはずだ。[4]（ibid., p. 410）

おそらくこの詩で最も有名な箇所であろう。独唱部分は「歓喜」を、合唱部分は「きらめく星空(Sternenzelt)」を歌い上げる。独唱の「神々」(複数形)は古代ギリシアの世界観を、合唱の「愛する父」(単数形)はキリスト教の世界観を踏まえたものと言える。この対構造は全九節を通して続く(「歓喜」は独唱にだけ、「きらめく星空」は合唱にだけ登場する言葉である)。ここではヘレニズムとヘブライズムが共存している。詩の構造自体がフリーメーソン的な諸宗教融合の理念を表現している。

独唱の六行目「時流の剣が切り裂いたものを」と、七行目「貧者が王族の兄弟となるのだ」は、一八〇三年の改訂版でそれぞれ、「時流が厳しく分け隔てたものを」と「人間はみな兄弟となるのだ」(ibid., p. 251)に変更された。改訂版では政治色が薄められた分、精神性が強調されることになった。このことはシラーのフランス革命に対する態度変化とも無関係ではないだろう(伊藤 二〇〇四)。

なお、合唱の前半は、多くの既訳で「抱きあおう、幾百万のひとびとよ! このくちづけを全世界に!」となっているが(私自身も二十年前にそう訳した。シラー 二〇〇三)、今回改めた。これは藤井義正による解釈(藤井 二〇〇八)を採用したものである。新旧二種の解釈の違いについては次回詳述する。

〔第二節〕

一人の友の友であるという、
立派な仕事を成しえた者、
優美な女性を勝ちえた者は、
歓呼の声を合わせよう!

そうだ――たった一つでも地上に
己のものといえる魂をもつ者は！
それを成しえなかった者は、こっそり
泣きながらこの同盟を去るがいい！

　合唱

大いなる地球に住む者は、
共感を尊ぶことだ！
それがわれらを星々へ導く、
あの未知なるものが統べるところへ。（Schiller 1992, p. 410. 強調原文）

独唱部分は、歴史的には、ケルナーたち四人がシラーを支援したこと（これは文字通りの「立派な仕事」である）や、彼らが二組の婚約者同士であったことが背景にある。[5] しかし思想的には、シラー二十二歳の詩「友情」で歌われた「歓喜の絆（Jubelbund）」が、「歓呼の声（Jubel）」と「同盟（Bund）」という二つの語に引き継がれていると見るべきであろう。詩「友情」では、歓喜の絆は「愛」を意味していた。二つの詩に共通するのは、物体界の統合原理である万有引力と、精神界の結合原理である友情とをアナロジカルに捉える視点である。このことは、「共感」が人間を「地球」から「星々」へ導くという合唱部分の歌詞とも対応している。

〔第三節〕

生きとし生けるものすべて
自然の乳房から歓喜を飲む、
善人であれ悪人であれ、みな
そのバラの残香をたどりゆく。
自然はわれらに口づけと葡萄と、
死をも怖れぬ友を与えた。
虫けらには快楽が与えられた、
だが神の前には智天使が立つ。

合唱
ひざまずくのか、幾百万の人々よ。
創造主を感じるのか、世界よ。
きらめく星空のかなたにそのお方を探せ、
星々のかなたにおられるはずだ。（ibid., pp. 410-411. 強調原文）

独唱部分は、シラー十四歳の詩「太陽に寄す」にある「喜びの乳房」という語を想起させる。また、シラー十七歳の詩「夕べ」（一七七六年）には、「神の御業だ、西風が木の葉をゆらし、葉の上に虫が蠢き、一つの命が虫のなかに生き、百の潮がそのなかを流れ、そこにまた若い虫たちが漂い、そこにまた一つの魂が働くのは」（ibid., p. 467／シラー 二〇〇三、一八三頁）とある。自然界の生き物は各々その本能に従って生きているが、より大きな観点から眺めれば、それらはすべて「神の御業」だということである。善人と悪人との区別も、あくまで人間側の視点によるものとして、神側の視点から相対化される（この主張は第六節への伏線となっている）。合唱部分では、こうした洞察が「きらめく星空」のもとで予感されると歌う。

〔第四節〕

歓喜は永遠の自然の内なる
力つよいばね。
歓喜、そう歓喜こそが世界という
大きな時計の歯車を回す。
花々をつぼみから引き出し、
太陽をいくつも大空に輝かせる、
歓喜は幾重もの天球を回す、
望遠鏡でも究めつくせぬ宇宙で！

合唱

朗らかに、主のもろもろの太陽が
壮大な天の律動のもと飛びめぐるように、
兄弟よ、汝らの軌道を往け、
勝利をめざす英雄のように歓ばしく。(ibid., p. 411)

独唱部分で世界を「大きな時計の歯車」に喩えているのは、近代の機械論的な世界観の表明である。「望遠鏡」は十七世紀初頭にオランダで発明され、その後ガリレオやケプラー、ニュートン等によって改良された。独唱／合唱の双方で「太陽（Sonnen）」が複数形で表現されているのも、地動説以降の宇宙観を踏まえている。ただしそのうえで、世界のあらゆる出来事は「歓喜」が作用因となっている、という見解に強調が置かれている。

〔第五節〕

白熱する真理の鏡から、
歓喜は探求する者に微笑みかける。
けわしい美徳の丘を前に、
歓喜は耐え忍ぶ者の道しるべとなる。
輝く信仰の峰では、
歓喜の旗がひるがえり、
死者はこわれた棺の割け目から
歓喜が天使の合唱に包まれて立つのを見る。

　合唱

耐え忍べ、幾百万の人々よ！
耐え忍べ、よりよき世界のために！
きらめく星空のかなたで、

偉大な神は報いてくださるだろう。(ibid., pp. 411-412. 強調原文)

この節以降、詩の内容は著しく宗教的になる。第四節までは、どちらかと言えば独唱部分が人間の視点から、合唱部分が神の視点から眺めた世界を歌っていたが、第五節以降は独唱/合唱双方の語る内容が「救済」というテーマで重なり合っていく。この節では「忍耐」が強調される。歓喜は忍耐の先に待っている。それは神による「報い」でもある。

〔第六節〕

神々は人の報いを必要としない、
神々のような存在であればすばらしいことだ。
悲しむ者も貧しい者も姿を現し、
朗らかな者とともに楽しむがいい。
うらみも復讐も忘れよう、
殺したい敵も許すのだ、
敵に一滴の涙も押しつけようとせず、
わずかな悔恨にも苦しませようとせずに。

合唱

各々の債務は帳消しに!
全世界は和解せよ!

兄弟よ――きらめく星空のかなたで
　われらが裁いたように神が裁いてくださる。(ibid., p. 412)

ここでは、人間の視点(善/悪)を神の視点から相対化するという第三節の内容を受けて、報復の否定が説かれている。シラーが何を典拠にしたかは不明だが、古代ギリシア思想の文脈ではアイスキュロス(前五二五/五二四頃―前四五六/四五五年頃)の『オレステイア』やソフォクレス(前四九七/四九六―前四〇六/四〇五年)の一連の「オイディプス」もの、キリスト教の文脈では新約聖書「ローマ人への手紙」の一節「復讐はわれにあり」(復讐は神が行うものであり、人間が行うものではない)等の世界観を踏まえたものと解される。

〔第七節〕
　歓喜は盃に泡立つ、
葡萄の黄金の血潮を飲めば、
食人種もおだやかなり、
絶望の人も英雄の勇気を得る。
兄弟よ、あふれる杯がめぐってきたら、
勇んで君たちの席を立て、
その泡を天高くはねとばせ。
そのグラスをよき霊に捧げるのだ。

合唱
星々の渦巻きが讃えるお方、
熾天使の讃歌が誉めるお方に、
そのグラスを捧げよ、
きらめく星空のかなたなるよき霊に！（ibid. 強調原文）

独唱部分の「盃に泡立つ」という表現は、詩「友情」の末尾を想起させる。そこで泡立つとされていたのは「無限」だった。それゆえ、「歓喜」という言葉も、無限の観念から解釈する必要があるだろう。すなわち、人間が自然のうちに神の存在を感じることと、神が自分の似姿として人間を創造したこととは、相補的な関係にあり、そのことを「歓喜」という言葉で表現できるという解釈である。こうした「無限」の思想は、先述のように、クザーヌスにまで遡ることができる。クザーヌスは、人間と神とが「鏡」のように映し合う相互反照関係を「無限」と呼んだ（これについては次回触れる）。

合唱部分の「星々の渦巻き」という表現も、クザーヌスが中心遍在説を説いた地動説的世界観の先駆者であったことを想起すると、けっして唐突なことではない。ちなみにこの渦巻く宇宙観は、カントの「星雲説」とも通じ合うものである。

〔第八節〕
重い苦しみには動かぬ勇気を、
罪なくして泣く者には助けの手を、

立てた誓いは永遠であれ、
友にも敵にも真実で臨め、
王座の前でも雄々しい誇りを捨てるな――
兄弟よ、たとい命と財を失おうとも、
功績にはふさわしい王冠を、
欺瞞《ぎまん》の輩には没落を与えよ。
　合唱
　聖なる団結を固くせよ、
　この黄金のワインにかけて誓え、
　盟約に忠実であることを、
　星空の裁き主にかけて誓え！（ibid., p. 413)

独唱部分で功績に対して「王冠」を、欺瞞の徒に対して「没落」を与えるよう述べているのは、前節までの「報復の否定」と一見矛盾するかのように見える。だが、ここは「たとい命と財を失おうとも」という「覚悟」を前提にしての話であり、「友にも敵にも真実で臨め」という主張自体は詩全体を通して一貫している。

なお、独唱部分で歌われる勇気、助け、誓い、真実などの「徳の格率」と、星空の裁き主をともに「崇高なもの」として捉える視点は、カント『実践理性批判』結語の一節を想起させる。もちろんシラーはこの詩を書いた時点ではまだカントを知らない（それに『実践理性批判』自体もまだ出版されていない)。だが、この第八節は、「星輝く天空」と「内なる道徳法則」との連関を想起させるに足る言語空間を作っている。後年ベートーヴェンが《第九》を作曲する際には、星空と道徳法則との両方に接続可能なものとして「歓喜」を考えていた可能性がある(第13―14講)。

〔第九節〕

　暴君の鎖を断ち切れ、
ただし邪悪な者にも寛容であれ、
死の床にあっても希望せよ、
裁きの庭での恩寵を！
そして死者の復活を！
兄弟よ、飲め、ともに歌おう、
すべての罪は許されて、
地獄はもはや存在しない、と。
　合唱
別れのときを朗らかに！
死の装束で甘い眠りを！
兄弟よ、――やさしい言葉は
死の裁き主の口から来るのだ！(ibid., p. 413)

第九節は、シラー自身、政治色が強すぎると思ったのか、改訂版（一八〇三年）で削除された。その結果、先述した第一節の改訂と連動して、政治的革命よりも、むしろ人間の精神的融和を志向するトーンが強められたと言える。シラーの政治思想の変遷もしくは成熟過程については、次回以降考察していこう。

3　小括

シラーの初期の詩「太陽に寄す」には「天の娘」、「喜びの乳房」、「万有」、「星々」等の言葉が見られ、詩「友情」では「天球」、「車輪」、「軌道」、「渦」、「反射」、「無限」等の言葉が出ている。物理的な引力と精神的な友情のアナロジー、有機界と無機界を貫通する「共感」のコスモロジーなど、のちに「歓喜に寄す」で展開される要素は、シラーが十代後半から二十歳前後の時期にすでに形成されていた。これらの詩は『一七八二年詞華集』で公開されていたから、シュナイダーやフィッシェニヒ（また彼らと親しかったベートーヴェン）が目にしていた可能性は低くない。

詩「歓喜に寄す」では、物理的な引力と精神的な友情とが、それぞれ「人間からの視点＝独唱部分」と「神からの視点＝合唱部分」という二つの視点で描かれ、詩の後半に行くにつれて、両視点が「救済」をテーマに重なり合うように展開される。あたかも一つのソナタ楽曲のような構造である。そして末尾では、図らずも、カントの「星輝く天空」と「内なる道徳法則」との連関を想起させる詩句が並ぶ。

この詩を書いてから約五年後（一七九一年）、自由と必然との関係をどう言語化し、理論化するかの手がかりを、シラーはカント哲学に求めることになる。イギリス経験論に基づくニュートン流の絶対時間・絶対空間論と、大陸合理論に基づくライプニッツ流の目的論的世界観という、近代ヨーロッパ思想の二大潮流を統合するモデルを、シラーはカント哲学のなかに見出していく。他方で晩年のシラーは、「歓喜に寄す」をもはや克服されるべき未熟な作品と捉えた。

その頃すでに「歓喜に寄す」はドイツ中に膾炙し、数十人を超す音楽家が曲を付けていた。それでもベートーヴェンが作曲を試みたことは、彼がシラーに寄せた並々ならぬ思いを物語る。ただし、この作曲計画に対するシラーの感想は伝えられていない。シラー自身は、ケルナーの曲が詩の意図を一番よく反映したものと思っていたのかもしれない。文化の歴史において、こうしたすれ違いはよくあることである。

ともあれ、カンタータや「歓喜に寄す」への作曲を通じてシラーの詩的世界に触れたことは、ベートーヴェンが天文学的関心を深める契機となったはずである。また、後年の彼がカント宇宙論を読む遠因ともなったに違いない。シラー文学とカント哲学が共有する啓蒙時代特有のコスモロジーを、ベートーヴェンはボン時代の知的人脈を通じて吸収していたと言える。

第6講　無限と宇宙

1　「歓喜に寄す」をめぐる二種の解釈

解釈の争点

前回は、ベートーヴェンがボン時代に触れ得たであろうシラーの詩を取り上げた。なかでも「歓喜に寄す」は、そのコスモロジーあふれる詩句が、ベートーヴェンの天文学的関心（カント読解もその一環であった）を育む契機になっただろうと推察される。

さて、前回詳述できなかったことがある。「歓喜に寄す」の詩句をめぐる解釈の争点についてである。この詩の第一節に「Seid umschlungen Millionen! Diesen Kuß der ganzen Welt!」という詩句があるが、これの邦訳にじつは二通りの解釈がある。

解釈①…「抱き合え、幾百万の人々よ！／全世界にこの口づけを（与えよ）！」これは、「Millionen（幾百万の人々）」が互いに抱き合うというイメージのもと、「Diesen Kuß」を直接目的格（＝この口づけを）、「der ganzen Welt」を間接目的格（＝全世界に）でとっている。主体の能動性を前面に出した解釈である。

解釈②…「抱かれてあれ、幾百万の人々よ！／全世界のこの口づけを（受けよ）！」これは、「Millionen（幾百万の人々）」がより大きな何かに抱かれるというイメージのもと、「Diesen Kuß」を直接目的格（＝この口づけを）、「der ganzen Welt」を所有格（＝全世界の）でとっている。主体の受動性を重視した解釈である。

いずれの解釈も文法的には可能である。両者の違いは、この詩の全体的なメッセージをどう理解するかに関わっている。以下、それぞれを代表するベートーヴェン研究家の説を紹介しよう。

解釈①「抱き合え……」

一つ目の解釈は、小松雄一郎（一九〇七―九六年）の『ベートーヴェン　第九――フランス大革命に生きる』（一九七九年）に代表される。サブタイトルからもうかがえるように、小松は革命期の社会的文脈に注目する。彼はシラーの「歓喜に寄す」の根本理念が、「人間の考えることができる理想社会は、人間の力で実現できる」というものだと見ている。「歓喜」といい、「楽園」といっても、あくまで人間の手の届く範囲にあるという。

それは地上の神の国であって、到達できぬ理想境ではない。ただそこに到るには、百万の人々が抱き合う団欒《まどい》が必要であり、また王座の前でも毅然としている人間でなければならず、また暴君の鎖を断って自らを解放せねばならぬ、と謳いあげているのである。（小松　一九七九、五二頁）

ただし小松によれば、こうした「すべての人間が兄弟であり、それによって招来される地上の神の王国」という思想には、「理性が支配する政治的国家」というメッセージが潜んでいる。「それは専制啓蒙君主の思想であり、哲学的にはカント的な理性が支配する観念世界である」（同所）。それゆえ後年のシラーは、カント哲学に入れ込むにつれてフランス革命を否定し、ドイツの政治体制を正当化するようになった。小松によれば、これは若き日の理想に対する裏切りである。一方、ベートーヴェンはシラーとは違って、晩年に至るまで革命の理想に忠実であり続けた。《第九》は、シラーが捨て去った「歓喜に寄す」の政治的メッセージを救い出した作品である――そう小松は主張する。

解釈②「抱かれてあれ……」

二つ目の解釈を代表するのは、藤井義正（一九三五年生）の『私の〈第九〉――シラーの詩「歓喜に寄す」からベートーヴェンの「歓喜の歌」へ』（二〇〇八年）である。藤井が依拠するのは、「Seid umschlungen Millionen!」の文法的考察である。この一節は、sein（である）の二人称命令形 seid に、umschlungen（抱きつく）の過去分詞形 umschlungen が付いたもので、「英語で言う、「be動詞＋過去分詞」の命令形」に当たる。それゆえ「抱かれてあれ」というのが一番素直な訳である。

「抱かれてあれ」と訳す場合、「誰に？」が問題になり、直前のイメージの流れで言えば、「喜びというやさしい翼」に「抱かれてあれ」となるが、読み進むうちに「大宇宙の大きないのち」であったり、「神の愛」、あるいは、「星空のかなたにおわす慕わしい父さま」も加わる。つまり、

「大いなるものに抱かれてあれ」という、対神様の話になり、宗教感情の深い言葉となる。（藤井二〇〇八、一三五頁）

藤井によれば、「抱かれてあれ」という訳は、この詩の背景をなすケルナーとの関係から考えても自然である。「シラーにとって、ケルナーたちの友情は「神の腕の中」と同じものだった。「その腕の中に抱かれてあろう」という気持ちにも適合する」（同書、一三四頁）。また、以上を踏まえて藤井は、「Diesen Kuß der ganzen Welt!」を「天地一杯の、この口づけを受けてあれ！」（同書、一二二頁）と訳す。《第九》もまたこうした宗教的メッセージを音楽によって具現化しており、シラーとベートーヴェンは同じ理念を共有している――そう藤井は主張する。

まとめると、小松は政治色（フランス革命思想）を、藤井は宗教色（プロテスタンティズム）を強調している。そのことが、人々同士が抱き合うという能動的なイメージか、あるいは何か大きなもののうちに身を置くという受動的なイメージかの、解釈の違いにつながっている。

私自身は、約二十年前に「歓喜に寄す」を翻訳したときには、解釈①をとっていた（シラー 二〇〇三）。しかし今回は、解釈②の方向からアプローチしようと思う。第5講でも述べたが、シラーの言う「共感」が、スピノザやクザーヌス等の説く宗教的コスモロジーの系譜にあると考えるようになったからである。

もっとも、ベートーヴェンがボン時代に初めてこの詩に触れたとき、どんな解釈をしていたかは、資料が残っておらず不明である。フランス革命を支持したデレーザーやシュナイダーと親しかったベートーヴェンは、もしかすると解釈①の立場に近かったかもしれない。ただし、本講義でいずれ述べるが、後年になるにつれ、ベートーヴェンの楽曲は宗教色を濃くしていく。それゆえ、晩年の作品である《第九》に関しては、解釈②を採用したほうがよいであろうと、今は考えている。

2　初期シラーの哲学的背景

時代思潮

さて、「歓喜に寄す」に描かれたコスモロジーを理解するため、この詩を書いた頃のシラーの思想を、もう少し探っておこう。

ドイツ文学者の松山雄三（一九四八年生）によれば、若きシラーは、師アーベルの影響により、スコットランドの啓蒙思想家ファーガソンの『道徳哲学の原理』を愛読した。同書は一七七二年に哲学者ガルヴェ（Christian Garve）（一七四二―一九八年）によって独訳・注解され、広く読まれていた（松山雄三 二〇一四、三〇頁参照）。そこには万有引力と友情をアナロジカルに捉える発想が見られる。ガルヴェ独訳版にはこうある。「重力の法則の一般的な効用は、物体を相互に近付けることにある。同様に社交性の法則の一般的な効用は、人間を一般的に役立つ行動に、そして一般的に有害な行動の放棄に至らしめることにある」（訳文は松山雄三 二〇〇一、一三〇頁による）。つまり、物体界には重力の法則があるように、人間界には社交性の法則があるという。詩「友情」の基調主題はここに由来すると言える。

松山はまた、シラーの卒業論文『生理学の哲学』（一七七九年）に見られる「神的相等性」の思想に注目する。シラー二十歳のときの文章である。

人間は、創造主の偉大さを獲得するために、存在するのである。人間は、創造主が世界を見渡すのと同じ眼差しで、世界を見渡すために存在するのである。神と同じくなること（神との相等性）が人間の使命である。このような人間の理想は、なるほど無限に遠い。しかし、精神は永遠である。永遠が無限のための物差しである。すなわち、精神は永遠に成長を続けるであろうが、その目標に到達することは決してない。（Schiller 1962, p. 10. 訳文は松山雄三 一九九九、四八頁による）

神の眼差しと同じ眼差しで世界を眺めること。この点において、人間が神と等しくなること――たとい不可能であろうと、それを目指して努めるのが人間の使命である。これも詩「友情」につながる思想である。松山によれば、この「神的相等性」の思想も、ファーガソンの前掲書やガルヴェによるその注解のなかに見られるものだと言う。

ファーガソンやガルヴェのこうした「共感」や「神的相等性」の思想は、一般には、ライプニッツ哲学に由来するものとされているが（カッシーラー 一九七二、二三七―二三九頁参照）、文学史家クーアシャイトも指摘するように、もう一人、スピノザの存在を忘れてはならないであろう（Schiller 1992, p. 1188. Kommentar）。シラーが影響を受けたとされるファーガソンやアーベルは、ライプニッツだけでなくスピノザにも傾倒していたからである。

スピノザ・ルネサンス

スピノザは十七世紀オランダの哲学者である。ユダヤ人だが、無神論者としてユダヤ教会から破門され、その後キリスト教会からも長く無神論者のように見られて、その著作は危険視されていた。しかし、一般の読書界では根強い人気を保ち続け、アカデミズムでも一種のスピノザ・ルネサンスが起きてくるのが十八世紀後半であった。

こうした当時の知的状況に鑑み、美学者の平山敬二（一九五二年生）は、シラーがスピノザに関する何らかの知識を持っていただろうと推測している。現に、シラーの『一七八二年詞華集』には、「スピノザ」と題する六行詩が収められている。平山はこの詩が「スピノザの高潔さと偉大さとを讃えるとともに、人々のスピノザに対する無理解を訴えるものになっている」（平山 二〇二二、七六頁）という。

加えて平山が注目するのは、シラーが『タリーア』第三号（一七八六年春）で発表した「哲学的書簡」というエッセイである。そのなかの「ユリウスの神智学」と題する章は、内容的に見て、執筆時期が一七八一―八三年（シラー二十二、三歳）頃にまで遡るという（同書、七七頁）。このなかでシラーは述べている。

> 神と自然とはまったく等しい二つの偉大さである。――神的実体のなかでともに存在する調和的な活動の全総体は、この実体の模写である自然のなかに無数の度合いと量と段階で分かたれている。自然は（この比喩的な表現を許せ）自然は無限に分かたれた神である。（Schiller 1962, pp. 123-124. 訳文は平山 二〇二二、七七頁による）

すなわち、神にはありとあらゆる要素が集まっている。自然にもありとあらゆる要素が集まっている。神と自然は、実体とその模写の関係にあるということである。

平山はスピノザの『エチカ』（一六六二―七五年執筆、一六七七年初版）第一部定理十六からの影響があるのではないかと言う。そこでスピノザはこう述べている。

ところで神の本性は、そのおのおのが自己の類において無限の本質を表現する絶対無限数の属性をもっているから〔…〕、その神の本性の必然性から無限に多くのものが［すなわち、無限知性によってとらえることのできるすべてのものが］、無限に多くの仕方で必然的に生じてこなければならない。（スピノザ 二〇〇七、三五頁）

私なりに要約すると、神はありとあらゆる要素を兼ね備えたものである。人間をも含めた自然界のありとあらゆる要素を兼ね備えたものである。この自然とは動物や植物、あるいは無生物のことだけではない。人間の作るもの、人工物も含めて、世界に生じるありとあらゆるものが、スピノザによれば自然である。そしてそれはすべて神の要素として見なされなくてはならない。自然即神、神即自然である。

ゆえに、この思想はキリスト教のなかで「汎神論」として異端視された。キリスト教の伝統では、神が造物主であり、自然はその被造物であるからだ。両者のステータスが同じということは有り得ない。しかしスピノザに言わせれば、両者間に造るもの／造られたものという区別は存しない。自然即神、神即自然である。これは究極すると、自然の一部である人間もまた神の一部であるとの見解にまで行きつく。

最高の喜び

言い換えると、スピノザが目指すのは、認識による幸福である。『エチカ』第五部定理二十七から引用する。「精神の最高の徳は、神を認識することである〔…〕、あるいはものを第三種の認識によって認識することである」(スピノザ 二〇〇七、四四五頁)。

スピノザは認識に三つの段階があるという。一つは「感覚的認識」である。例えば、何か見えていることや、抓《つね》ると痛いといったことである。しかし、感覚的認識には錯覚や誤解もあるかもしれない。それゆえ「知性的認識」が必要となる。例えば、太陽と月との距離は、感覚的には不明瞭だが、計算という知的な処理で明瞭になる。だが、感覚的認識や知性的認識よりも高次の認識がある、とスピノザは言う。すなわち「第三種認識」であり、知性で理解できる世界、すなわち「自然」をそのまま「神」として捉える認識である。自分も宇宙も含めて、すべてが神の属性、神の現れということである。[1]

徳とは、精神が世界の全体を神の属性として捉えることである。この第三種認識にとって、造るもの／造られるものという区別は存在しない。世界のありとあらゆる要素は神の現れだからである。スピノザによれば、第三種認識を手にした人は、最高の完全性、すなわち「最高の喜び(summa laetitia)」に到達する。

そしてこの徳は、精神がこの認識によってものを認識することが多ければ多いほど、それだけ大きくなる〔…〕。かくてものをこの種の認識によって認識する人は、人間の最高の完全性に到達する。したがって〔…〕最高の喜びを感ずる。しかもそれは、みずからの観念とその徳の観念をともなった喜びである〔…〕。（同書、四四五―四四六頁）

神の眼差しで世界を眺めること、また自身を眺めること。そのとき、人は自分が神のうちにあることを知る（第五部定理三十参照）。これこそは無上の喜びにほかならない。

先に、「歓喜に寄す」の「Seid umschlungen Millionen!」という詩句をめぐり、二つの解釈を紹介した。若きシラーが――ファーガソンやガルヴェを介して――以上のスピノザの主張に親しんでいたとすれば、解釈①（「抱き合え……」）よりも解釈②（「抱かれてあれ……」）のほうが、文脈的にふさわしく思われる。

クザーヌスの残響

先述のように、『エチカ』第一部でスピノザは、「神の本性」が「絶対無限数の属性」を持つと言っている。それゆえ、同書第五部でいう「神を認識する」こと、つまり第三種認識は、神を「無限」という観念で捉えることでもある。世界のすべてを神の現れとして知る「喜び」は、「無限」の観念に支えられている。そしてこの点で、私たちはふたたびルネサンスの巨人クザーヌスに出会うことになる。

現代イギリスの哲学者ムーア（Adrian William Moore）（一九五六年生）の『無限――その哲学と数学』（一九九〇年）によれば、神が超越的であると同時に内在的でもあるという思想、つまり「神と自然は一体なのである」というスピノザの思想は、クザーヌスの影響下にある（ムーア 二〇二二、一九一—一九二頁）。というのも、クザーヌスは、人間をはじめとする有限な存在者が、すべて神という無限の存在者の、部分的な現象であると信じていたからである（同書、一四九頁）、と。

そうだとすれば、クザーヌス自身のテクストに触れないわけにはいかない。クザーヌス五十二歳の執筆とされる『神を観ることについて』（一四五三年）を参照しよう。これはスピノザの『エチカ』から二百年以上遡る著作である。

クザーヌスは言う。「神はあらゆる完全性の最高性そのものであり、いかなる考えられうるものよりも大きいものであって、万物を見つめるものであるからこそ、「テオス」と称される」（クザーヌス 二〇〇一、一九頁）。彼はギリシア語の「神（theos）」という語の語源を「私は観る（theoro）」に求め、「眼」をキーワードに神を説明する。その論述は難解だが、私なりの理解を述べると以下のようになる。

神は万物を「観る」。観ることによって万物を「存在させる」。このとき神の眼差しはありとあらゆる対象に向けられており、人間の眼差しのように個別的な対象に向けられるのではない。神の眼差しは無限である。無限の空間においては、観るものと観られるものとは区別できない。このような眼差しは「眼」そのものと言ってよい。だとすれば神と世界とを、創るものと創られるものとの関係で捉えるのは正しくない。神の眼差しは「生命ある鏡」であり、「自己のうちに万物を観る」（同書、五一頁）のである。神が神自身を「観る」ことが、世界が「存在する」ということなのである。

神と人間とを、創造主と被造物との関係で捉える限りは、人間は「楽園の城壁」の外にいる。クザーヌスは言う。

しかし私があなた〔神〕を「絶対的無限」として観る時〔…〕その時に私はあなたをあからさまに観始め、喜びの庭園〔hortus deliciarum〕に入り始めるのです。〔…〕それゆえに、あなたは創造者ではなく、創造者よりも無限にまさっている方なのです。（同書、七二—七三頁）

無限性のほかには何物も存在しない。無限性が万物を自己のうちに包括していないならば、それは無限性ではないことになるからである。こうした絶対的意味での無限性は、いかなるものに対しても、大きいとか小さいとか等しいとかといった関係にはない。かくしてクザーヌスは神に呼びかける。「おお主よ、あなたは万物を超えて、何と高く存在していると同時に、何と低く「遜《へりくだ》って」存在しておられるのでしょう。なぜならば、あなたは万物のうちに存在しているのだからです」（同書、八一頁）。こうして、無限の観念から、宗教的な「喜び」への扉が開かれる。

また、この観点に立つとき、「愛の結合」が生じるとクザーヌスは言う。「無限者において愛する可能〔限りなく愛しうること〕と無限において愛される可能〔限りなく愛されうること〕との両者から、無限に愛する者と無限に愛されるべき者との無限な愛の結合が成立します」（同書、九九頁）。それゆえ神は愛そのものである。神という愛においては、愛する者と愛される者とは別々のものではなく、その結合は神自身である。

地動説の萌芽

二十世紀ドイツの哲学者カッシーラー（Ernst Cassirer）（一八七四—一九四五年）は、その著作『個と宇宙――ルネサンス精神史』（一九二七年）で、クザーヌスがコペルニクスやブルーノ、ガリレオよりも早く地動説を説いたと言う。アリストテレス＝スコラ的宇宙観によれば、宇宙の位階秩序のなかで高みにあるものは、自ら動かずに世界を動かす。だが、クザーヌスの無限の観点に立てば、上下や遠近の区別はすべて相対化され、「それ自体において同質的な宇宙が存在するばかり」と考えられる。これは「地球中心的な世界像の廃棄へと通ずる新たな天文学的定位」である（カッシーラー 一九九一、三二―三五頁）。

もっとも、ロシア出身の科学史家コイレ（Alexandre Koyré）（一八九二―一九六四年）が『閉じた世界から無限宇宙へ』（一九五七年）で言うように、クザーヌスはけっしてコペルニクス以後に発見された「惑星の楕円軌道」や「諸天体の自転運動」を説いたわけではない。コイレが見るに、「それは日周自転運動や太陽のまわりの年周公転運動ではなくて、絶えず動いていて曖昧にしか定められない中心のまわりの一種のぐらぐらした軌道運動である。この運動は、恒星天球も含めた他のあらゆる天体の運動と同じ本性のものである」（コイレ 一九七三、一二―一四頁）。クザーヌスの世界は「中世のコスモス」ではもはやない。ただしまだ「近代人の無限宇宙」でもない（同書、一八頁）。

とはいえ、クザーヌスにおいて、「無限」の観念が宗教的な「喜び」や「愛」の観念を支えていること、また地動説的な宇宙観につながっていることは、その後のスピノザ、およびスピノザ主義の系譜を理解する上で有益な論点であろう。

なお、クザーヌスは、「反対対立の合致（coincidentia oppositorum）」を説き、それを現実にもたらそうと試みた。キリスト教と他の諸宗教との共存可能性を探究した『信仰の平和』（一四五三年）が、先述の『神を観ることについて』と同年の著作であることは注目に値する。六十歳のときには、イスラム教のうちにキリスト教との共通点を見出そうとする『コーランの精査について』(一四六〇―六一年)を著した。神という絶対的無限に対する万物の平等性に立脚することで、クザーヌスは、科学者としては地動説を、聖職者としては宗教間対話を志向した。

十五世紀のクザーヌスの宗教的コスモロジーが、十七世紀のスピノザを経由して、十八世紀にファーガソンやガルヴェ等を通して浸透した。この系譜がライン川流域の神学的伝統の一部に存し、それを継承したのが十八世紀末のアーベルやシラーであったのではないか。シラーの思想的背景にはクザーヌスが控えている。あるいは「無限」という観念が控えている。この観念は、シラーの「歓喜に寄す」を解読するためのキーワードの一つと見てよいであろう。

3　カントとその思想史的位置

ここまで、ベートーヴェンがボン時代に身を置いた知的環境を探るべく、彼が一七九〇年に作曲した二つのカンタータや、一七九二年頃に作曲を試みた「歓喜に寄す」の歌詞に注目し、その思想的な背景を見てきた。これらの歌詞には、コペルニクス・ニュートン以降の近代的宇宙観や、ファーガソンやガルヴェを介して広まったスピノザ主義(あるいはその淵源としてのクザーヌス哲学)の要素が見出される。ここから推測されるのは、こうしたコスモロジーが、ベートーヴェンのなかに天文学への関心を喚起する契機となったのではないかということである。

ところで、ベートーヴェンは、四十代半ばを迎えた一八一六年に、カントの『天界の一般自然史と理論』を読んで日記に引用している。ベートーヴェンのカント解釈については改めて詳述する（第11―13講）が、ここでは、上述のようなコスモロジーの系譜を踏まえたときに、カント哲学がどういう位置にあるかを素描しておこう。また、後年のシラーのカント受容という論点（第7講）をも見越して、予備的な考察を加えておきたい。

非社交的社交性

『天界の一般自然史と理論』については以前に一度触れたが（第4講）、同書でカントは「星雲説」を提唱している。宇宙が渦巻を成して、無限に生成・発展・衰滅・再生を遂げていくという発想である。これはニュートン力学を宇宙論に応用したものである。

ここでカントがニュートンから借用したキーワードが「引力」と「斥力」である（ただしカントの用語法は、ニュートンの原義とも現代物理学の定義とも微妙に異なる）。引力は物質が密度の小さな周辺物質を集める力であり、斥力はその引力に周辺物質が反発する力である。引力と斥力が、密度の異なる物質の間で働くことにより、密度の大きな物質はもっと密度の大きな部分があるところへ集まり、しだいに円運動をなし、やがては巨大な渦巻へと成長する（Kant 1902, pp. 264-265／カント 二〇〇〇a、五八―五九頁）。

このようにカントはもろもろの恒星や惑星の生成を説明する。実を言うと、ニュートンは引力と斥力という語を粒子に関してのみ用いているのだが、それをカントは宇宙全体にも適用したのだ（松山壽一 二〇〇四、第二章）。

引力と斥力という概念を、カントは後々まで自然哲学で用いている。[2] それどころか彼はこれらの概念を社会思想にも応用している。[3]その一つに論考「世界市民的見地における普遍史の理念」がある。これは「啓蒙とは何か」にひと月先立つ一七八四年十一月、『ベルリン月報』に掲載された。

この論考でカントは、人間には「非社交的社交性（ungesellige Geselligkeit）」という特性があると言う。人間は他人との協調を欲しながらも、功名心や支配欲、所有欲によって他人と対立する。しかしそのおかげで人間の才能は磨かれ、文化は発達する。そこから国家が生じるが、今度は国家同士で対立する。競争や戦争を経て、諸民族が文明化すると、やがて「世界市民的状態」への機運が生じる。自然は人間一人一人に非社交性という性癖を与えることで、結果的に人類のレベルで社交性を成立させるのだ。

じつはこの論考の序で、カントはケプラーとニュートンの名前に言及している。「実際自然は、惑星のもつ離心性の軌道を誰も予想できない仕方で一定の法則の支配下においた一人のケプラーと、この法則を普遍的な自然原因に基づいて説明した一人のニュートンを生み出したのではなかったか」（Kant 1912/1923, p. 18／カント 二〇〇〇f、四頁、強調原文）。宇宙史に一定の法則性が見出せたように、人類史にも一定の法則性が見出せるかもしれない、とカントは言う。

こうしたカントの主張を、先述したコスモロジーの系譜と比べてみよう。ファーガソンやその独訳者ガルヴェは、物理界の万有引力とのアナロジーによって、精神界の社交性の法則を説いていた。だが、こうした見解にカントは距離を置いている。ファーガソンやガルヴェは「引力」に注目して「社交性」を強調するが、カントは「引力／斥力」の力学を踏まえて「非社交的社交性」を説くのだ。

カントは十一年後、ふたたびこのテーマを取り上げる。そして人類が世界市民的状態に至るための条件、「諸国家連合」の構想を提唱する。今日、国連の理念的源流の一つとされる『永遠平和のために』(一七九五年)である。彼は世界が一個の国家になることまでは求めない。諸国家がたがいに尊重し合い、共存できれば良いと言う。だから諸国家連合なのである(ibid., p. 354／同書、二六八頁)。ここにも「引力／斥力」概念の応用が見られる。

自律

こうしてみると、クザーヌス以降の「無限」の思想史は大きく二つの系譜で捉えることができる。一方はコペルニクスやケプラーの系譜であり、ニュートンの「絶対時間・絶対空間」の宇宙論を準備した。他方はスピノザやライプニッツの系譜であり、ファーガソンやガルヴェの「社交性」の道徳論に受け継がれた。

これら二つの系譜を総合する位置にカントが来る。彼は、物理学的には、絶対時間・絶対空間の客観性を肯定する。しかし形而上学的には、こうした時間・空間という形式自体が、そもそも人間の主観性から切り離せないものだと主張した。いわゆる「批判哲学」である。ここからカントは、物理的な因果律に還元されない、道徳的な自由意志の可能性を主観の側に認めた。人間はなるほど物理的には(感性的な存在としては)、欲求の奴隷であるかもしれない。しかし道徳的には(理性的な存在としては)、何を為すべきで何を為すべきでないかを判断できなければならない。つまり、人間は物理的には「他律的」な存在であるにせよ、道徳的には「自律的」な存在と見なされなければならない。これが『純粋理性批判』と『実践理性批判』の骨子である。

カントは、ニュートン的な時間・空間の無限性を受け入れるとともに、それらを人間の精神の側に回収する点で、スピノザやライプニッツの系譜をも継承した。だが、人間の傾向性を社交性にだけでなく、非社交性にも見出す点で、ファーガソンやガルヴェとは袂を分かち、第三の道を提唱した。すなわち、社交性と非社交性との双方を見据えて、最善の義務を選び取るという「自律」の道である。

こうしたカントの思想的スタンスが、後年のシラーを惹きつけた理由の一つであったに違いない。フランス革命の暴力化を憂慮するにつれ、シラーは若き日に入れ込んだ社交性の哲学には距離を置き、カントに傾倒していく。シラーはカントを読んで、自分の宇宙観や国家観が一面的だったと反省したのではないか。宇宙も国家も社交性だけでは説明できない。人間は非社交的な傾向をも持っているからだ。

一七九〇年代以降、シラーは、人間のなかに「自律」の能力を育む契機を「芸術」に見出していく。この話は次回扱おう。

一八〇三年、シラーは『メッシーナの花嫁』を完成し、さらに『ヴィルヘルム・テル』に取りかかる。これらの戯曲では、まさにカント的「自律」を体現したような人物が描かれる。とくに後者には、国民一人一人の自律がなければ、政治は単なる暴力闘争に堕してしまうというメッセージが込められている。一見、国家独立を描いたナショナリズムの劇に見えるが、むしろカント的視点からフランス革命を批評した作品と見るべきだろう。同年、シラーは「歓喜に寄す」を改訂したが、このことも以上のような彼の思想的変遷を踏まえて解さなくてはならない。

4 小括

若きシラーは、あたかも神が万物を観るように世界を観ることを、人間の理想の極致と考えた。彼はファーガソンやガルヴェ、アーベルから、「共感＝社交性」のコスモロジーを継承した。この思想にはスピノザやクザーヌスの無限論が反響していた。初版「歓喜に寄す」は、これらさまざまな思想から編まれた織物であった。

しかしシラーは後年、こうした共感主義に距離を置き、カント哲学に傾倒する。ベートーヴェンがシラーの思想的変遷をどの程度知っていたかは不明だが、《第九》で使用したテクストは「歓喜に寄す」の改訂版だった。だから、ベートーヴェンもシラーの改訂に基本的には賛同していたと見てよいだろう。この時期（一八二〇年代）、ベートーヴェンはすでにカントの天体論を熟知していた。

いずれ触れるが、《第九》ではシラーの原詩を徹底的に解体し、再編している。それはもはやベートーヴェンの作詞と言ってもよいほどである。しかも不協和音を多用し、異なる声部・歌詞を同時に歌わせる。調和の美学ではなく、共存の美学。この発想は、図らずもカントの「非社交的社交性」と重なっている。

第7講　シラーとカント

1　シラーのカント受容過程

シラーは晩年、「歓喜に寄す」を改訂した（一八〇三年）。改訂版では、「貧者が王族の兄弟となる」など、初版にあった政治色の強い詩句が削除された。それは政治革命への諦めだったのだろうか――。必ずしもそうとは言えない。政治革命に先立つべき人間の内的成長に対する要求が、この改訂からうかがえるからである。そしてこの改訂の背景には、カント研究を通してのシラーの思想的成熟があった（伊藤 二〇〇四）。

のちにベートーヴェンは《第九》において、「歓喜に寄す」の改訂版をベースにしつつ、歌詞をアレンジした。《第九》がシラーの改訂趣旨をどの程度踏まえたものになっているかは、のちほど改めて検討する（第14講）。ここでは、この改訂の思想的な背景をなすシラーのカント受容について見ておきたい。

カント哲学概要

最初に、カント批判哲学、とくに『純粋理性批判』と『実践理性批判』の根本的な立場を私なりにまとめておこう。

私たちの生きる自然界は、因果法則によって解明できる以上、必然の世界である。では、因果法則ですべてを解明すれば、私たちの問題は解決するかと言えばそうではない。

科学的に考えると、たしかにすべては因果関係で説明可能であろう。自然界に生起する一切のものは、それに先立つ状態を前提している。人間も自然の一部である以上、私たちが「欲する」ものは感性的な刺激によって動かされているという面を否めない。それゆえ、私たちが「自由意志」と思っているものも、じつは意識化以前の部分で物理的に規定されているのかもしれない。この場合、すべては必然的に生じ、自由が存在する余地はないことになる。

しかし、一方ではまた私たちは、自分たちの行為がみずから開始されたものであるという意識も持っている。その証拠に、私たちは行為の功績や責任を、その行為した当人に帰している。功績や責任を問えるのは、人間の行為が自由意志に基づくという前提があるからだ。なるほど、自由意志はある種のフィクションだという説もある。だが仮にそうであったとしても、そのフィクションを共有していないと、道徳や法律に関する言説は成り立たないだろう。

要するに、私たちが科学的なレンズで見れば、人間の行為は必然である。しかし、そのレンズを外して、責任という法的・道徳的レンズをかけるならば、人間には自由意志を認めなくてはならない。この観点に立てば以下のように言える。単に欲したことを行うのは、自由な行為と言えるのか？――そうではない。それは欲望の奴隷になっているに過ぎず、物理現象の一部である。では、真の自由とは何か。それは何を為すべきで何を為すべきでないかを、自分の理性で判断し決定することだ。そして自分の行為に責任を持つことだ。それでこそ人間は人格を持つと言える。カントはこのことを

「自己立法」（自分で自分に法を与えること）、すなわち「自律」という言葉で表現した。

もっとも、こう考えると、必然と自由、自然と責任とは厳しく対立する。為したいが道徳的でないことと、道徳的だが為したくないこととの、二つの極がある。厳しく引き裂かれた二つの世界をつなぐことは可能か。カントはこの問題を『判断力批判』で追究したが、詩人シラーには、カントの説明が芸術そのものへの理解をいま一つ欠いているように感じられた。シラーは美学の領域でカント哲学の継承発展を試みる。

ラインホルト

一七八七年八月二十九日付のシラーのケルナー宛書簡によると、シラーはイエナでカント主義の哲学者ラインホルトに勧められて、カントの論考「世界市民的見地における普遍史の理念」（一七八四年）を読んだという。またラインホルトはシラーに、カントが近々『実践理性批判』や『趣味批判』（『判断力批判』）を出すという話をしたようだ（Schiller 1989, p. 143）。

ラインホルトは、カントが同時代で自分の哲学を最もよく理解していると太鼓判を押した哲学者である。実際、同年冬にカントは『実践理性批判』を刊行した（タイトルページは一七八八年）。それゆえ、カントがいよいよ批判哲学の著者として名を馳せはじめる時期に、ラインホルトはシラーにカント哲学を勧めたことになる。

シラーのカント受容を示す最初期の作品は、一七八九年五月二十六日から二十七日のイエナ大学教授就任講演「世界史とは何か、また何のためにこれを学ぶか」である。この講演でシラーは、カントの論考「人類史の憶測的起源」（一七八六年一月、『ベルリン月報』掲載）を基に古代史を説明した。

同年六月十四日、ラインホルトはカント宛の書簡でこう述べた。イエナにはシラーという人物がいる、彼は自分の知る限りドイツで第一級の頭脳であり、いま自分の口述を通してカントの教えに聞き入っている（Kant 1922, p. 62）、と。これによると、シラーのカント理解が深まりはじめたのは、一七八九年六月ということになる。

この直後、七月十四日には、パリの民衆がバスティーユ牢獄を襲撃し、フランス革命が勃発する。

『判断力批判』からの出発

一七九〇年春、カントが『判断力批判』を出した。批判哲学を代表する三大著作が出揃い、彼の体系がついにその威容を現したことになる。

翌一七九一年三月三日、シラーはケルナー宛の書簡でこう言っている。カントの『判断力批判』を買って読んだ。それは光に満ち、精神力の豊かな新しい内容によって自分を魅了した。『純粋理性批判』はまだ自分には難解だが、『判断力批判』から入れば、カント哲学はきっと越えられない山ではない。自分は今後益々カントに深入りするだろう。この冬は美学の講義をするはずだから、今度こそ哲学に時間を投入することになるだろう（Schiller 1992, NA, pp. 77-78）、と。

この年の半ばから翌一七九二年の秋にかけて、ボンからフィッシェニヒがイエナに来て滞在した。フィッシェニヒは、シラーやケルナー、ラインホルトたちと交流した。とくにシラーとは『実践理性批判』をめぐってその一文一文を徹底的に検討したと述べている（Teschner 1968, p. 35）。

一七九二年一月一日、シラーはケルナー宛の書簡で、自分はいま懸命にカント哲学に取り組んでおり、もし君（ケルナー）と毎晩それについて語り合えたらどんなに楽しいだろう、たとい三年かかるともカント哲学を研究し終えるまで絶対手放すまいと深く決心している、と述べている（Schiller 1992, NA, p. 127）。

同年八月、ゾフィー・メローが詩「炎の色」を発表する。炎の色とは「真理の色」のことである。彼女が尊敬するシラーは、このとき完全にカント哲学に入れ込んでいた。炎の色とは、カント的な真理探究を象徴するものであろう（第3講）。

二か月後の一七九二年十月、フィッシェニヒはボンに帰った。シラー、ケルナー、ラインホルトとともにカントを学習した彼は、最先端のカント主義を故郷に持ち帰ったことになる。フィッシェニヒはボンでベートーヴェンと再会し、翌十一月頭にベートーヴェンはウィーン留学に旅立った。

こうしてみると、フランス革命の波が押し寄せるなか、思想的にはカント、芸術的にはシラーが同時並行して新境地を開拓していた時期に、ベートーヴェンはボンの地で最新の啓蒙思潮に浴する機会を得たことが分かる。

2 『カリアス書簡』

シラーのカント研究の成果は、まずは一七九三年一月から二月にかけて、彼がケルナーと交わした一連の往復書簡として現れた。これはもともと「カリアスまたは美について」という題で出版を意図していたので、「カリアス書簡」とも呼ばれる。ここでシラーはカント美学を援用し、自身の美学思想を展開した。

シラーの文章は抽象度が高いため、以下、私なりに具体例を補いつつ概観しよう。その際、ベートーヴェン関連の出来事も、時系列に沿って挿入しておく。

現象における自由

一七九三年一月二十五日、シラーはケルナー宛書簡で、「美」とは「形式の形式」にほかならないと主張している（Schiller 1992, NA, p. 176）。ヨーロッパ哲学では通常、ものは素材と形式とから成るとされる。たとえば、「ミロのヴィーナス」の場合、素材は大理石であり、形式は人体の輪郭である。いまこれを美の観点から言うとどうなるか。単に大理石が人体の輪郭をもつだけでは、人はそれを美しいとは思わない。その輪郭が理想的な形をとるから、人は美しいと思うのだ。それゆえ、形式があればそれだけで美しいということではない。その形式が「美」というさらに上位の形式に合致するとき、人は美しいと思うのである。このようにシラーは形式を二段階で捉える。

一月二十六日、フィッシェニヒが、例のシラー夫人シャルロッテ宛の書簡に、ベートーヴェンの歌曲《炎の色》の楽譜を同封した。その添え状で、ベートーヴェンの「歓喜に寄す」への作曲構想に言及されていること、またベートーヴェンの曲風が「偉大」と「崇高」という『判断力批判』のキーワードで説明されていることは、第3講で詳述した。ボン―イエナ間の郵便は数日もあれば届いただろうから、一月中にはフィッシェニヒの書簡はシラー家に着いたものと思われる。

二月八日、シラーはケルナー宛の書簡で、「美」とは「現象における自由」にほかならないと主張する（ibid., p. 183）。カントによれば、現象（物理的な世界）と自由（道徳的な世界）とは相容れない。現象はどこまでも自然法則によって規定されており、そこに自由はない。これに対し自由とは、人間がみずからを規定すること（自律）である。しかしシラーは、現象のなかにも自由は見出されるのであり、それが美だと言う。先の例で言えば、「ミロのヴィーナス」を美しいと思うときの眼差しは、自然法則（生理的欲求もそこに含まれる）に支配されたものではなく、むしろ理想的な形（形式の形式）を求めてみずからを規定する、一種の道徳的側面をもつということである。

二月十一日、シラー夫人シャルロッテがフィッシェニヒ宛の返信で、ベートーヴェンの歌曲《炎の色》を賞賛し、自分はこの青年が「歓喜に寄す」に音楽をつけることを楽しみにしていると述べた。このように、ベートーヴェンの作品がシラー家で話題になったのは、まさにシラーがカント的立場から「美」の問題に取り組んでいる最中だった。もっとも、シラーがすでに「歓喜に寄す」を過去の作と見ていたためか、彼とベートーヴェンの間に交流が生じることはなかった。

芸術と道徳

二月十八日、シラーはケルナー宛の書簡で、「美しい作品」は「合規則的」でありうるし、むしろそうでなければならないが、しかし同時に「規則から自由であるように見えねばならない」と言う（Schiller 1992, NA, p. 193. 強調原文）。理想的な形というものは、一定の規則に従っている。しかし規則に従いつつも、そこから自由であるかのように見えることが大事だというのである。なるほど、「ミロのヴィーナス」は黄金比に従っている。だが、観る者は黄金比を知らなくとも美しいと思うだろう。むしろ、あからさまに黄金比を意識したら、知識や概念が先立って、美しいという感覚は遠のくに違いない。

それゆえシラーは、「何の説明も必要としない」形式、カント的に言えば「概念抜きに明らかである」形式が「美」であると言う（ibid., p. 194. 強調原文）。究極、美しさとは、説明や概念では尽くせず、もはや美しいと思うしかないものなのだ。

だからシラーは言う。ある芸術作品が道徳的な目的（たとえば人類福祉）に適っているからといって、そのことは作品の美には何ら貢献しない。美が損なわれないためには、道徳的な目的はむしろ隠れていなければならず、まったく強制されずに発生するかのように見えなければならない、と（ibid.）。もし「ミロのヴィーナス」が何らかの道徳的意図で作られていたら、胡散臭く思われるだろう。芸術は道徳ではない。むしろ道徳から自由であるように見えるのがよい。仮に道徳的な目的に適う部分があったとしても、そこにいささかも強制的な傾向が感じられてはならないのである。

ただし、美と道徳はまったく関係がないわけではない。二月十九日、シラーはケルナー宛の書簡で述べる。要求されることなく、躊躇することなく、自分の負担を省みることなく、困窮者を助ける行為は美しい（ibid., p. 198）。もし、この人を助けたら見返りがあるとか、人目があるから助けた方がいいとか、あるいは善行は神に褒めてもらえるとか、そういう下心がある場合には、どんなに良い行為も美しくないと思われるだろう。それゆえシラーは、「道徳的行為」は、それがあたかもおのずからにして生ずる自然の結果であるかのように見えるとき、「美的行為」となると言う。

芸術もそういう人間を描こうとしているのだとシラーは考えた。それがこのあとの彼のテーマとなっていく。こうして彼は、カントの「自律」の倫理学と「非概念」の美学とを結びつけ、後世から「シラー美学」と呼ばれる地平を拓くことになった。

この時期（一七九二年末から一七九三年前半にかけて）、ベートーヴェンはウィーンのハイドンのもとで鋭意、作曲の勉強に勤しんでいた。そこでも彼がシラー文学への関心を失っていなかったことについては後述する。

3　カントとの論争

「優美と尊厳について」

ラインホルトがカントに手紙を書き（一七八九年六月）、シラーをドイツ第一級の頭脳の持ち主として推薦したことは、前述の通りである。その四年後、一七九三年半ばから、シラーとカントとの間でも交流が生じることとなった。

シラーは論文「優美と尊厳について」（一七九三年六月、『新タリーア』第三巻第二号）のなかで、「カントの道徳哲学にあっては、義務の理念が非常に峻厳に説いてある」（Schiller 1962, p. 284／シラー一九四一、一五三頁）と述べた。すなわち、カントは「定言命法」（無条件的な命令）といって、誰に何を言われようとも、理性の判定に照らして正しいことを人は行うべきだと説く。このような厳格さがカント倫理学にはある。だがシラーによれば、なるほどカントの主張は正しいが、それを現実の世界で実現するには、道徳だけでは難しい、あるいは不十分である。そこに芸術の力が加わらないといけない。これがシラーの立場である。

シラーは言う。「美しき魂のなかこそは、感性と理性、義務と傾向性が調和しているところなのである」（ibid., p. 288／同書、一五七頁）。カント倫理学においては、感性が欲することを傾向性といい、理性が命じることを義務と言う。人間は往々にして、為したいことと為すべきこととを一致させることができない。しかしシラーは、感性と理性、あるいは傾向性と義務との両者を調和させるのが芸術の使命であると考える。ここからシラーは人間の「美的教育」ということを構想しはじめる。そして一七九三年から翌年にかけて『人間の美的教育に関する書簡』を執筆する。この本についてはのちほど触れよう。

『単なる理性の限界内の宗教』

シラーの論文「優美と尊厳について」は、カントの目に留まった。ただし、カントは自分の倫理学に対するシラーの批評に満足がいかなかったようで、自著『単なる理性の限界内の宗教』の第二版（一七九四年春）に「補注」を付けて反論した。

カントは、最重要の原理についてシラーと自分の意見は一致しているが、ある一点で異なると言う。義務概念は「尊厳」あるものである。いかに権力が命令しようと、多勢が反対しようと、理性が義務として命じるものは無条件的な強制を以って行わねばならない。それを「優美」と結びつければ、強制力が弱められてしまう（Kant 1914, p. 23／カント 二〇〇〇d、三一頁）。

カントによれば、法則の威厳は「畏敬」の念を引き起こす。畏敬は、命令者に対して臣下が持つ尊敬である。さて国法の場合と異なり、道徳法則の場合には、命令者は私たち自身のうちにある。このとき私たちが尊敬しているのは私たち自身の使命である。このことが「崇高なものの感情」を私たちのなかに呼び覚ますのだ（ibid.／同所）。

このようにカントはシラーに反論した。シラーは一七九四年六月十三日、カントに返信した。「この上なく尊敬さるべき方〔カント〕から私の小論に賜りましたご注目と、それにより私の懐疑について正していただきましたご配慮にお礼申し上げるのにこの機会を逃すことはできません」（Schiller 1958, pp. 12-13, Kant 1922, p. 506／カント 二〇〇五、二三九頁）。

すでに触れたようにこのとき、カントは著書『単なる理性の限界内の宗教』がプロイセンの検閲を受け、言論弾圧の憂き目にあっていた。四か月後の十月には、勅令によって、宗教や神学に関する著述を禁じられた。この時期、誰よりもカント自身が、義務の「尊厳」を痛切に感じていたことだろう。「優美」を重視するシラーの説にあえて反論したのは、そうした背景もあったからと推測される。

4 『人間の美的教育に関する書簡』

執筆経緯

年が明けて、一七九五年三月一日、シラーは自著『人間の美的教育に関する書簡』をカントに贈呈する。その際にこう述べている。この書簡は匿名で書かれているが、著者は自分である。「これがあなたの吟味に値するものでありたいと願っております。これこそは、あなたのご著作を学んだ私に結実した成果です」（Schiller 1958, p. 153, Kant 1922, p. 8／カント 二〇〇五、二六四頁）。

これに対してカントは早速返事をしたためた。「大切な友」であるシラーよ、あなたのように学識と才能に溢れた方と交流できるのは、自分にとって望ましいこと以外の何ものでもない。「人類の美的教育についての書簡は素晴らしいものと存じましたので、これについて私の考えをいつかお伝えできるように学ばせてもらおうと思います」（Kant 1922, pp. 10-11／同書、二六七頁）。このカントの返信は三月三十日付である。

ところがこの後、カントからシラーに手紙が届くことはなかった。カントが当時、プロイセンによる言論弾圧への対応に追われていたこともあっただろう。カント自身の問題関心も、芸術哲学から宗教哲学、政治哲学の方へとますます傾斜していったので、二人の直接の交流はそのまま途絶えた。シラーはカントから感想を欲しいと思っていたに違いない。シラーのカントへの熱意は片思いで終わった感がなくもない。

シラーが「カント研究の成果」と呼んだ『人間の美的教育に関する書簡』は、どういう著作であったのだろうか。これはもともと、デンマークのアウグステンブルク王子（一七六五―一八一四年）に宛てた書簡である。王子は一七九一年から三年間、シラーが苦境にあったときに年間千ターラーを援助した。シラーはその返礼として、一七九三年七月から十二月に、自身の理想国家論を著して王子に献じた。その後、一連の書簡として改めて書き直され、一七九五年一月から六月にかけて、シラー編集の雑誌『ホーレン』に掲載された。

当時、フランス革命は過激化の一途をたどっていた。国王ルイ十六世は一七九三年一月に、王妃マリー・アントワネットは同年十月に、ギロチンにかけられていた。国家の体制が暴力によって破壊されることにシラーは反対する。

書簡第三（『ホーレン』第一号、一七九五年一月）で彼はこう述べている。社会が継続するためには、体制を完全に破壊するのではなく、いわば歯車を動かしながらその歯車を取り替えるという困難な方法をとるしかない。その主体は国家側にではなく、国家を支える人間一人一人の側に求められねばならない。人間の精神は社会の破壊ではなく、その改良を可能にする方向へと陶冶されなければならい（Schiller 1962, pp. 314-315／シラー　一九七七、九三頁）、と。

遊戯衝動

では、こうした陶冶のためには何が必要だろうか。ここでシラーは人間精神そのものを考察対象に据える。書簡第十二―十六（『ホーレン』第二号、一七九五年二月）で、彼は人間の衝動を三つに区別する。

第一に、「感性的衝動」、これは規定されることを欲し、その対象を受容しようとする。自然的本性のことで、何かに規定されないといけない（Schiller 1962, pp. 344-345）。

第二に、「形式衝動」、これはみずから規定することを欲し、その対象を生み出そうとする。理性的衝動とも呼ばれ、何かを規定しなければならない（ibid., pp. 345-347）。

感性的衝動が、広い意味で人間の欲求であるとすると、形式衝動とは、欲求をコントロールする道徳的な力のことである。この両者を、つまり自由と形式とを一致させる第三の力を、シラーは「遊戯衝動」と言う。自分で生み出したものをそのまま受容し、また感覚が受容しようと思う通りに産出することができる、つまり感覚と形式、欲望と道徳とを調和させていく力である。彼は言う。「人間は言葉の完全な意味で人間であるときにのみ遊ぶのであり、遊ぶときにのみ全き人間なのです」（ibid., p. 359／シラー　一九七七、一五三頁、強調原文）。

これら三つの衝動を、シラーは国家論と対応させている。どんな国家も三つの側面があるとシラーは言う。第一に、法律的な側面である。これは力によって外面から人間を規定する。第二に、道徳的な側面である。これは自律によって人間を内面から規定する。人間はルールがなければ過ちを犯しがちだから法律を作るが、これに対して道徳は、みずからルール自体を生み出していくものである。そして第三に、陶冶的側面である。これは上記二つの側面を一致させていく教育のことである。この教育は先の遊戯衝動と一体になるとき最もよく遂行される。

ここで改めて「美」がキーワードとなる。書簡第二十（『ホーレン』第六号、一七九五年六月）でシラーは言う。教育には「健康のための教育、認識のための教育、道徳のための教育」等があるが、なかでも「趣味と美のための教育」は人間の感性的能力と精神的能力の全体を調和的に育成するという意図をもつ、と（Schiller 1962, p. 376／シラー 一九七七、一七五頁）。書簡第二十三（同じく『ホーレン』第六号）で彼は次のように述べる。

> こんな言い方を許していただけるなら、人間は自由という聖地で物質という恐しい敵と戦うことから解放されるために、物質自身の領域内でその戦いを遊び楽しまなければならないのです。人間は崇高であることを欲するよう強制されないためには、より気高くあるよう望むことを学ばねばなりません。このことはほかならぬ美的陶冶によっておこなわれる〔…〕ものなのです。
> （Schiller 1962, p. 388／シラー 一九七七、一九〇―一九一頁、強調原文）

人間は身体をもつ以上、何かを為したい欲望をもつ。道徳はこれを為すべき方向へとコントロールするものとして、しばしば欲望と矛盾する。しかし芸術においては、為したいことと為すべきことが一致しており、感性のために道徳を蔑ろにしたり、道徳のために感性を犠牲にしたりすることがない。感性的な無秩序と、理性的な秩序が両立できるのは、美の世界においてである。芸術を通して、人間の美的感覚、つまり本能と規則とを合致させる感覚を養った人間こそが、この地上で理想世界を実現する主体者になり得る。

目下、フランス革命は、人間が支配欲の奴隷となった悲劇を体現している。だが、権力闘争の渦中にある人々に、やれ人権だとか寛容だとかを説いても、聞く耳を持たないだろう。だから時間をかけて人間性の教育に取り組まねばならない。為したいが道徳的でないことから、道徳的だが為したくないことまでのさまざまなヴァリエーションのなかで、精神を癒やしつつ人間性のふくよかさを培うのが芸術である。直面する悲惨を克服して、対立に調和をもたらすだけの強靭な人格を人間が形成するには、芸術の力による美的陶冶が不可欠である。これがシラーの結論であった。

5　ベートーヴェンとシラー

真・善・美への憧れ

さて、以上のようなシラーの学説を、ベートーヴェンは知っていただろうか。ベートーヴェンがシラーの美学論文を読んだ形跡は確認されていない。ただしベートーヴェンは生涯、シラーの戯曲を好んだ。とくに一七九〇年代には、中期の作『ドン・カルロス』への言及がたびたび見られる。この作品は、シラーが一七八四年から八七年にかけて、「歓喜に寄す」とほぼ同時期に書いた劇である。

ベートーヴェンは一七九三年五月二十二日、友人であるニュルンベルクの商人ア・ヴォック（A. Vocke）（生没年不詳）の送別に際して、寄書きに『ドン・カルロス』の一節を記した。興味深いことに、引用文の直後に、ベートーヴェンは自作とおぼしき以下の文章を付け加えている。

できうるかぎりの善行
なにものにも優《まさ》って自由を愛し
たとえ王座のかたわらにあっても
決して真理を裏切るな。（Beethoven 1923, p. 27／ベートーヴェン 一九五七、七頁）

これは「歓喜に寄す」第八節の「友にも敵にも真実で臨め、王座の前でも雄々しい誇りを捨てるな」という詩句を想起させる。フィッシェニヒのシラー夫人宛書簡から推測すると、ベートーヴェンのなかで「歓喜に寄す」の作曲構想が芽生えたのは、一七九二年十月から十一月（遅くとも翌九三年一月）までの間だっただろう。それゆえ、ベートーヴェンが一七九三年五月に『ドン・カルロス』を引用した際、「歓喜に寄す」の一節が念頭にあったと考えても、大過ないはずである。

一七九七年十月一日、ベートーヴェンは、ボン時代からの友人ローレンツ・フォン・ブロイニング（Lorenz von Breuning）（一七七六―一九八年）の送別に際し、寄書きにふたたび『ドン・カルロス』から引用した。ブロイニングは、ベートーヴェンがボン時代にピアノを教えた生徒で、その後ウィーンで医学を勉強していた。ブロイニング家の子女、とくにローレンツの姉エレオノーレは、ベートーヴェンのよき理解者であった（第2講）。

ベートーヴェンが寄書きに記したシラーの言葉は、次のようなものである。

真理は智者に
美は感ずる心に取って存在す
それは相互に（ibid.／ベートーヴェン 一九七八、六二―六三頁）

これは『ドン・カルロス』の作中では、たとい大金を出して楽器を買って保存したとしても、音楽を理解していないのであれば、楽器を所有しているとは言えない、という趣旨の台詞である（Schiller 1973, p. 272／シラー 一九五九、三三三―三三四頁）。

以上のように、ベートーヴェンは友情を記念して、真・善・美への憧れをシラーの言葉に託して表現することがあった。ちなみに、ベートーヴェンは『ドン・カルロス』の歌劇化を試みたが、実現できなかった。それに成功したのは、十九世紀イタリアの作曲家ヴェルディ（Giuseppe Verdi）（一八一三―一九〇一年）の《ドン・カルロ》（一八六五―六六年）である。

《歓喜》の主題の萌芽

シラーとは直接関係しないが、一七九〇年代のベートーヴェンの作品から、《第九》との関連で重要なものを、いくつか紹介しておこう。

一七九四年末（ないし九五年初頭）、ベートーヴェンは歌曲《愛されない男のため息――応える愛》（WoO 118）を作った。歌詞は詩人ビュルガー（Gottfried August Bürger）（一七四七―九四年）による。その一節に、「知ることができたら〔…〕君が僕を愛し、わずかでも思ってくれることを、そして僕があなたを思う百分の一でも思ってくれることを」（小塩他（訳）一九九九、三五頁）とある。じつは、この箇所に付けられたメロディーは、《第九》第四楽章の「歓喜」のメロディーの原型である。この頃のベートーヴェンのなかでは、「歓喜に寄す」への作曲構想とは別に、のちに《第九》で使われるメロディーも誕生していたのである。

一七九四年末（九五年初頭との説もある）、ベートーヴェンは歌曲《奉献歌》（WoO 126）を作曲した。歌詞はシラーも高く評価した詩人マティソン（Friedrich von Matthisson）（一七六一―一八三一年）による。マティソンはフリーメーソン会員だった。歌曲の末尾は「善にふさわしき美を！（Das Schöne zu dem Guten!）」となっている（同書、三九頁）。

ベートーヴェンはこの歌詞が気に入っていたらしく、生涯に何度も作曲している。一七九八―一八〇二年にこの歌曲の改訂版を作り、一八二二年に管弦楽付きの三声独唱と四声合唱で（Op. 121b）、二三年と二五年には管弦楽付きのソプラノ独唱と四声合唱で作曲した（WoO 202-1, WoO 203-2）。いずれの曲想も編成も《第九》と似通っている。作曲期間が二十代前半から五十代半ばにわたる点でも、《第九》との並行関係が見られる。

一七九四年末から九六年にかけて、ベートーヴェンはマティソンの詩にもう一つ音楽を付けた。歌曲《アデライーデ》（Op. 46）である。歌詞には「沈みゆく陽に映える金色の雲に／星空の中に、君の姿が輝く」（同書、一〇頁）という、コスモロジーあふれる一節が見られる。この歌曲では、歌詞を何度も反復して聴き手を高揚させる技法が使われている。《第九》でシラーの歌詞をアレンジする際にも駆使される技法である。

シュトライヒャー夫妻

付言すると、ベートーヴェンはシラーと人脈的に重なる面があった。ピアノ製作者シュトライヒャー夫妻に触れておこう。夫アンドレアス（Andreas Streicher）（一七六一―一八三三年）は、一七八二年に、二十二歳のシラーとともにヴュルテンベルク公国から脱出した盟友であった。のちにシラーとの思い出を『逃亡記』（一八三六年）として著した。

妻ナネッテ（Nannette Streicher）（一七六九―一八三三年）は、アウグスブルクの実家（シュタイン家）が有名なピアノ工房だった。じつは一七八七年、十六歳のベートーヴェンがウィーン留学からの帰途にこの工房を訪ね、ナネッテとも会ったことがあった。ナネッテはのちにシュトライヒャーと結婚し、一七九四年から夫婦でウィーンに移住した。以後、ウィーン有数のピアノ製作会社として、ベートーヴェンのためにピアノを提供していく。

一七九六年十一月十九日、ベートーヴェンがアンドレアス・シュトライヒャーに宛てた手紙にこうある。「わたしはあなたの楽器の良さがドイツ並びにあらゆる国々できっと認識されると心から願っており、またあなたはいつもわたしに好意を持って下さり、わたしはあなたの親愛な、あなたを暖かく思っている友人と考えていて下さると確信しております」（Beethoven 1996-98, Bd. 1, p. 33／ベートーヴェン 一九七八、五八頁）。

シラーと命運を共にしたシュトライヒャー、そしてその妻ナネッテは、ウィーンでベートーヴェンを支えつづけた。ベートーヴェンがこの夫婦からシラーの思い出を直接聞いたであろうことは想像に難くない。ベートーヴェンはシラーの劇作品を愛読するだけでなく、マティソン文学やシュトライヒャー夫妻を通してシラーの世界観に触れながら、一七九〇年代のウィーンを過ごした。

6　小括

カントは「自律」の倫理を説いた。自分の欲望に支配される状態（他律）を脱し、自分で自分を統御するという思想である。もちろん、その実践は容易ではない。血で血を洗うようなフランス革命の暴力化が、その難しさを何より雄弁に物語っている。では、人間の自律を可能にするには何が必要なのか。そのために芸術家として何ができるのか。これが中・後期のシラーが取り組んだ課題であった。

それは取りも直さず芸術と道徳との関係をどう考えるかという問題でもあった。芸術はしばしば道徳と相容れない。既成道徳を打破するところに、芸術の存在理由を見る人々もいるからである。しかし、芸術が道徳とまったく無関係とも言い難い。芸術との交渉を通して、精神の浄化を感じる人々もいるからである。芸術と道徳——両者の関係に対する見解こそ、シラー美学の肝要である。

シラーは、劇作を通して観客に美的陶冶を促すことを考えた。もちろん、芸術と道徳とは別物であるし、簡単に一緒にできるものではない。しかし、偉大な芸術作品は人間の内的成長に貢献するはずだという確信がシラーにはあった。

ベートーヴェンはシラーの戯曲を愛読し、その真・善・美を歌う台詞や、マティソンの「善にふさわしき美を！」という詩句にたびたび曲を付けた。ベートーヴェン自身、ゲーテやシラーの古典主義芸術の系譜に連なっているとの自負を持ち、とりわけ音楽こそは人間の精神的陶冶の基礎であると考えていた（第10講）。また時期は異なるものの、シラーと同様、ベートーヴェンもカント哲学の世界に導かれていく（第11―13講）。ベートーヴェンにとってシラーは、理念と実践の両面において芸術家の模範であった。

第8講　危機の時代

1　音楽の都ウィーンで

本講義はここまで、若きベートーヴェンの知的環境を追跡してきた。青年時代にどのような学習をしていたのか、聴講したボン大学の講義、そこでの教授や友人との出会いを通しての思想形成のプロセスを追ってきた。この環境自体がまさに啓蒙時代の成果であったこと、ベートーヴェンの文学や哲学に関する素養はこの環境のなかでこそ育まれたものであったことが、改めて浮かび上がってきた。とくに、彼の周囲にいた人々の多くがカント主義者であったこと、シラーのような芸術界のオピニオンリーダーもカント哲学に傾倒していく時代状況であったことは見逃せない。

ベートーヴェンも四十代半ばになって、カント哲学に手を伸ばす。学問教育を受ける機会が限られていた音楽家の彼が、同時代人としてこの哲学を学んだということは、カント哲学受容史の広がりを示すものとして改めて評価すべきエピソードであるに違いない。しかし、本講義が描きたいのは、カントを読んでベートーヴェンが影響を受けたという直線的な思想史ではない。むしろ、ベートーヴェンがカントを読むに至るまでのプロセスである。このプロセスは、近代ヨーロッパの諸思想が縦糸横糸となって織り成す緞帳のなかに、さまざまな人物と人物とが相互にアンテナを張り巡らせるような図として見えてくるものである。

二十代から三十代にかけてのベートーヴェンのテクスト（手紙などの彼自身が残した文章以外に、歌曲の歌詞など彼が作曲した対象をも含む）を、それに対応する時代のコンテクストとともに、もう少し追いかけてみよう。

作曲家として自立するまで

一七九二年十一月、ベートーヴェンはボンからの派遣留学生として、ウィーンに到着した。当時同市は人口約二十万、ロンドンとパリに次ぐヨーロッパの大都市だった。ベートーヴェンは憧れのハイドンに師事したが、国際的に活躍中のハイドンは、若い弟子に十分な指導時間を割くにはあまりに多忙だった。ベートーヴェンはシェンク（Johann Baptist Schenk）（一七五三―一八三六年）、アルブレヒツベルガー（Johann Georg Albrechtsberger）（一七三六―一八〇九年）など、高名な作曲家に個人的に指導を受けることで師の不在を補った。

一七九三年からリヒノフスキー侯爵（Karl Lichnowsky）（一七六一―一八一四年）邸における定例金曜コンサートでピアノを弾いた。一七九四年には外交官スヴィーテン男爵（Gottfried van Swieten）（一七三三―一八〇三年）の知遇を得た。これら貴族のパトロンが現れたことは僥倖だった。ピアニストとして収入が増えたベートーヴェンは、二人の弟をボンからウィーンに呼び寄せて職を世話した。父親はすでに一七九二年十二月に、五十二歳で病死していた（父の死に関するベートーヴェンの反応は残されていない）。

一七九四／九五年頃、《愛されない男のため息――応える愛》や《奉献歌》などの歌曲（前回言及したように《第九》と関連がある）を作る。一七九五年三月、二十四歳のベートーヴェンは、ウィーンに来てはじめて自作（ピアノ協奏曲第一番ハ長調Op. 15）の公開演奏を行った。一七九五年から翌年にかけて、《三つのピアノ・ソナタ》（Op. 2）（第一番ヘ短調、第二番イ長調、第三番ハ長調）を完成させ、師ハイドンに献呈している。

他方で、ベートーヴェンがはじめて聴覚の異変に気づいたのは、一七九六年頃だった可能性がある（大崎 二〇一九、八八頁）。また、難聴の悪化が明らかに自覚されたのは一七九八年頃だったようである（同書、一〇二頁）。

その不安に抗うかのように、一七九九年から一八〇〇年初頭にかけて、交響曲第一番ハ長調（Op. 21）を完成させた。それは一八〇〇年四月二日、作曲者自身の指揮によって初演された。ベートーヴェンが二十九歳のときである。彼は当初この曲を選帝侯マクシミリアン・フランツに捧げようとしたが病死したため、パトロンのスヴィーテン男爵に献呈した。

2　音楽美学をめぐって

ベートーヴェンの交響曲第一番は、第一楽章の序奏が、下属調の属七の和音で開始される。これは音楽史的には、聴き手に不安定感を与える不協和音の一種とされる。また彼のピアノ・ソナタ第七番ニ長調（Op. 10-3）は、第二楽章で減七の和音が強奏連打される。このように、ベートーヴェンの楽曲の特徴の一つとして不協和音の多用があるが、これは当時としては異例の手法だった。その歴史的位置を知るための補助線として、カントとケルナーの音楽論を概観しよう。本来ならシラーにも言及すべきだが、彼は音楽について語ることが少なく、この領域ではむしろ作曲家のケルナーに議論を委ねた感もある。

カント

一七九〇年代、シラーやケルナーをはじめ、芸術家たちはカントの『判断力批判』の話で持ち切りだった。芸術の世界と道徳の世界とを区別し、美の基準について根源的な思索をした点において、カントは美学の領域で決定的な一歩を踏み出した。ところが、カント自身はシラーやケルナーよりも三十歳以上年上で、芸術的な趣味としてはあくまで十八世紀のロココ時代を生きていた（ベーメ 二〇一八、二二頁）。

たとえば、カントは音楽にそれほど高い評価を与えていない。彼によれば音楽は「理性によって判定すれば、他のどの美術よりも価値は少ない」（Kant 1913, p. 328／カント 一九九九―二〇〇〇、上巻二二七頁）。音楽にはたえず変化が必要であり、たびたび繰り返されると必ず倦怠の念を起こす。彼にとって最も評価に値するのは詩であった。なぜなら言葉を扱うものだからだ。言語は概念を扱うので、人間の知的な営みにもっとも近いと考えたのだ。カントの芸術観はこの点では狭かった。シラーも不満を持ったようである。

カントは述べている。ハーモニーとメロディーは、感覚の釣り合いのとれた調和を要求する。この調和は、同一時間における空気の振動数の比例に基づく。「この釣り合いによって、諸印象を総括することが可能となり、諸印象は互いに妨げあうのを防ぐことが可能となって、諸印象は互いに調和して諸印象と和合する諸情動によって、心を連続的に感動させて活気づけることへと向かわせ、それによって快適な自己享受へと向かわせることも可能となるのである」（ibid., p. 329／同書、二二八頁）。このように調和や均衡がもたらす快適を強調するのは、ピタゴラス以来のヨーロッパの音楽的伝統と言える。

ケルナー

ケルナーは、「歓喜に寄す」に最初に作曲した人物である（第5講）。一七九三年二月四日、彼はシラー宛の書簡で次のように語っている。「音を発する物体は、弾力のあるそのすべての部分における震動の統一性によって区別されます。この統一が個々の反響部分によって妨げられると騒音が生じます。騒音が少なければ少ないほど音は美しいわけです」（Schiller 1991, p. 227／シラー 一九七七、一一頁）。それゆえケルナーは、和音とは音の振動の多様性を統一することであり、一連の音が一つの支配力に従属することだと考えた。現代の芸術家は騒音をも芸術のうちに含めるから、ケルナーの説はいかにも十八世紀的に映るかもしれない。

カントもシラーも、美と道徳とを切り離して考えたが、この二人はどちらかといえば倫理学寄りで、人間の内的成長を重視した。しかしケルナーは、美のほうが道徳よりも高いと考えた。一七九三年二月十五日、シラー宛の書簡で彼は言う。「私は美を道徳からではなく、むしろ道徳を美から演繹し、しかも両者をより高い原理から演繹したいと思うのです。カントが盛んに強調している道徳の関心というものは、私には美のうえにこそ基礎づけられるように思われます」（ibid., p. 229／同書、二五頁）。道徳的な善さも美しさから説明ができる。そう考えたケルナーは、カントやシラーとはまた異なる立場の美学論者であった。音楽を重視した点でも独自性を有している。

カントもシラーも自分では音楽を生み出さなかったが、ケルナーは作曲家だった。ケルナーの音楽は、彼が「歓喜に寄す」に付けた曲からも分かるように、調和を尊ぶ十八世紀の響きを持つ。ただし、美の自律性を説き、芸術のなかでも音楽を重視した点において、ケルナーは十四歳下のベートーヴェンに一歩近づいていた。

ベートーヴェン

ベートーヴェンの音楽は不協和音を積極的に取り入れた。この点ではカントやケルナーよりも、前衛的であった。それゆえ十九世紀のロマン主義に道を開いた一人とされる。また、ここにはベートーヴェンの難聴が関係しているという説もある。聴覚障害者にとっては協和音よりも不協和音のほうが聞こえやすいので、難聴の悪化とともに不協和音が彼の芸術でも重きを占めるようになったという説である。

ヨーロッパの音楽には、もともと完全性の理論といって、完全和音という発想が基調にある。たとえば、ドミソの和音は完全和音である。ここに神学思想が重ねられる。神は完全な存在である。神が宇宙を創った。宇宙には響きが存在している。それを聴き取るのが音楽家である。だから、神の創造したこの宇宙の完全性の法則は、完全和音でなければ表現できない。このようなヨーロッパの思想的伝統のなかで不協和音を使用するのは、間違いなく一種のチャレンジであった。

不協和音はいつ頃から芸術界に市民権を得るようになったのか。もちろんその存在自体は古くから知られていたし、バロック音楽のなかでも使われていた。ただし基本的には苦痛、病気、悪魔等、ネガティヴなものを表現するときに使用された。不協和音はあくまで協和音を作るための手段であり、克服されるべき存在だった。[1] これに対して、不協和音を積極的に活かした例として、モーツァルトの弦楽四重奏曲第十九番《不協和音》ハ長調（K. 465）第一楽章序奏が知られる。一七八五年にウィーンでこの曲が流れたときには、貴族が怒って譜面を破いたというエピソードが残されている。

ベートーヴェンが不協和音を多用したピアノ・ソナタ第七番は、一七九六年から九八年、二十五から二十七歳の作品である。このことは、ちょうどこの頃ベートーヴェンの難聴が始まったことと、たしかに無関係ではないかもしれない。

モーツァルトのような先駆的事例が見られたとはいえ、カントもケルナーもまだ不協和音への理解がなかった時期に、ベートーヴェンは不協和音を多用した。すでに述べたように、カントは「崇高」を論じて、人間にある種の不安や恐怖を与えるものにも「美」と同列の価値を置いた。したがって、本来カントの『判断力批判』の立場からすると、不協和音の美学は当然視野に入っていなければならない。その意味では、カントの『判断力批判』が説く崇高の美学を、音楽の世界で展開したのはベートーヴェンであったと言ってよい。

3　難聴の影

一八〇一年六月二十九日、三十歳のベートーヴェンは、ボンにいる旧友ヴェーゲラーに手紙を書いた。ヴェーゲラーはツェアガルテン仲間である。ベートーヴェンは彼に、もっと完成した人間になりたいという抱負とともに、ある深刻な事実を告げる。「ぼくの聴覚が、この三年この方だんだん弱っているのだ」(Beethoven 1996-98, Bd. 1, p. 79／ベートーヴェン 一九七八、八三頁)。この記述から、彼の耳が悪化したのは一七九八年頃からと考えられる。

この手紙でベートーヴェンは、耳のなかの雑音が収まらないので、この二年間はあらゆる社交を避けてきたと言う。「何かほかの職業にたずさわっているのならまだしも、僕の仕事では、これは恐ろしい事態だ」「僕はこれまで幾度か——創造主と、僕のこうした存在とを呪った」(ibid., p. 80／同書、八四頁)。音楽に人生を捧げる自分に、神はなぜ難聴という苦しみを与えるのか。神を呪うほどの思いにベートーヴェンは引き裂かれた。

二日後の七月一日、ベートーヴェンはタルシ(当時ロシア領、現ラトビアの街)にいる友人アメンダ(Karl Ferdinand Amenda)(一七七一—一八三六年)にも同様の告白をした。アメンダはイエナ大学で神学を修め、シラーやケルナーの言語空間の近くにいた人物で、その後ヴァイオリン奏者として活躍した。一七九八年にウィーンに住みはじめてまもなくモーツァルトの子どもの家庭教師を務めたが、同じ頃ベートーヴェンと友情を結んだ。一八〇〇年以降はザクセン公国のヴェルベン、ついでタルシに移った。

ベートーヴェンはアメンダにこう述べている。「僕は今まで幾度か創造主を呪った。彼は己が創造物を最も取るに足らぬ偶然の手に任せる。〔…〕考えてもみよ、僕の最も貴重な処が、聴覚が、ひどく衰えてしまっているのだ」(ibid., pp. 84-85／同書、八七頁、強調原文)。神学の素養のあるアメンダに神への不信を漏らすのだから、彼がどれほど思い詰めていたか想像するに余りある。その一方で、同じ手紙でベートーヴェンは、いま懸命に音楽の技術を磨いていること、とくに弦楽四重奏曲の正しい作り方を会得した手ごたえがあることも伝えている。このとき彼が作曲したのが、弦楽四重奏曲第一番ヘ長調（Op. 18-1）である。

四か月後の十一月十六日、ベートーヴェンはふたたびヴェーゲラーに手紙を書いた。耳の不自由さえなければ、自分はすでに世界の半分を回って演奏していただろう。「わが芸術に携り、それを演奏して見せるに勝る満足はないからだ」、「ああ、この災を逃れられるなら、僕は世界を抱きしめるのだが」（ibid., p. 89／同書、九〇頁）。ここで「世界を抱きしめる」という言葉は、シラーの「歓喜に寄す」の詩句と重なる。「病気がこの半分でもよかったら、そうだったら――僕はもっと完全な成熟した人間になって、貴兄たちを訪ね、昔の友情を新たにするのだが」（ibid.／同所）。

手紙の後半に有名な一節が出てくる。「僕は運命の喉っ首をとっつかまえてやろう。へたばってなんかしまうものか」（ibid.／同書、九一頁）。一八〇一年秋、ベートーヴェン三十歳の決意だった。

4　歌曲集《ゲレルトの詩による六つの歌》

この頃のベートーヴェンの作品に、歌曲集《ゲレルトの詩による六つの歌》（Op. 48）がある。ゲレルト（Christian Fürchtegott Gellert）（一七一五―六九年）は啓蒙主義の詩人で、ライプツィヒ大学の哲学教授だった。ゲーテも彼の授業を受けていた。ゲレルトは一七五七年に『神聖な頌歌と歌』という自身の歌曲集を出し、ゲーテに高く評価されている。ゲレルトはまたフランス啓蒙主義の哲学者ピエール・ベール（Pierre Bayle）（一六四七―一七〇六年）の『歴史批評辞典』（一六九七年）をドイツ語訳した一人でもある（一七四一年）。

ベートーヴェンの歌曲は『神聖な頌歌と歌』に付けられたものである。一七九八年末頃から一八〇二年三月にかけて作曲された（Beethoven 2014, Bd. 1, p. 264／大崎 二〇一九、一〇三頁）。第四曲「自然における神の栄光」は、ベートーヴェン歌曲のなかでも最も有名なものの一つであろう。

天空の無数の星を支えるのは、誰か？
太陽をその天幕より導き出すのは、誰か？
太陽は昇り、輝き、彼方より笑いかけ
英雄のように、その軌道を歩みゆく（小塩他（訳）一九九九、一二頁）

この詩句はシラーの「歓喜に寄す」第四節合唱部分に酷似している。シラーは言う。

朗らかに、主のもろもろの太陽が
壮大な天の律動のもと飛びめぐるように、
兄弟よ、汝らの軌道を往け、
勝利をめざす英雄のように歓ばしく。（Schiller 1992, p. 411）

ゲレルトの詩は一七五七年、シラーの詩は一七八五年である。両者に共通するのは「天空（Himmel）」「英雄（Held）」「往く（laufen）」等の単語である。この類似は、両者が旧約聖書を参照していた点に由来すると思われる。ルター訳の旧約聖書詩篇十九には、次のようにある。「太陽は〔…〕勇士が競い走るように、その道を喜び走る（wie ein Held zu laufen den Weg）」。ただし、ルターとゲレルトは単数形の「太陽（Sonne）」、シラーは複数形の「もろもろの太陽（Sonnen）」を使っている。この点でシラーの詩はやはり地動説以降の近代的宇宙観を踏まえたものと言える。

ベートーヴェンがゲレルトの詩に曲を付けながら、シラーの詩句を念頭に置いていた可能性がある。じつは一七九〇年代末から一八〇〇年初頭にかけて、ウィーンでシラー作品は取り締まりの対象だった。レオポルト二世の病没後、フランス革命に対する危機感からウィーン政府が反動化し、言論が厳しく検閲されていた。シラーは革命詩人である印象が強かったため、その劇の上演が禁じられた。だからベートーヴェンもシラーの詩に大っぴらに作曲をできない時代だったのである。

第三曲「死について」は、「わが人生の時は終わって行く／刻々と私は墓場へ急ぐ／何になる？もし私が／もっと生き長らえたとしても／思え、おお人よ、自分の死を／ためらってはならない、死だけが必須なのだから」（小塩他（訳）一九九九、一二頁）と、また第六曲「ざんげの歌」は、「ああ神よ、わが神よ、いつまで私は不安でいるのでしょう？／いつまであなたは私から離れておいでなのですか？」「私はあなたを探しています、どうかお顔をお見せ下さい／寛容と忍耐の神よ／寛容と忍耐の神よ」（同所）と歌う。

一方では神の栄光を称え、他方では忍耐か死かという悲壮な決意を吐露する。これらの言葉はこの時期のベートーヴェンの書簡内容と重なる。ただし、同時代の人々はまだ彼の難聴を知らない。この歌曲が彼自身の声として聴かれることはなかっただろう。音楽に作曲者の人生との対応関係を聴き取ろうとする「ベートーヴェン症候群」（マーク・エヴァン・ボンズ）はまだ始まっていない。もっとも、音楽が作曲者の感情表現であるという発想は、たしかにベートーヴェンが生み出した形式かもしれない。そう思わせる最大のドキュメントが、いわゆる「ハイリゲンシュタットの遺書」である。

5　「ハイリゲンシュタットの遺書」

遺書の概要

この「遺書」は、ベートーヴェン没後の一八二七年、偶然彼の部屋から発見され、はじめてその存在が知られた。同年十月に『一般音楽新聞』で公表されたときには皆が驚いたが、今日もはやこの文書を抜きに彼の生涯を語ることはできない。

この文書は弟たちに宛てたものである。一八〇二年十月六日と十日に、ウィーン郊外ハイリゲンシュタットで書かれた。当時ベートーヴェンは社交を避け、この地で静養しつつ創作に励んでいた。この文書では「六年このかた不治の病に冒され」(Beethoven 1996-98, Bd. 1, p. 121／ベートーヴェン 一九七八、九八頁) とある。音楽家にとっては致命的な病ゆえに、弟たちにさえ告白できなかったと、赤裸々に苦悩を綴っている。

僕の側に立っている誰かに遠くから響いてくる横笛の音が聞こえているのに、僕には何も聞こえなかった時、また、誰かが牧人の歌っているのを聞いているのに、それも僕に聞こえなかった時、それは何たる屈辱だったろう。たびたびのこうしたことで、僕は殆ど絶望し、もう少しのこ

とで自殺するところだった。（ibid., p. 122／同書、九九頁）

しかし、ベートーヴェンは踏みとどまった。

ただ彼女が[2]――芸術が――僕をひきとめてくれた。ああ、僕には自分に課せられていると感ぜられる創造を、全部やり遂げずにこの世を去ることは出来ないと考えた。〔…〕しかして、不幸な者よ、汝らは、尊敬すべき芸術家と人間の列に加えられんとして、自然のあらゆる障害と闘い、なおもそのなし得る総てをなした、自己と同じ一人の人間をここに見出して自らを慰めよ。

（ibid.／同書、九九―一〇〇頁）

欄外には、一八〇二年十月十日付で追伸が記されている。神の恩寵を期待して、「純な歓び」の日を与えてほしいと祈る。久しく「真の歓び」が訪れていないと言い、「われは自然と人間の殿堂にて再びその歓びを感じうるや――決してか？　――否――おお、それはあまりに苛酷だ」（ibid., p. 123／同書、一〇一頁）と訴える。ここには「歓び（Freude）」という語がたびたび見られる。それゆえ矢羽々崇は、この箇所を『『第九』の前史として読むこともできないわけではない」と言う（矢羽々 二〇一九（二〇〇七）、一四六頁）。

神をも呪わんとする絶望、死への衝動に襲われるなか、それでもベートーヴェンは作曲を諦めなかった。ハイリゲンシュタットで書かれた音楽のなかでもとくに有名なのは、ピアノ・ソナタ第十七番ニ短調（Op. 31-2）（通称《テンペスト》[3]）であろう。

上記の追伸を記してから一週間もたたないうちに（大崎 二〇一九、一三四頁）、ベートーヴェンはウィーンに戻った。以後四半世紀、「遺書」が人目に触れることはなかった。

カントの義務論

この「ハイリゲンシュタットの遺書」は、カント倫理学を理解するうえでも非常に良い教材であると私は考えている。もちろん、ベートーヴェンが当時カントを読んでいたわけではない。しかし「遺書」の内容は、きわめてカント倫理学的と言える。

カントに『人倫の形而上学の基礎づけ』（一七八五年）という本がある。今日でも影響力のある倫理学書の一つとされる。同書によれば、義務には二通りの区別がある。

まず、「自分に対する義務」と「他人に対する義務」との区別である。すなわち、自分に対して為すべきことと、他人に対して為すべきことである。

次に、「完全義務」と「不完全義務」との区別である。完全義務は行って当然で、行わないと非難されること、不完全義務は行わなくても良く、行うと賞賛されることである。

以上、二種類の区別があるので、両者を掛け合わせると、次の四種類の義務が生じる。

A「自分に対する完全義務」＝自分に対し、行って当然で、行わないと非難される。
B「自分に対する不完全義務」＝自分に対し、行わなくても良いが、行うと賞賛される。
C「他人に対する完全義務」＝他人に対し、行って当然で、行わないと非難される。
D「他人に対する不完全義務」＝他人に対し、行わなくても良いが、行うと賞賛される。

カントはそれぞれの具体例を挙げているが、私なりにパラフレーズして説明しよう。

Ａ「自分に対する完全義務」は「生存」である。生きることは当然であり、それをしないと非難される。たしかに自殺は多くの人がネガティヴに捉えるだろう。

Ｂ「自分に対する不完全義務」は「努力」である。学問であれ、芸術であれ、スポーツであれ、才能は無理に磨かなくても構わないが、磨いた人は賞賛される。

Ｃ「他人に対する完全義務」は「正直」である。真実を隠さないこと、二枚舌を使わないことは当然である。そうしないと、隠ぺいや嘘つきとして非難される。

Ｄ「他人に対する不完全義務」は「親切」である。たとえば、病気の人や貧窮の人がいたとき、無理に助けなくても構わないが、助けた人は賞賛されるだろう。

カント倫理学の視点から

Ａの例である「生存」について、カントはこう言っている。

嫌なことが重なり悲しみのあまり希望も失って、生きる喜びをすっかりなくしてしまっているのに、この不幸な人間が気丈にも、気落ちも打ちのめされもせずに、かえって自分の運命に憤激し、死を望みながらも自分の生命を維持するとすれば、それは生命を愛するためでも、傾向性や恐怖心のせいでもなく、義務に基づいているからである。それでこそ彼の信条は道徳的な内実をもつ。（Kant 1911, p. 398／カント 二〇〇〇b、一九頁）

つまり、幸せにあふれた人が生きるのは当然であり、それほど道徳的に褒められるべきことではない。しかし、生きる希望を失って死を望むほどの人が、それでもあえて生きようとするのは非常に勇気を必要とすることであり、道徳的に価値があるのだ。

もっとも、この主張は、自殺者に対して理解が少ないのではないかという批判もあるだろう。じつはカントがいたケーニヒスベルク（現カリーニングラード）は、世界でも日照時間が短く、自殺率が高い地域に属するという。十八世紀のケーニヒスベルクがどうであったかは分からないが、カントと近しい人たちのなかに、自殺願望を抱く人がいたとしても不思議ではない。だから彼は先のような主張をしたのかもしれない。

この世に苦しみのない人間などいない。もっと強い人間に生まれたかったと思う人もいるだろう。しかし弱い人間が、それでもなお強く生きようとするところに意味があるのであって、その姿に触れた他の人々にも勇気を与えることになるのだ。

Bの「努力」、Cの「正直」、Dの「親切」についても同様であり、それらの徳を最初から備えていることよりも、むしろ実践が困難な状況のなかであえてそれらの徳を目指すことに価値があるのだ。

さて、以上のようなカントの考えを踏まえたうえで、もう一度、ベートーヴェンの「ハイリゲンシュタットの遺書」を読んでみよう。

絶望して死を望んだベートーヴェンが、ただ芸術によって人生に引き留められた。それは自分に課せられた義務だと彼は言う。つまり「生存」の義務である。

そのなかで一所懸命作曲に励み、ピアノ・ソナタ第十七番をはじめ、今日彼の芸術を代表する楽曲を生み出した。これは「努力」だ。

また、難聴を隠して社交を避けていた彼が、ハイリゲンシュタットで書いた楽譜を手にウィーンに戻り、ふたたび人前に出て行く。すなわち「正直」である。

さらにベートーヴェンは言っている。人生に苦しむ者は、この私の生き方を知って、自分を慰めよ、と。これは「親切」である。

つまり、カントの言う四つの義務を、ベートーヴェンの遺書はことごとく包含していると言っていい。もちろん、ベートーヴェン自身がカントの義務論を知っていたわけではないだろうし、これらの徳を最初から備えていたわけでもないだろう。ベートーヴェンはこの「遺書」を書いてからも、あるときは浮き、あるときは沈み、希望と絶望との間を行きつ戻りつしながら、死の誘惑に耐え抜いた。そのプロセス自体が「道徳的」なのである。

6　オラトリオ《オリーヴ山上のキリスト》

ウィーンに戻ったあと、一八〇三年春にベートーヴェンが書いた《オリーヴ山上のキリスト》(Op. 85) という作品がある。これはオラトリオ（音楽を伴う宗教劇。動作のない歌劇とも言える）で、イエスの受難前夜の苦悩と、受難を受け入れるまでのプロセスを描いている。台詞は詩人フーバー (Franz Xaver Huber)（一七六〇―一八一〇年）とベートーヴェンの合作である。

第一曲でイエスは、神に対し、「取り去ってください、この苦悩の盃（Leidenskelch）を私から」（藤本他（訳）一九九九、一一―一二頁）という台詞を五回繰り返す。イエスはこの段階ではまだ、自分を待ち受ける「苦痛（Qual）」を恐れている。

第三曲でイエスは、その苦痛が人間の罪を贖うためのものであると知り、「ならば、すべての重みもて／私の上に、父よ、あなたの審判をかけてください／注いでください私の身に苦悩の流れを」（同書、一三頁）と歌う。ドイツ語の「苦悩（Leiden）」には、「受難」という意味がある。ここで「苦痛」が宗教的な「苦悩」へと昇華される。

そしてイエスと熾天使（セラフィム）の二重唱に入る。熾天使はキリスト教では最高位の天使である。台詞中の「私」はイエスの一人称、「彼」は熾天使がイエスを指す三人称である。ここでは「私」という言葉と「彼」という言葉が同時に歌われる。

大いなる苦痛、不安、恐怖を
神の御手は私／彼の上に注がれる
しかし私／彼の愛はもっと大きい
この愛をもて、私／彼の心は世界を抱擁する（同所）

同じ「世界を抱擁する（die Welt umschließen）」という台詞を、イエスは「人間の代表」として歌い、熾天使は「救世主」の行為を讃えるものとして歌う。ここでは、同じ行為が二つの視点から捉えられている。一方は人間側から、他方は神側からの視点と言ってもよい。なお、この台詞は、シラーの「歓喜に寄す」の第一節合唱「抱かれてあれ、幾百万の人々よ！／受けるがいい、全世界のこの口づけを！（Seid umschlungen Millionen! Diesen Kuß der ganzen Welt!）」を想起させる。

第六曲では、イエスが「私の苦痛はやがて消え／救済の仕事は成就する／まもなく完全に克服し／打ち勝つのだ、地獄の力に！」（同書、一六頁）と歌う。そして最後は天使の合唱で結ばれる。

世々は歌う、世々は歌う
感謝と栄光を
崇高なる方、神の御子のために
たたえよ彼を、なんじら天使の合唱
声高らかに、神聖なる歓呼の響きのうちに！（同所）

末尾の一行「Laut im heil'gen Jubelton!」は、ベートーヴェンが十九歳で作曲した《皇帝レオポルト二世の即位を祝うカンタータ》の最終曲の一節「鳴り響け、歓喜の合唱（Erschallet, Jubelchöre）」を想起させる。《オリーヴ山上のキリスト》の台詞を書きながら、ベートーヴェンがシラーの「歓喜に寄す」や、上記カンタータの歌詞を念頭に置いていた可能性は十分に考えられる。肉体的「苦痛」が宗教的「受難」に、そして「歓呼」の渦へと昇華するストーリーという点でも、のちの《第九》の原型をなす作品と言えよう。

7 小括

こうしてみると、「ハイリゲンシュタットの遺書」の前後で、ベートーヴェンにおける「歓喜」の理解が、決定的な変化を遂げたと言えるのではないか。

ベートーヴェンが「遺書」以前にヴェーゲラーに宛てた手紙では、「この災を逃れられるなら、僕は世界を抱きしめる（umspannen）のだが」と述べている。しかし「遺書」以後に書かれた《オリーヴ山上のキリスト》では、救世主（イエスの一人称では「私」、天使による三人称では「彼」）が世界を抱擁する様子を描いている。それゆえ、「遺書」の前後で、自分が世界を抱きしめる「歓喜」から、救世主によって自分が抱きしめられる「歓喜」へと、ベートーヴェンの思索が深化したという見方ができる。

あるいは、難聴によって世界から疎外された自分が、それでもあえて世界を「抱きしめる」ことは、取りも直さず、救世主によって自分が「抱きしめられる」ことと同じだ、という解釈も可能である。現に、のちの《第九》では、有名な二重フーガの箇所で、シラーの「歓喜よ、神々の美しい火花よ」という詩句と、「Seid umschlungen Millionen!（抱かれてあれ、幾百万の人々よ！）」という詩句が同時に合唱される（第14講）。

いずれにしても、「歓喜」の内実をめぐるこうした思索の深化は、神をも呪うほどの苦悩と、それでもなお神の愛を信じるという、想像を絶する内的格闘を経てはじめて可能となったものと言える。以前、「歓喜に寄す」の「Seid umschlungen Millionen!」という詩句には、二通りの解釈があると述べた（第6講）。一つは「抱き合え」という解釈、もう一つは「抱かれてあれ」という解釈である。

文法的にはいずれの解釈も可能であるが、今回の検討を踏まえるならば、これら二つの解釈は矛盾するものではなく、ベートーヴェンのなかで段階的に共存していたと言えるかもしれない。

第9講　歌劇《レオノーレ》

1　歌劇《レオノーレ》

なぜベートーヴェンの音楽はこれほどの影響力を持ったのか。その理由の一つとして、おそらく彼自身のドラマティックな生涯があるだろう。なかでも「ハイリゲンシュタットの遺書」の与えたインパクトは絶大だった。じわじわと耳が聞こえなくなっていく恐怖のなかで、なぜ音楽家の自分がこのような目に遭うのかと神を呪い、何度も死を考える。にもかかわらず彼は死を選ばなかった。この「遺書」が発見されて以降、そのような生涯と重ね合わせて彼の音楽を解釈する傾向が現れた。これを、マーク・エヴァン・ボンズは「ベートーヴェン症候群」と呼んでいる（ボンズ 二〇二二）。

だが他方には、音楽は音だけで楽しむのが純粋な聴き方だという見方がある。音楽は文学とも哲学とも異なるのに、ベートーヴェン以降、音楽の背景に作曲家の人生を投影するという聴き方が生まれた。これは邪な聴き方だという主張である。

本講義では、これら二つの解釈方法の中間をいくことを考えている。ベートーヴェンの人生を彼の楽曲とまったく無関係なものとして無視するのでもなく、かといって彼の人生からだけ解釈するのでもない。ベートーヴェンが生前に実際接した、あるいは接し得た言葉に注目して、彼の用語法を再構成するという仕方である。
その際、彼が作った歌曲や歌劇といった声楽曲は格好の資料である。今回は、ベートーヴェンが生涯に完成させた唯一の歌劇《レオノーレ》（＝《フィデリオ》（Op. 72））を中心に、その用語法について考察したい。

作曲経緯

この歌劇は一八〇五年の初演のあと、二度にわたる大きな改訂を施されたので、都合三種類の版がある。ベートーヴェン自身は《レオノーレ》という題を希望したが、すでに他の作曲家による同じ題の歌劇がいくつかあった。それらと差異化するため、劇場が《フィデリオ》という題に決めた。だから《フィデリオ》は、ベートーヴェンにとって不本意な題であった。近年では、作曲者の意を汲んで、初演版＝第一稿と翌一八〇六年の改訂版＝第二稿とを《レオノーレ》、一八一四年の再改訂版＝第三稿を《フィデリオ》と呼ぶことがある。ただし本稿では、《レオノーレ》第一―三稿と呼ぶ。

これは、もともと、一七九八年にフランスの作家ブイイ（Jean-Nicolas Bouilly）（一七六三―一八四二年）が『レオノールあるいは夫婦愛』という題で発表した劇が題材になっている。政治対立により牢獄に入れられた政治家を、その妻が救出しようとする、いわゆる「救出オペラ」である。これはフランス革命時におけるブイイとその友人の体験に基づいており、ストーリーの骨子は実話である（ヴォルフ 一九八七）。

ベートーヴェンは一八〇三年冬頃、ブイイのフランス語の脚本を読んで、歌劇を作ろうと思い立つ。そこで知人の脚本家ゾンライトナー（Joseph Sonnleithner）（一七六六―一八三五年）にドイツ語版の台本を依頼した。ベートーヴェンはよほどブイイの原作が好きだったのか、ゾンライトナーの台本が完成する前から作曲に着手している。一八〇四年春、ゾンライトナーの台本ができた。ちょうどその頃、ベートーヴェンは、前年にほぼ完成していた交響曲第三番《英雄》変ホ長調（Op. 55）を発表しようとしていた。ナポレオンのフランス皇帝就任を知って楽譜表紙の献辞を消したというエピソードがあるが、真偽のほどは分からない。じつはベートーヴェンはその後もナポレオンへの献呈を検討している。

ともかく、《レオノーレ》はベートーヴェンがフランス革命に共鳴していた時期の作品であり、自由・平等・博愛の理念を謳い上げた歌劇とも言われる。ただし本講義では、彼の政治観よりもむしろ宗教観・宇宙観をそこに聴き取りたいと考えている。

もっとも、初演の際には、民衆を革命に扇動するかもしれないと懸念され、上演禁止になりかけたらしい。脚本家のゾンライトナーが検閲官に対し、これは夫婦愛を謳った物語だと主張して、上演許可を勝ちとった。一八〇五年十一月二十日、《レオノーレ》は初演された。ベートーヴェンが三十四歳のときである。しかし折悪しくナポレオン軍がウィーンに侵攻して、貴族階級や富裕層が逃げ去ってしまい、ドイツ語を解さないフランス兵が聴衆の大半を占めた。そのため、この大作歌劇はほとんど良い反響を得られず、ベートーヴェンみずから、三日間で上演を打ち切ってしまった。

しかし、ベートーヴェンの友人たちは、この不評は上演時間が長すぎたことが原因だと考えて、三幕構成を二幕構成に圧縮するよう彼を説得した。そこでベートーヴェンは、ボン時代からの友人シュテファン・ブロイニング（Stephan von Breuning）（一七七四―一八二七年）と組んで改訂作業に勤しんだ。改訂版は一八〇六年三月二十九日に上演された。これが第二稿である。だが、このたびも今一つ評判を呼ばなかった。それどころか、ベートーヴェンの歌劇は説教臭い、モーツァルトの方が面白いとも批判された。ベートーヴェンは怒って、それなら上演しなくてよいと取り下げてしまった。

ところが、七年後、転機が訪れる。ナポレオンが一八一三年六月にイギリス軍のウェリントン(Duke of Wellington)(一七六九―一八五二年)に敗れ、それを記念したベートーヴェンの管弦楽曲《ウェリントンの勝利》(Op. 91)が大好評を博した。その人気に伴い、《レオノーレ》が再び上演されることになったのである。このときベートーヴェンは、脚本家トライチュケ(Georg Friedrich Treitschke)(一七七六―一八四二年)と共に台本を修正した。改訂版は一八一四年五月二十三日に上演された。今度は大当たりで、初日から一か月の間に六回、翌年末までに計三十二回公演された(大崎二〇一八、八七〇頁)。これが今日上演されることが最も多い第三稿(＝《フィデリオ》)である。

設定と登場人物

物語が実話に基づいているので、原作者ブイイは関係者に配慮して舞台をスペインに置き換えており、ゾンライトナーによるドイツ語版台本もそれを踏襲している。

主な登場人物は七人である。

まず、**フロレスタン**という男がいる。政治犯で二年間牢獄、地下牢に閉じ込められている。その妻が**レオノーレ**である。彼女は男装して、「フィデリオ」という偽名で牢獄に忍び込む。刑務所長の**ピツァロ**は、二年前にフロレスタンを投獄した人物で、いよいよ彼を殺そうと企んでいる。

この刑務所を取り仕切っているのが**ロッコ**という看守長で、ロッコには**マルツェリーネ**という娘がいる。看守**ヤキーノ**はマルツェリーネに惚れているが、マルツェリーネは、男装したレオノーレ、つまり「フィデリオ」に恋してしまう。

レオノーレは、看守長ロッコの助手となり、夫フロレスタンを探す。ロッコの許しを得て地下牢に降りたレオノーレは、フロレスタンを発見して二人で逃げようとするが、折悪しくそこへ刑務所長ピツァロがやってきて、二人を射殺しようとする。絶体絶命の瞬間、ファンファーレが鳴る。大臣の**ドン・フェルナンド**が刑務所に査察に来たのだ。ピツァロの悪巧みは挫かれ、フロレスタンとレオノーレは解放される。

2　逆転の構図

《レオノーレ》は第一稿で約二時間半、圧縮された第二稿・第三稿でも二時間以上の上演時間を要する。以下、三つの観点に絞ってその世界観を考察しよう。ベートーヴェンの生涯を年代順に追う本講義では、原則として一八〇五年の第一稿を底本とし、必要に応じて、後の版にも言及することにする。[1]

①「名づけがたき苦悩」から「名づけがたき歓喜」へ

一つ目に、「苦悩」を通して「歓喜」へ至るというテーマである。幕が開いてまもない第四曲（第二稿では第四曲、第三稿では第三曲）に四重唱がある。マルツェリーネが、男装したレオノーレ＝フィデリオに恋する場面である。ここでは、マルツェリーネの父である看守長ロッコや、マルツェリーネに思いを寄せる看守ヤキーノも含めた四人が、まったく異なる台詞を同時に歌う（現在のミュージカルでよく見られる形式である）。

マルツェリーネ「私は幸福になるのだわ」
レオノーレ「ああ、なんという苦しみ」
ロッコ「二人とも幸福になるだろう」
ヤキーノ「僕はどうしてよいかわからない」（渡辺他（訳）一九九九、一二頁）

マルツェリーネは「私は幸福になるのだわ」と歌う。レオノーレからすると、自分が夫を救い出すために男装していることは、結果的にマルツェリーネを騙すことになる。そのことをレオノーレは「ああ、なんという苦しみ」と歌う。原文では「O namenlose Pein」となっている。

この「namenlose」という形容詞は、「言い難き」「言うに言われぬ」「言葉にできぬ」等、さまざまな訳し方ができるが、「namen」は英語の name（名前）、「lose」は lose（失う）に当たる。だから直訳すると「名を失う苦しみ」という意味になる。レオノーレからすると、フィデリオという名を失ってレオノーレに戻ることは、自分に恋しているマルツェリーネを傷つけることになる。だが、夫を救い出す以上、それを避けることはできない。そのことへの良心の痛みである。

注目すべきは、この「namenlose」という形容詞が、フィナーレ間際の第十七曲（第二稿では第十六曲、第三稿では第十五曲）にも登場することである。レオノーレが、夫フロレスタンとともに、刑務所長ピツァロに殺されそうになった場面で歌う二重唱である。

レオノーレ「ああ、名づけがたき歓び！／わが胸にわが夫！」
フロレスタン「ああ、名づけがたき歓び！／レオノーレの胸に！」
二人そろって「言いがたき苦難のあと、／この大きな歓び！」（同書、三〇頁）

レオノーレは二年間会えなかった夫と巡り会えた。フロレスタンも二年間会えなかった妻に巡り会えた。だから自分たちはこの牢獄で死んでも構わない、出会えたこと自体が歓びである。このことを二人は「ああ、名づけがたき歓び！」と歌う。原文では「O namenlose Freude!」となっている。直訳すると「ああ、名を失う歓び！」である。つまり、レオノーレがフィデリオの名を失い、本名に戻ることは、名実ともにフロレスタンとの再会を果たすことになるのである。

そしてこのあと二人は「言いがたき苦難のあと、／この大きな歓び！」と歌う。原文では「Nach unnennbarem Leiden / So übergroße Lust!」である。レオノーレとフロレスタンは、今にもピツァロに射殺されようとする危機を前に、自分たちは牢獄で死んでも構わないと覚悟する。自分たちが二年間の別離を越えてこうして会えたのも、神の慈悲のおかげである。こうして二人は、声を合わせて「おお、神よ、この歓びを感謝します」（同書、三一頁）と歌う。

それゆえ、《レオノーレ》は、「名づけがたき苦しみ」から「名づけがたき歓び」へという「Namen（名前）」をめぐる転換・逆転の物語なのである。そして、このような有機的な構造は、のちにベートーヴェンが《第九》で行うことになるシラー詩のアレンジと類似している。《第九》の言語空間は、《レオノーレ》のなかにすでにその原型があると言っていい。

ヨゼフィーネ・ダイム

ちょうど《レオノーレ》を作曲していた時期に、ベートーヴェンが真剣に恋した女性がいた。ダイム伯爵夫人ヨゼフィーネ（Countess Josephine Deym）（一七七九―一八二一年）である。

ヨゼフィーネは一七九九年に、ベートーヴェンのレッスンを受けはじめた。当時、ヨゼフィーネは二十歳、ベートーヴェンは二十八歳だった。彼らは相思相愛だったが、ヨゼフィーネの母親が反対し、彼女は結局、ダイム伯爵（Joseph Count Deym）（一七五二―一八〇四年）と結婚する。しかし伯爵は高齢で、一八〇四年に没してしまう。その後、ベートーヴェンがヨゼフィーネを励ますなかで、ふたりの間の愛が復活したらしい。ベートーヴェンは歌曲《希望に寄せて》（Op. 32）や、ピアノ曲《アンダンテ・ファヴォリ》へ長調（WoO 57）を彼女に贈った。後者は、ベートーヴェンがピアノ・ソナタ第二十一番（旧友ヴァルトシュタイン伯爵に献呈され、通称《ヴァルトシュタイン》という）を作った際に、第二楽章が長くなりすぎたのでソナタから切り離して独立曲に仕立てたものである。

一八〇五年春頃、ベートーヴェンがヨゼフィーネに宛てた手紙にこうある。「そのうちにもう一度誰にも邪魔されずにあなたと一緒になれたら、わたしの本当の悩み（Leiden）、わたし自身が共にしてきた生と死の闘い、わたしが経てきたそれについてお話ししなければなりません」（Beethoven 1996-98, Bd. 1, p. 250／ベートーヴェン 一九七八、一三三頁）。その「本当の悩み」が難聴であることを、ここではまだ述べていない。ただ、その悩みのせいで地上のあらゆる幸福について懐疑を抱いてきたと言う。しかし、と彼は続ける。「今はもうそれほどではありません。わたしはあなたの心を得たのです」（ibid.／同所）。そして、彼の倫理観を帯びた決意が表明される。「ここにわたしは厳粛に誓います。短期間に、わたしはあなたにもわたしにももっと相応しい人間になってあなたの前に立つことを」（ibid.／同所）。

この時期、ベートーヴェンは難聴の苦しみから死をも考え、どうやって人生の歓びを手にしたらよいかと悩むなか、ヨゼフィーネとの恋愛に救われた。「言いがたき苦難のあと、／この大きな歓び」という《レオノーレ》の一節は、その後も表現を変えてベートーヴェンの手紙に登場することになる。たとえば、《レオノーレ》第三稿の完成後、一八一五年に彼が友人エルデッディ伯爵夫人に宛てた手紙には、「優れた人々は苦悩を突きぬけて歓喜をかち得るのだ」（Beethoven 1996-98, Bd. 3, p. 161／ベートーヴェン 一九七九、四五五頁）という一節がある。

ベートーヴェンは《レオノーレ》を作曲しながら、真の「歓喜」は「苦悩」を経て勝ち取られるという命題を手にしたと言える。

②天動説から地動説への転換

二つ目の注目すべき点は、これまで何度か触れた天動説から地動説への転換というモチーフである。この話は《レオノーレ》のなかにもしっかりと織り込まれている。第十八曲（第二稿では第十七曲、第三稿では第十六曲）フィナーレで、登場人物全員がこういう歌詞を歌う。

ああ、神よ。なんというれしい時！〔A〕
言葉も出ないほどの幸せ！〔B〕
ああ、神よ、おん身の裁きに正義あれ！〔C〕

神の試練だ。神はわれらを見捨てない。〔D〕（渡辺他（訳）一九九九、三二頁）

じつはここで、《皇帝ヨーゼフ二世の逝去を悼むカンタータ》第四曲「合唱付きアリア」とまったく同じメロディーが登場する。このカンタータはベートーヴェン十九歳の作品だが、規模が大きすぎたのか、生前には上演されなかった。おそらく楽譜は机のなかに眠っていたのであろう。すでに紹介したが、第四曲「合唱付きアリア」は以下のような歌詞である。

そして人々は光に向かって昇り〔A'〕
すると地球は幸運に恵まれて〔B'〕
太陽の周囲を回り〔C'〕
また、太陽は神聖なる／光をもって暖めた！〔D'〕（藤本他（訳）一九九九、二三頁）

以上二つの歌詞を重ねると、次のようになる。《レオノーレ》の登場人物が「ああ、神よ。なんというう れしい時！」（A）と歌っているとき、そこで鳴っているメロディーはカンタータの「そして人々は光に向かって昇り」（A'）という部分である。
また、《レオノーレ》の「言葉も出ないほどの幸せ！」（B）という歌詞のところでは、カンタータの「地球は幸運に恵まれて」（B'）に当たるメロディーが鳴っている。「言葉も出ないほどの」は原文で「unaussprechlich」だが、これは先述の「namenlos」と同じく、「名づけられないほどの」という意味である。

そして、《レオノーレ》で「神よ、おん身の裁きに正義あれ」（C）、すなわち、神の裁きは常に正しいものだということを歌うところは、カンタータの「〔地球が〕太陽の周囲を回り」（C'）というメロディーになっている。

ここでは、二つの「立場の逆転」が重ね合わされている。《レオノーレ》では、レオノーレたちが地下牢でピツァロに殺されようとした瞬間、地上から大臣ドン・フェルナンドが現れて二人は救われる。このとき民衆が松明をもって現れ、視覚的にも闇から光明への転換がなされる。また、十八世紀の文学では、天動説から地動説への転換は、中世から啓蒙時代への転換を象徴するエピソードとして好まれたモチーフだった（第4講）。《レオノーレ》とカンタータとに共通するのは、この「逆転の構図」である。

視点の相対化

付言すると、《レオノーレ》では、このクライマックスの瞬間に、初めてフロレスタンは自分の妻レオノーレが男装して牢獄に入っていたという事実を知る。また、レオノーレは自分の夫が獄中でどれほど苦労をしていたのかを知る。つまり、ここで互いに互いの真実を知るのである。二人とも自分は死ぬのだと思い込んでいるが、実際にはその背後ですでに二人を解放しようとする人々の運動が始まっている。ピツァロはフロレスタンを殺して自分が支配者になろうと思っているが、実際にはその背後でドン・フェルナンドがピツァロの悪行を裁こうとしている。つまり、登場人物たちはそれぞれこのクライマックスに至るまでは、自分の運命がどうなるかを知らない。

複数のストーリーが同時に並行して進んでいるが、登場人物たちはそれぞれ自分の視点でしか世界を見ていないので、他の人物たちがどのように動いているのかを知らない。最後の段階で、すべてが明らかになって、だれもが自分の視点でしか世界が見えていなかったことを悟る。しかし、物語の核心はフロレスタンとレオノーレが解放される方向に動いていた。最後に明らかになるのは神の思し召しだ。太陽の光のごとき神の意志だ。それに照らされると、権力者のいかなる姦計も、囚人たちの苦悩も、すべて一面的世界観に過ぎない。クライマックスではじめて全貌が明らかになり、人々の立場が逆転する。それぞれの視点が相対化され、めいめいが神の恩恵に気づく。

だから、《レオノーレ》で「神はわれらを見捨てない」（D）という歌詞に合わせて、カンタータの「太陽は神聖なる／光をもって〔世界を〕暖めた」（D'）というメロディーが流れるところでは、レオノーレたちとピツァロとの立場の逆転が、天動説から地動説への転換に重ね合わされているのである。

こうして、フロレスタンは地下牢から地上へ、レオノーレはフィデリオという偽名からレオノーレという実名に戻る。ピツァロは支配者から被支配者の側になる。また、この間に、牢獄の看守長ロッコはピツァロの手先から、レオノーレたちの味方に変わる。ロッコの娘マルツェリーネはフィデリオとの結婚が、空しい夢だったことを知る。すべての登場人物の視点が、神の視点で相対化される。この世界観を象徴するのが《皇帝ヨーゼフ二世の逝去を悼むカンタータ》の「〔地球が〕太陽の周囲を回り」というメロディーなのである。

③マルツェリーネ問題

しかし、ここで気になることがある。それが三つ目のマルツェリーネ問題である。レオノーレは男装してフィデリオを名乗った。しかし、一人では牢獄に忍び込めないから、看守長ロッコの娘マルツエリーネと恋仲になることで牢獄への潜入を果たす。だが、最終的に自分の素性を明かして、マルツェリーネの恋は片思いに終わる。だとすれば、マルツェリーネの恋心をレオノーレが利用して夫を救おうとしたことになる。それゆえ、女性の日常的な幸せが、人道的な「正義」の犠牲にされた感は否めない。

この点に関しては、ベートーヴェン自身も気にしていたらしい。そのことは、《レオノーレ》の改訂プロセスからうかがうことができる。

第一稿（一八〇五年）、すなわちゾンライトナーの台本では、レオノーレが真実を明かした際に、マルツェリーネは「私はただただ驚くばかり、／でも彼女〔レオノーレ〕が幸せになることは私もうれしい」（渡辺他（訳）一九九九、三二頁）と言う。しかし、あれほどフィデリオとの結婚を夢みていたマルツェリーネが、驚いただけでレオノーレの幸せを喜ぶというのはさすがにあり得ないのではないか、という批判は当時からあった。

第二稿（一八〇六年）、すなわち、ベートーヴェンがブロイニングと協力して作った改訂版では、マルツェリーネの台詞に加筆がなされた。マルツェリーネは、自分に言い寄るヤキーノの誘いをずっと断り続けていたのだが、ここではじめて彼女が彼と仲良くなる予兆を加えたのである。マルツェリーネがヤキーノに対して「たぶん今度はだめよだめよとは言わないわ」（チャンパイ、ホラント（編）一九八七、一九頁）と言う。しかしこれも、心境が変化した理由が述べられていないため、マルツェリーネがやや節操を欠いているように映る。

第三稿（一八一四年、今日一般に《フィデリオ》と呼ばれる版）、すなわち、ベートーヴェンがトライチュケとともに再修正を加えた台本では、以上すべての台詞をカットしてマルツェリーネの言葉をこうした。「つらいわ、こんなこと聞くなんて」（同書、一二二頁）。ここで彼女は失恋の思いを率直に表明している。

多視点性

そして、この改訂によって、フィナーレにも二重性、あるいは多視点性が生まれたと言える。第一、二稿までのフィナーレは、レオノーレ、マルツェリーネ、フロレスタン、ヤキーノ、ドン・フェルナンド、ロッコ、合唱隊、つまり舞台上の全員が同じ台詞を歌う。

ああ、神よ。なんというれしい時！
言葉も出ないほどの幸せ！
ああ、神よ、おん身の裁きに正義あれ！
神の試練だ。神はわれらを見捨てない。（渡辺他（訳）一九九九、三二頁）

しかし、第三稿ではこの四行を、レオノーレ、フロレスタン、ドン・フェルナンド、マルツェリーネ&ロッコが一行ずつ歌う。

レオノーレ「ああ、神よ。なんというれしい時！」
フロレスタン「言葉も出ないほどの幸せ！」
ドン・フェルナンド「ああ、神よ、おん身の裁きに正義あれ！」

マルツェリーネとロッコ「神の試練だ。神はわれらを見捨てない」[2]

このように、第三稿では台詞が四者に分かれて歌われることにより、レオノーレ、フロレスタン夫婦の「幸せ」と、大臣ドン・フェルナンドの「正義」と、マルツェリーネとロッコ父娘の「試練」とが、それぞれ別のコンテクストで理解可能になった。

しかもマルツェリーネの場合には、「試練」はまだ始まったばかりである。結婚への希望が突然挫かれたのだから、恋を成就するためには、また一から恋人を探して歩んでいくしかない。恩寵の享受は、彼女だけ先延ばしになっている。

したがって、第一、二稿では、フィナーレをむりやり予定調和にした感があるが、第三稿ではマルツェリーネだけが苦しみを味わっている。完全なハッピーエンドではない。言い換えれば、第三稿は予定調和を破っている分、第一、二稿よりも無限宇宙論に近づいている。つまり、この地球上には不協和音しかない。あるいは、協和音と不協和音というものは程度の差であって、より協和音に近い不協和音のグラデーションしかない。一部の人は幸せを感じて協和音を歌っているかもしれないが、必ず誰かは不協和音の苦しみを抱えている。そういうメッセージを聴き取ることができる。

しかし、だからこそ、マルツェリーネは自分に与えられた試練にもう一度立ち向かっていくことが要求される。すなわち、「苦悩を通して歓喜へ」というメッセージは、まだ語られざる未来のストーリーとして、彼女にバトンタッチされた。次の物語の主人公はマルツェリーネかもしれない。あるいは、この歌劇の観客がマルツェリーネに共感を覚えることは、取りも直さず、観客自身が「苦悩を通して歓喜へ」という主題を自分のものにしていくきっかけとなるのだ。

ちなみに、第一、二稿の時点ではベートーヴェンはヨゼフィーネとの結婚を考えていた。しかし第三稿の時点でその恋愛は終わっていた。有名な「不滅の恋人」との恋愛（一八一二年）も第三稿の前年に終了している（この件には次回言及する）。第三稿でのマルツェリーネの台詞の修正は、ベートーヴェン自身の境遇の変化と関係があるかもしれない。この修正からマルツェリーネへの彼の共感を読み取ることは不自然ではない。

3　シラー「歓喜に寄す」との関係

試練と忍耐

さて、《レオノーレ》の第十三曲（第二稿では第十二曲、第三稿では第十一曲）で、フロレスタンが地下牢のなかで歌う場面がある。

> 神よ！　ここはなんという暗さだ。ああ、恐ろしい静寂！　私の周囲は荒廃している。私以外には何も生物がいない。なんという苛酷な試練！　しかし神の意志は正しいのだ。私は不平を言うまい。苦しみ（Leiden）は神の授けだ。（渡辺他（訳）一九九九、二三頁）

ここでフロレスタンは牢獄生活の苦しみを述べている。現代イギリスの指揮者ジョン・エリオット・ガーディナー（John Eliot Gardiner）（一九四三年生）は、この台詞が「ハイリゲンシュタットの遺書」と関係があるという解釈をしているようで、自身の演奏でナレーターに「遺書」の一節を語らせている（同所）。たしかに、フロレスタンの台詞はこのあと、「人生の春の時に／幸福が私から逃れ去った」（同所）、と続く。これは「遺書」にある「若い身で自ら隠遁し、孤独の生活を送らねばならなかったのだ」（Beethoven 1996-98, Bd. 1, p. 121／ベートーヴェン 一九七八、九八頁）という言葉を想起させる。

加えて、この場面には、シラーの「歓喜に寄す」との類縁性も感じられる。上記の台詞の直後に、フロレスタンは「喜んで私はあらゆる苦痛に堪え（dulden）、恥辱を受けてわが生（meine Bahn）を終わろう」（渡辺他（訳）一九九九、二三頁）と歌う。これは、シラーの「けわしい美徳の丘を前に、／歓喜は耐え忍ぶ者の道しるべ（Dulders Bahn）となる」（Schiller 1992, p. 411）という一節を想起させる。また、第三稿ではここで、フロレスタンが「この墓場に光が射したのではないのか？／ばらの香りの中にひとりの天使が／心を慰めつつ近くに立っているのが見える」（渡辺他（訳）一九九九、五一頁）と歌う。これは、シラーの「死者はこわれた棺の割け目から／歓喜が天使の合唱に包まれて立つのを見る」（Schiller 1992, p. 411）という一節を思わせる。

《レオノーレ》の脚本はゾンライトナー等がブイイの原作をドイツ語に翻案したものだが、ベートーヴェン自身が深く共鳴する台詞であったと考えてよい。ベートーヴェンの手紙からは、彼が台本作家たちに多くの要求をしていたことが分かる。その意味で、第一稿はゾンライトナーとの、第二稿はブロイニングとの、第三稿はトライチュケとの共作と考えてよい。牢獄でのフロレスタンの台詞が、ベートーヴェンの境遇を彷彿とさせ、またシラーの詩句を想起させる理由はそこにあるだろう。

「やさしき妻を持つ者は」

さらに言うと、《レオノーレ》の台詞がシラーの「歓喜に寄す」を下敷きにした決定的な証拠がある。それはフィナーレである。第十八曲（第二稿では第十七曲、第三稿では第十六曲）で、合唱隊を含む全員（ただしレオノーレとフロレスタン、ピツァロを除く）が歌う。

やさしき妻を持つ者は（Wer ein holdes Weib errungen）
われらの（私の）歓呼の声を合わせよ！（Stimm' in unsern / mit mir in Jubel ein!）
夫の命を助けた妻を／ほめたたえすぎることはない（渡辺他（訳）一九九九、三三頁）

この「やさしき妻」とはレオノーレのことである。この台詞は明らかにシラーの「歓喜に寄す」の「優美な女性を勝ちえた者は（Wer ein holdes Weib errungen）／歓呼の声を合わせよう！（Mische seinen Jubel ein!）」という詩句を踏まえている。なお、この箇所にベートーヴェンの個人史を読み取ることが許されるとすれば、「夫の命を助けた妻」は、当時彼が恋したヨゼフィーネを指すのかもしれない。

この直後の合唱は、歌詞が「レオノーレの気高きいさおしを／大いなる歓び（Freude）の情熱もてたたえよう！」（同所）となっている。ベートーヴェンならずとも、当時のウィーンの観客は、誰もがこの場面でシラーの「歓喜に寄す」を想起したことだろう。

注意すべきは、この場面全体が、「名づけがたき苦悩」から「名づけがたき歓喜」へという転換構造が完結したあとの歌詞だということである。それゆえ、「苦悩から歓喜が生まれる」、あるいは「歓喜は苦悩と不可分である」というメッセージの象徴として、最後にシラーの詩句を織り込んでいると言える。よく考えると、このメッセージは、シラーの「歓喜に寄す」ではそれほど強調されているわけではない。もちろん、シラーの詩も「忍耐」を語ってはいる。しかし、巨大な苦悩から巨大な歓喜が登場してくるという世界観は、ベートーヴェン自身が、「ハイリゲンシュタットの遺書」が物語るような壮絶な経験を経たからこそ提示できたものではなかったか。《レオノーレ》はベートーヴェンのシラー解釈の深まりを示す記念碑と見ることもできる。

なお《レオノーレ》初演の約半年前、一八〇五年五月九日に、シラーは四十五歳で病没していた。ちなみに、その前年の一八〇四年二月十二日には、カントが七十九歳で老衰により死去している。

4 小括

今回はベートーヴェンが三十四、五歳頃に集中的に作曲した歌劇《レオノーレ》を概観した。原作者はブイイだが、ゾンライトナーによるドイツ語脚本はところどころにシラーの「歓喜に寄す」の詩句を織り込んでいる。そこからベートーヴェンはソリスト、合唱隊、オーケストラを重ねた壮大な歌劇を作り上げた。彼が《第九》の作曲に本格的に取りかかるのは十数年先になるが、その原型のような音楽がすでに生まれていた。

ベートーヴェンの創作における《レオノーレ》の意義は、第一に、「苦悩を突き抜けて歓喜へ」という理念的形式を確立したこと。第二に、この形式を、天動説から地動説への転換をモチーフとして、キーワードの両義性や視点の相対性・複数性といった作品の構造的形式に結実させたこと。第三に、シラーの「歓喜に寄す」の表現を随所にちりばめた台詞によって、シラー詩の一つのアレンジの仕方を示したこと。以上の三点が、のちの《第九》の創作に活かされたことは言うまでもない。

ちなみに《レオノーレ》第二稿の二年後に作られた《合唱幻想曲》（Op. 80）（一八〇八年）という声楽曲がある。作詞者は詩人クフナー（Christoph Kuffner）（一七八〇—一八四六年）となっているが、実際にはこれもベートーヴェンが一緒に作詞したようである。ピアノとオーケストラとともに合唱隊が歌い、《第九》の原型をなすという点で、《レオノーレ》の延長線上にある作品と言える。

この曲は一八〇八年十二月二十二日、交響曲第五番ハ短調（Op. 67）（通称《運命》）、第六番《田園》へ長調（Op. 68）と同時に初演された。しかもこの壮大なコンサートの掉尾を飾ったのが《合唱幻想曲》だった。その歌詞には、「楽音が魔法をつかさどり／言葉が聖なるものを語る時／輝かしきもの〔平和と歓喜〕が形成され／闇と嵐は光となろう」（藤本他（訳）一九九九、二二一頁）とある。ここでも、「苦悩」が最終的に「歓喜」へと転換することが、「闇」と「光」のメタファーで語られている。

第10講　苦悩を突き抜けて歓喜へ

1　序曲《コリオラン》

今回は、《レオノーレ》作曲後のベートーヴェンの思想世界を概観する。ここで扱うのは、作曲対象になった文学作品や、彼の書簡、日記といった文字情報である。

一八〇七年、ベートーヴェンが三十六歳のときの作品に序曲《コリオラン》（Op. 62）がある。ハ短調で、翌年作曲の交響曲第五番とも通い合う曲である。

コリオランは古代ローマの軍人である。ローマの思想家プルタルコス（四五頃―一二〇年頃）の著作『対比列伝』（『プルターク英雄伝』）に登場する。ラテン名「コリオラヌス」、英語名「コリオレイナス」で、今日ではシェイクスピア（William Shakespeare）（一五六四―一六一六年）の悲劇の主人公として知られていよう。ただしシェイクスピアのこの劇がウィーンで初演されたとき、ベートーヴェンはまだウィーンに住んでいなかった。二回目に上演されたのはベートーヴェン没後である。彼は友人の劇作家コリン（Heinrich Joseph von Collin）（一七七一―一八一一年）の劇『コリオラン』を観て、作曲を考えたのである。

コリンは、一七七一年、ウィーンに生まれた。法学を修めたあと、オーストリアの財務省に勤めた。若いときから劇作家としても活躍し、とくに一八〇一年の戯曲『レグルス』はウィーンで大好評を得た。『コリオラン』は一八〇二年に初演、〇四年に出版された。一八〇五年と〇九年、オーストリアがナポレオンの支配下にあったとき、コリンは重要な政治的使命を担った。ベートーヴェンとの交友がいつ始まったかは不明だが、一八〇六年にはオラトリオの共同制作に関して書簡を交わしている（大崎 二〇一八、六三六頁）。コリンは一八一一年七月、ウィーンにて三十九歳で死去した。

戯曲『コリオラン』の粗筋はこうである。

ローマの将軍コリオランは、政治的対立から祖国を追放され、復讐を決意する。彼は敵国フォルスクの王タラスと組み、フォルスク軍の将軍となってローマ軍を攻撃する。しかしローマはコリオランの母親と妻を盾にして、この二人を和平交渉のためにフォルスク陣営に派遣する。母親の説得を受けて、コリオランは悩んだ末に和平交渉を決断する。だが、コリオランと一緒にローマを倒そうとしていたフォルスクからすれば、コリオランのこの決断は裏切りである。

ここまではシェイクスピアの描いたストーリーとほぼ同じである。しかしその後の展開は、コリン版とシェイクスピア版とではかなり異なる。シェイクスピア版では、主人公はフォルスク軍によって裏切り者として殺される。ところがコリン版では、和平を決断したコリオランが、攻撃路線を崩さないタラスに対して、「私を裏切り者と呼ぶのは復讐の世界の仕業だ」と言う（Collin 2018 (1808), Bd. 2, p. 138)。タラスたちが剣を抜いてコリオランを取り囲むと、コリオランは述べる。「私は和平交渉を実現した暁には、フォルスクの将軍としての義務を果たそうと思っていた。すなわち、ローマ市民として我が剣の上に身を投げ、私に攻撃される恐怖からローマを解放しようというのが、私の望みだったのだ！」（趣意。ibid., p. 146)。コリオランは自害する。

コリン版の主人公は、理想と現実のジレンマのなか、責任を負って死ぬ。コリオランが「ローマとフォルスクとを同一の平和によって結ぶ」(ibid., p. 113) という母親の願いを実現しようとするなら、フォルスク軍と戦うことはできない。報復の次元を超えようと彼は考えているからである。しかし、コリオランはローマに帰ることもできない。一度祖国に弓を引いた彼は、ローマからすれば、いつまた祖国を裏切らないとも限らない危険人物だからである。向かうところ敵なしの将軍だったコリオランは、恒久的な平和のためにはここでみずから命を断つほかない、という結論に至るのである。

プルタルコス『対比列伝』の記述に照らすと、シェイクスピア版のほうが忠実である。だが、仮にコリンの戯曲がなかったとしたら、ベートーヴェンは劇に序曲を付けたいと思っただろうか。コリン版の主人公の自殺は、単に自分の名誉を守ろうという自己愛の行為ではない。「自分に課せられた義務は何であるか」を熟考し、責任を全うするという、カント的に言えば自律的選択となっている。コリンの戯曲があったからこそ、ベートーヴェンは作曲の意志を抱いたと考えられる。

2 ベートーヴェンの音楽観・哲学観

劇音楽《エグモント》

一八〇九年、ウィーン宮廷劇場が、ゲーテの戯曲『エグモント』とシラーの戯曲『ヴィルヘルム・テル』を音楽付きで上演するという企画をした。エグモント (Lamoraal van Egmont) (一五二二—六八年) はオランダ独立の英雄であり、ヴィルヘルム・テルは (伝説上の) スイス独立の英雄である。ベートーヴェンは『ヴィルヘルム・テル』への作曲を望んだようだが、宮廷劇場は『エグモント』のほうを依頼した。しかしこのことが幸い、ゲーテとベートーヴェンとの直接の交流につながることとなる。

ゲーテの『エグモント』は一七八八年、フランス革命勃発の前年に刊行された。物語の舞台は、スペインの圧政に苦しむ十六世紀のオランダである。伯爵エグモントは祖国の独立のために立ち上がるが、捕らえられて死刑を宣告される。彼の恋人クレールヒェンは、手を尽くして伯爵を救おうとするが、失敗して自殺する。断頭台に連行されるエグモントの前に、クレールヒェンの幻影が現れ、伯爵の勇気と正義を讃える。

ウィーンの宮廷劇場がこれらの劇の上演を企画したのは、まだナポレオンがウィーンを支配している時代であった。だから、この企画には政治的な意図があっただろうし、ベートーヴェン自身にも少なからず解放への願いはあったことだろう。ただし、フランス政府を刺激することは避けたい劇場は、フランスが掲げる自由・博愛・平等の理念を支持しつつ、同時にこの理念を敷衍して、ドイツ人もまたフランスからの解放を願っているとの趣旨を込めたものと思われる。

ベートーヴェンの曲の完成が間にあわず、一八一〇年五月二十四日の初演は、序曲なしで行われた。同年六月十五日、第四回公演から序曲付きで演奏された。これが劇音楽《エグモント》(Op. 84)である。

この曲にも、「苦悩を突き抜けて歓喜へ」という、《レオノーレ》で確立された形式が見受けられる。短調で始まって長調で終わる構成は、序曲だけではない。この劇音楽の全体がそうした構造になっている。第四曲「リート」でクレールヒェンが歌う台詞を引いておこう。場面的には恋の歌だが、ベートーヴェンはここでもゲーテの「歓喜」と「苦悩」という言葉に注目したようだ。

歓びに満ち（Freudvoll）
そして苦しみに満ちて（leidvoll）、
物思いに沈む（Gedankenvoll）。〔…〕
空たかく歓呼するかと思うと
死ぬほどに悲しくなる。
幸せなのは、恋する心。（渡辺他（訳）一九九九、七八―七九頁）

劇音楽《エグモント》は聴衆に広く受け入れられた。この成功により、世紀的な出会いがベートーヴェンに訪れる。原作者ゲーテとの交流である。

ゲーテは、一七四九年、フランクフルト・アム・マインの豪商の家に生まれた。ライプツィヒ大学で法学を学ぶが、一七七四年に発表した小説『若きヴェルターの悩み』によって、全ヨーロッパ的な反響を巻き起こした。シラーの『群盗』と並び、ドイツ文学の「疾風怒濤」期を代表する作品とされる。その名声により、ヴァイマル公国に招かれ、政治家としても活躍した。自然科学の分野でも鉱物学・生物学・色彩論等の論文を発表し、多方面に才能を発揮した。一七九四年からシラーとの親密な交流が始まり、二人の友情は一八〇五年のシラーの死まで、ドイツ文学の黄金時代を築くことになる。

ベートーヴェンが《エグモント》を作曲したとき、ゲーテはちょうど六十歳だった。

ベッティーナ・ブレンターノ

ベートーヴェンとゲーテの交友は、ある女性が仲介役となって始まった。ベッティーナ・ブレンターノ（Bettina Brentano）（一七八五―一八五九年）である。彼女自身もドイツ文学史上に名を留める作家である。

ベッティーナは一七八五年、フランクフルト・アム・マインの裕福な商家に生まれた。彼女の母親はかつてゲーテが恋した相手だった。娘のベッティーナは、母親の死後、母親がゲーテからもらった愛の手紙を発見。これが縁となって、ベッティーナは一八〇七年、ゲーテをヴァイマルに訪ねた。ゲーテは温かく彼女を迎え入れ、両者の親密な交流は（彼女がゲーテの妻と仲たがいする）一八一一年まで続いた。一八一一年、ベッティーナは詩人アルニム（Achim von Arnim）（一七八一―一八三一年）と結婚し、二十年後に夫が死ぬと、その全集を編集した。彼女は晩年、社会主義運動やユダヤ人差別撤廃運動にもコミットした。一八五九年、ベルリンにて七十三歳で病没した。

才媛ベッティーナは、若い頃から多くの芸術家と交流したが、一八一〇年、ウィーンでたまたまベートーヴェンの音楽を聴いて衝撃を受け、つてを頼って彼の家を訪ねた。ベートーヴェンのほうも、彼女の才気煥発ぶりに相当好意を抱いたらしい。みずから何度もピアノを弾いて聴かせたという。ベッティーナはベートーヴェンとゲーテとをつなげようと考えた。彼女が二十五歳のときである。[1]ベートーヴェンはこの頃すでにピアノ・ソナタ第二十三番ヘ短調（Op. 57）（通称《熱情》）、同第二十六番変ホ長調（Op. 81a）（通称《告別》）など、彼の代表作となるピアノ曲を完成させていた。

一八一〇年七月二十八日、[2]ベッティーナはゲーテに手紙を書き、ベートーヴェンとの会見を強く勧めた。ベッティーナによれば、ベートーヴェンは「ゲーテの詩は、内容だけでなく、その持っているリズムでも大変強い力でわたしを動かします」(Kopitz und Cadenbach (hrsg.) 2009, p. 30／ベートーヴェン 一九七八、二五四頁)と述べ、こう言ったらしい。

わたしは感激の焦点に立ってあらゆる方向にメロディーを放射しなければならぬのです。それを追求し、激情をもって再び抱きしめる。それが遠ざかってゆき、多様な興奮の叢《むらが》りのなかに消えてゆくのを見ます。間もなく新たな激情がそれを抱きしめ、わたしとそれとが分かち難いものとなる。束の間の恍惚状態にあって、あらゆる転調を行ないそれを多様化しなければならぬのです。そしてついに最初の楽想を超え凱歌を上げるのです。御覧なさい。それが交響曲です。(ibid.／同所)

またベートーヴェンは、あらゆる芸術と同じく、音楽も根本的には「道徳的観念」を高い目標としていること、音楽自身は「究《きわ》め尽し得ぬ法則」に服していること、芸術は神聖なものの代弁者であり、聖なる啓示にほかならないこと(ibid., p. 31／同書、二五五—二五六頁)、等々の自説を披瀝した。さらに彼は、精神が発芽するには「電気をおびた土壌」が必要であり、音楽こそがその土壌であって、「哲学はこの電気をおびた精神から得られた一つの沈澱物です」(ibid.／同書、二五六頁)と述べたと言う。

ベートーヴェン自身は、哲学を音楽化するとは述べていない。彼はあくまで音楽自体の最高の形態を追究した。彼にとっては、音楽することがそのまま哲学することであり、それどころか音楽の方がより深く根源的なものだと思っていた。精神が音楽によって純度を高められたのが哲学であると考えたのだ。ニーチェ風の言い方をすれば、「音楽の精神からの哲学の誕生」をベートーヴェンは語っていた。

もっとも、上記の引用はベッティーナという第三者を通しての伝聞であるから、全部をそのまま事実として受け取ることはできない。ただ少なくとも、彼女がゲーテに伝えたいと思ったベートーヴェンの思想とは以上のようなものであった。

ゲーテとの交流

ベッティーナによれば、ベートーヴェンは「彼〔ゲーテ〕にわたしの交響曲を聴くよう言って下さい」と述べたと言う（Kopitz und Cadenbach (hrsg.) 2009, p. 30／ベートーヴェン 一九七八、二五五頁）。当時ベートーヴェンは交響曲第六番《田園》へ長調（Op. 68）まで作曲していたので、（ベッティーナの発言を信用するならば）彼がゲーテに自分のどの交響曲を聴いてほしいと思ったのかは、おおよそ推測できる。

交響曲第五番（一八〇八年初演）は、短調から始まり、長調で終わる「苦悩から歓喜へ」の形式を想起させる。もっとも、同時代の聴衆にはまだ、この曲をベートーヴェンの人生と関連づけて聴く風習はなかった（ボンズ 二〇二二）。同時代の文学者ホフマン（Ernst Theodor Amadeus Hoffmann）（一七七六―一八二二年）は、この曲が「無限なるものの奇蹟あふるる霊界」を表現していると批評した（一八一〇年七月『一般音楽時報』。ホフマン 一九七九、二四五―二四六頁）。

ホフマンの批評に関して、私なりに注釈すると、この「無限」は虚無とは異なる。無限は「有」や

「無」といった二項対立で捉えられるものではない。たとえば、この交響曲の第一楽章は休符で始まる。すなわち演奏者にとっては、音が鳴っていない段階から音楽は始まっている。しかし聴き手にとっては、この無音部分が音楽の一部であることは、最初の音が鳴ってはじめて分かるのである。交響曲第六番（第五番と同日に初演）の第一楽章冒頭も、同じ手法をとっている。

ベッティーナの助力が功を奏し、ベートーヴェンとゲーテの交流は始まる。一八一一年四月十二日、ベートーヴェンはゲーテ宛書簡で、序曲《エグモント》を献呈する意思を表示した（Beethoven 1996-98, Bd. 2, p. 185）。翌一八一二年一月二十三日、ゲーテのもとにその楽譜が届いた。ゲーテは友人に何度も演奏させたと言われる。

さて、一八一二年七月十九日、テプリッツ（現チェコのテプリッツェ）で、ゲーテとベートーヴェンははじめて対面した。ゲーテが六十二歳、ベートーヴェンが四十一歳のときである。両者は強く惹かれあった。同日、二十日、二十一日、二十三日にも会って、その二か月後、九月八日にも再会している。

有名なエピソードがある。ゲーテとベートーヴェンが散歩していたとき、向こうから王侯貴族がやってきた。ゲーテは道の脇に退いて、彼らに深々と頭を下げた。ベートーヴェンはそのまま突っ切って行った。あとでベートーヴェンは、「あなたは彼らに敬意を表わしすぎました」（Kopitz und Cadenbach (hrsg.) 2009, p. 27／ベートーヴェン 一九七八、三四五頁）と言って、ゲーテをたしなめた。後日ゲーテは友人宛の手紙で、「ベートーヴェンとテプリッツで識り合いました。彼の才能にわたしは驚きました。ただ残念なことには、彼は全く不羈奔放な個性である」（一八一二年九月二日付、ツェルター宛。ibid., p. 359／同書、三四三頁）と惜しんだ。

こうして、二人の交友は長くは続かなかった。ただし、ゲーテのなかでベートーヴェンの印象は後々まで深く残り続けたし、ベートーヴェンもゲーテに対する敬愛を失うことはなかった。ゲーテは当時としてはかなり長寿で、一八三二年三月、ヴァイマルにて八十二歳で逝去した。ベートーヴェンの死からほぼ五年後であった。

不滅の恋人

ところで、ゲーテと親密に交流した時期、ベートーヴェンは、彼の最後の恋愛とも言われる「不滅の恋人」との逢瀬を持っていたようだ。ゲーテと会った同じ週、テプリッツの近くのカールスバート（現チェコのカルロヴィ・ヴァリ）に、ベートーヴェンが真剣に結婚を考えた女性がいて、彼は訪ねて行ったらしい。この女性が誰だったのか、今日でも論争が続いている。ちなみに有力候補の一人は、ベッティーナの義理の姉アントーニア・ブレンターノ（Antonie Brentano）（一七八〇―一八六九年）である。

連続書簡「不滅の恋人へ」は、ベートーヴェンの死後に発見されたものだが、注目したいのは、第二信（一八一二年七月六日付）に次のような言葉があることである。

ここかしこで人の好意に出会うが、好意も出来るだけ自分が受けてよい限度にしたい。――それが僕の考えだ。――人間が人間に対し卑屈になる――僕はそれが苦痛なのだ。それに宇宙全体のなかに自分を置いて見る時、自分というものは一体何だろう。人が最も偉大な人間と呼んでいるもの、それは何なのだろう。――然も一方でそのなかに人間の神性があるのです。（Beethoven

1996-98, Bd. 2, p. 271／ベートーヴェン 一九七八、三一六頁）

宇宙全体に比べると、自分は虫けらのごとき小さい存在である。と同時に、そのように感じる自分のなかにも、その他の人間のなかにも神聖なるものがある。この主張はカントの『判断力批判』にある「数学的崇高」の思想と似ている。ベートーヴェンはこの本を読んではいなかっただろう。しかし当時こうした崇高論は広く流行していたし、さまざまな形で通俗化され流布されていた。ボン大学教授のフィッシェニヒもそうした流行に貢献した一人であっただろう（第3講）。

だからベートーヴェンの楽曲、とくに《レオノーレ》にはカントの崇高論との共通性が見られるという研究もある（Hochstetter 2013）。これはさすがに極端な解釈と思えなくもないが、まったくの的外れとも言えない。《レオノーレ》は、近代の地動説的宇宙観をモチーフにしているが（第9講）、カントの宇宙論も同じ系譜に属するからだ（第6講）。

なお、この頃のベートーヴェンの代表作としては、二つの交響曲がある。まず交響曲第七番イ長調（Op. 92）である。一八一一年から一二年にかけて作曲され、一八一三年十二月八日に初演された。リズム動機を極限まで追求したこの曲は、ベートーヴェンの生前に最も成功した作品と言われる。さらに一八一一年（一二年とする説もある）春から一三年春にかけて、交響曲第八番ヘ長調（Op. 93）が作られた（一八一四年二月二十七日に初演。このとき第七番も一緒に演奏された）。こちらは整然とした古典的構造を持ちつつ、リズム動機の重視において第七番と同様の革新性を秘めている。

3　シラー熱、ふたたび

「苦痛は短く、歓喜は永遠」

ゲーテの最大の親友と言えば、シラーである。ゲーテと交流した一八一二年頃、並行して、ベートーヴェンのなかでシラー熱が再燃してくる。

ベートーヴェンがゲーテや「不滅の恋人」と会った頃に使っていたスケッチ帳がある。これは創作のアイディアを書き留めたノートで、彼はそれを見返しながら曲を構想した。同じページに二つの違う音楽を書いたこともあれば、一つのメロディーから二つの異なる音楽を作ったこともある。スケッチ帳の活用がベートーヴェンの創作の秘訣であった。一八一二年のノートに、彼は次のような言葉を書き込んでいる。

歓喜よ、神々の美しき火花よ、娘よ。序曲を仕上げる。(Nottebohm 2022 (1872), p. 41)[3]

ベートーヴェンがこの頃、シラーの「歓喜に寄す」に音楽を付けようとしていたことが分かる。ベートーヴェンはこの言葉を記した箇所にメロディーを付しているが、それは結局、《第九》には使われなかった。代わりに、そのメロディーは、一八一四年から一五年作の《命名祝日》(Op. 115) という別の序曲に使われた (ibid., p. 42)。

また、一八一三年十一月二十三日に、ベートーヴェンはシラーの戯曲『オルレアンの少女』の台詞に曲を付けている。教え子の作曲家ナウエ (Johann Friedrich Naue)（一七八七―一八五八年）の手帳にサービスで書いたカノンである。ベートーヴェンがその後記念帳の類に多く書くことになるカノンの走りとされる（大崎 二〇一九、五六〇頁）。シラーの戯曲はフランス救国の英雄、ジャンヌ・ダルク（一四一二頃―一四三一年）を主人公にしたものである。シラー晩年の作で、一八〇一年に初演された。歴史上のジャンヌは火刑で死ぬが、この劇では敵陣に突入して死ぬ。ジャンヌの最期の台詞にベートーヴェンは作曲した。

苦痛（Schmerz）は短く、歓喜（Freude）は永遠。（Schiller 2012, p. 164）

ここにも「苦痛」と「歓喜」の対比が見られる。この場合の苦痛は戦争で傷つくことを指している。また歓喜とは、ジャンヌが神に祝福されることである。この歌詞が賛美歌のように何度も繰り返され、宗教音楽の雰囲気を湛えている。

なお、一八一五年三月三日にも、同じ台詞に、別のメロディーによるカノンを作曲している。こちらは、ウィーンの劇場音楽監督シュポア（Louis Spohr）（一七八四―一八五九年）が同市を去るに当たり、ベートーヴェンが色紙に書いた別れのカノンである。

「苦悩を突き抜けて歓喜へ」

一八一五年四月十二日、ベートーヴェンは友人アメンダに手紙を書いた。アメンダは、ベートーヴェンが難聴の悩みを早い段階で告白した友人である（第8講）。ベートーヴェンは、自分はアメンダと違い、幸福にも子どもにも恵まれていないと言って、こう続ける。「僕は自分が愛し、また愛することが出来ると思うあらゆる人々から、自ら遠ざかって暮らさなければならないと言ってよい。だから、このドイツの大きな都市にまるで一人ぼっちで暮らしていると言ってもいい」(Beethoven 1996-98, Bd. 3, p. 137／ベートーヴェン　一九七九、四四七頁)。

この頃からベートーヴェンの難聴は一段と深刻度を増していたらしい。同年九月、知人ブラウフル宛の書簡では、「多くのことについて不機嫌でいるが、地上の誰よりも傷つきやすいのだ。耳の調子が悪いので、他人とのやりとりがしばしば苦痛でしかない」(ibid., p. 167) と述べている。「苦痛(Schmerzen)」に下線が引いてある。ブラウフルは、ベートーヴェンのパトロンの一人エルデッディ伯爵夫人(Anna Maria von Erdődy)(一七七九―一八三七年)が雇っていた家庭教師であった。

同じ頃、九月十九日[4]付のエルデッディ伯爵夫人宛の書簡に、有名な言葉が登場する。ロマン・ロランが『ベートーヴェンの生涯』(一九〇三年)で引用し、ベートーヴェンの生涯を象徴するとされる言葉である。

> 無限の霊魂をもちながら有限の存在であるわれわれは、ひたすら悩みのために、そしてまた歓喜のために生まれてきているのです。また、優れた人々は苦悩を突き抜けて歓喜をかち得るのだ、と言っても間違いないでしょう。(ibid., p. 161／ベートーヴェン　一九七九、四五五頁、強調原文)

この「苦悩を突き抜けて歓喜を(durch Leiden Freude)」という言葉にも、下線が引かれている。エルデッディ伯爵夫人は、名をアンナ・マリーといい、一七七九年にハンガリーのアラドに生まれ、十六歳でハンガリー貴族エルデッディ伯爵と結婚した。初産で身体の自由を失い、以後、病床に伏しがちだったそうである。ベートーヴェンとは、一八〇〇年代初頭に、スヴィーテン男爵の音楽会で知り合ったらしい。ピアノの素養があり、ベートーヴェンの最も良き理解者の一人であったとされる。[5] 上記の手紙が書かれた頃も、伯爵夫人は不調を抱えていたようだが、詳細は不明である。

ちなみに、「苦悩を突き抜けて歓喜へ」という言葉は、ラテン語の格言「苦難を乗り越えて星々へ（per aspera ad astra)」を、ベートーヴェンが自分なりに言い直したものかもしれない。この格言は、古代ローマの哲学者セネカの『狂えるヘルクレス』にある「non est ad astra mollis e terris via（地球から星々への道は快適ではない)」という言葉、もしくは詩人ウェルギリウスの『アエネーイス』にある「sic itur ad astra（こうして人は星々へ行く)」という言葉が起源とされている。

いずれの格言も「苦難」と「星々」を対比している。「星々」は苦闘の末に得られる栄冠のことを指し、ベートーヴェンはそれを「歓喜」という語で表した。彼の場合にはおそらくシラーの「歓喜に寄す」が念頭にあったのだろう。シラーは「歓喜」と「星空」との二語をセットで用いているからである（第5講)。ちなみに、この頃、一八一五年夏から秋にかけて、今日確認されるかぎり最初の《第九》のスケッチが書かれた（大崎 二〇一九、三〇七頁)。ただしまだ、そのメロディーとシラーの詩句とは結びついていない。

4　内省の日々

ヘルダー、およびインド宗教書

この頃ベートーヴェンはさまざまな分野の書物を読み、ノートに多くの言葉を抜き書きしている。そこにはドイツ文学だけでなく、インドの宗教書も含まれている。一部を紹介するが、これまで述べてきたことを踏まえれば、得心の行く読書記録であろう。

一八一五年後半には、思想家ヘルダー（Johann Gottfried Herder）（一七四四―一八〇三年）の『雑纂』第四巻（一七九二年）から抜粋している。ヘルダーはケーニヒスベルク大学でカントに学び、ドイツにおけるスピノザ復興を決定づけた哲学者である。[6] 抜粋された四つの詩には、いずれも苦痛と祝福との対比が見られる。たとえば、「人生の慰め」からの抜粋にはこうある。

艱難の時に、その日を見て落胆するなかれ。
その一日は、憂い（Sorge）にかわって歓び（Freude）を、悲痛にかわって楽しみを、汝にもたらすだろう。（Leitzmann (hrsg.) 1921, Bd. 2, p. 249, Solomon 1988, p. 261／邦訳八一頁）

また、バラモン教の聖典からの一節も見られる。出典は、ヘルダーの友人であった神学者クロイカー（Johann Friedrich Kleuker）（一七四九―一八二七年）がドイツ語訳した、インド宗教の研究書『諸関連において描かれたブラーフマニズムの宗教体系』（一七九七年）である。一種の汎神論的なメッセージを読み取ることができる。[7]

すべての快楽と欲望より解放されし者、そは万能の一者なり。そは唯一者なり。その者より偉大なる者はなし。［ブラーフマ（梵天）］、その霊はそれ自身の中に包含されたり。この者、万能の一者は、空間のいたるところに現前す。この者の全知は、みずからに発し、その者の想念はすべての他者を〔包括す〕。(Leitzmann (hrsg.) 1921, Bd. 2, p. 252, Solomon 1988, p. 265／邦訳八九頁。〔 〕は訳者による)

続いて、イギリスのインド学者ジョーンズ(William Jones)(一七四六―九四年)他の『アジアの歴史、考古学、芸術、科学、文学についての学術論考と雑纂』(一七九二年)からの引用がある。ベートーヴェンは先述のクロイカーによるドイツ語訳で読んでいる。創造論と汎神論が一体化した壮大な宇宙観がうかがえる。

諸霊の中の霊よ、おんみは
無限の空間と終りなき時間を貫いて広がり、
錯綜した思考の限界を超えて高まり、
その騒乱を美しい秩序となるように命じている。
天空(世界)が存在する以前から、おんみはあった。
われらの下や上を天体がめぐるより以前には、
地球が天空のエーテルの中に浮かぶ以前には、
おんみのみがあった〔…〕(Leitzmann (hrsg.) 1921, Bd. 2, p. 253, Solomon 1988, p. 266／邦訳九二頁)

さらに、スコットランドの歴史家ロバートソン(William Robertson)(一七二一―九三年)の『インドについての古代人の知識に関する歴史的論文』（一七九一年）からの引用もある。この本を通して、思想家フォルスター（Georg Forster）（一七五四―九四年）がドイツ語に訳した『バガヴァッド・ギーター』と『ヴェーダ』を、ベートーヴェンは読んでいた。

動機は、結果の中にではなく、行為の中に委ねよ。行為への原動力が、報酬を目当てとするような者にはなるなかれ。汝の人生を無為に過ごすなかれ。活動的であれ、そして汝の義務を果たし、結果について考えるのをいっさい止めよ。それが善い結果をもたらそうと悪い結果をもたらそうと。（Leitzmann (hrsg.) 1921, Bd. 2, p. 254, Solomon 1988, p. 268／邦訳九七頁）

カント的に言えば、仮言命法ではなく、定言命法的に行為を選択せよ、というメッセージとして解することができる。現に、ベートーヴェンはこのあと、カントの『天界の一般自然史と理論』から抜き書きしており（この件については次回触れる）、その際、直前に読んだインド宗教書が念頭に置かれていたと考えることは十分可能である。一八一五年以降、「苦悩を突き抜けて歓喜へ」というベートーヴェンの思考は、こうしてインドの宇宙観・道徳論をも取り込みながら、普遍宗教的な色彩を帯びていく。

なお、一八一九年二月二十四日、歴史家ハンマー゠プルクシュタール（Joseph von Hammer-Purgstall）（一七七四―一八五六年）に宛てた手紙のなかで、ベートーヴェンは、「ヒンドゥー教の宗教体系を詩的かつ感情的な仕方で描写すること」に関心を持っている旨を述べている（Beethoven 1996-98, Bd. 4, p. 243）。《第九》の合唱部分からは、古代ギリシア宗教やキリスト教以外に、古代インド宗教の神の表象をも読み取ることが可能かもしれない。

親族問題

一八一五年十一月十五日、弟カスパールが結核で病死した。まだ四十一歳だった。この月のベートーヴェンの日記には次のようにある。「おお弟よ、〔天上から私を〕見下ろしてくれ。そうだ、私はおまえのために泣いたし、今でも泣いている。おお、なぜおまえは私にもっと心を開いてくれなかったのか」(Leitzmann (hrsg.) 1921, Bd. 2, p. 255, Solomon 1988, p. 270／邦訳一〇二頁。〔 〕は訳者による)。

この時期からベートーヴェンは親族問題に悩まされる。まずベートーヴェンは、弟の死について、その責任の一端が弟の妻ヨハンナ(Johanna van Beethoven)(一七八六―一八六九年)にあると考えた。そして弟夫妻の子カール(Karl van Beethoven)(一八〇六―五八年)を引き取ろうとする。こうして義妹ヨハンナとの間で親権裁判が行われ、一八一六年一月にベートーヴェンを甥カールの単独後見人にするという裁定が下された。裁判後にベートーヴェンはカールに自分の夢を託そうと熱心な教育をする。しかしその重圧と、母親と伯父の諍いによって悩んだカールは、次第に精神を病んでいく。ベートーヴェンの晩年に深刻な影を落とす「甥」問題である。

一八一六年五月十三日、エルデッディ伯爵夫人宛の書簡で、「わたしの健康ですが、これもこの六週間というもの薄氷を踏む思いで、時には死というものを考えました。死は別に恐くありません。ただ、今死ぬのは可哀そうなカールに早すぎる」(Beethoven 1996-98, Bd. 3, p. 258／ベートーヴェン 一九七九、四七四頁)と述べている。じつはこのとき伯爵夫人も息子を亡くしていた。それを知ったベートーヴェンは二日後に追伸した。「何と言ってお慰めしたらよいことか。近親の者の、急な思いもかけぬ別離以上に悲しいことはありません。同じくわたしもかわいそうな弟の死が忘れ得ません」(ibid., p. 259／同書、四七五頁)。

同年十一月初頭、ベートーヴェンは、甥カールを預けたウィーンのある教育者に宛てた手紙で、こう語っている。「わたしの家庭生活はまさに難破船も同然です。沈没に瀕していると言ってよいでしょう。〔…〕しかもわたしの健康も早急には回復しそうにもありません」(ibid., p. 313／同書、四八三頁)。一八一六年、ベートーヴェンは弟の死による孤独、自分の病気、甥との人間関係の悪化に悩み、創作も停滞期を迎えた。

5 小括

一八一〇年前後のベートーヴェンの読書記録から、コリン、ゲーテ、シラー、ヘルダーやインド古典等との内的対話を概観した。この間ベートーヴェンが注目したのは、一貫して「苦悩」と「歓喜」との対比であった。あるいは「苦悩」と「歓喜」が不可分であるという考えであった。ここで彼が言う「歓喜」とは、単に「苦悩」から逃れるという消極的意味のそれではない。「歓喜」は「苦悩」を通して鍛え上げられるもの、そして積極的に勝ち取られるものである。「苦悩」はむしろ「歓喜」を得るための条件なのだ。

したがって、ベートーヴェンが考える「歓喜」とは、最初から人間に与えられたものではない。「苦悩を突き抜けて歓喜へ」の「突き抜けて(durch)」とは、英語の through に当たり、「そこを通じて」という意味である。「苦悩」を通じなければ、「歓喜」に至ることはできない。「苦悩」の只中にあって、あえて「歓喜」を求め、手にすること、それこそが「突き抜ける」ということの本当の意味なのだ。

《第九》の思想的土台はすでに整っている。だが、これら諸思想をいわば一本の糸に縒り合わせる役割を果たした哲学がもう一つある。カントの宇宙論である。ベートーヴェンがこの哲学によっていかなる芸術的成熟を遂げたか。次回以降、その点を追跡しよう。

第11講　カント宇宙論に挑む

1　『天界の一般自然史と理論』

以上の作業を通じて、ようやく私たちは本講義の本丸ともいうべき問いに向かうことができる。すなわち、ベートーヴェンは実際にカントの著作をどのように読んだのか。彼はそこから何を学び取ったのか。そしてその内容は《第九》の作曲とどのような関係があるのか――という問いである。

ベートーヴェンがカントの著作に言及した事例は二つある。一つは一八一六年秋頃、四十五歳のときの日記に記された『天界の一般自然史と理論』の引用。もう一つは、一八二〇年二月、四十九歳のときの会話帳に記された『実践理性批判』の結語の一節。いずれもカントの死後十年以上たった時期のことである。

この二つの事例については、過去のベートーヴェン伝も言及している。しかし、そのカント解釈の中身にまで踏み込んだものは少なかった。近年、音楽学の側から二、三の研究が現れたが（Maier 2016, Hinrichsen 2017, 2019, 2021）、哲学研究の側からはまだ皆無に等しい（少なくとも「プロローグ」で紹介したアドルノ以降には）。以下では、多少なりともその空白を埋めてみたい。

カントと天文学

ベートーヴェンは、『天界の一般自然史と理論』から、全部で六つの文章を抜き書きしている。今回は、その抜き書きの一つ一つをカントの原典と照合させながら、ベートーヴェンの読解過程を再現する。その結果、同書がベートーヴェン後年の——とくに《第九》作曲時の——シラー解釈をも方向づけた可能性が見えてくるだろう。

カントの『天界の一般自然史と理論』は一七五五年春に刊行された。カントが三十一歳のときの著作である。宇宙の起源としての「星雲説」を先駆的に提唱し、また土星の先にも惑星が存在する可能性を説いた。ところが刊行後まもなく出版社が倒産したため、世に広く知られなかった。四半世紀後の一七八一年——カントが『純粋理性批判』を出した年——に、イギリスの天文学者ハーシェル(William Herschel)(一七三八—一八二二年)によって天王星が発見された。カントの推測の正しさが検証されたのである。

ベートーヴェンは『天界の一般自然史と理論』の一七九八年版(ツァイス社)を所蔵していた。そして一八一六年秋頃に、日記に六つの文章を抜粋する。ただし自筆の日記は残っておらず、死後に作られた写しが四種類確認されている。本講義では、ライツマン編の「フィッシュホーフ写本」(Leitzmann (hrsg.) 1921, Bd. 2, pp. 241-266 所収)、およびベートーヴェン研究者ソロモンの考証によって最も古い年代(ベートーヴェン没後まもない一八二七年中)の作成と推定されている「グレーファー写本」(Solomon 1988, pp. 246-295/邦訳三七—一七五頁所収)に基づく(『天界の一般自然史と理論』の引用箇所にはアカデミー版カント全集の頁数を並記した)。

ベートーヴェンによる抜粋記録

写本しか残っていないのであれば、写し間違いや、書写した者による変更があったのではないかという疑念も出てこよう。この点、興味深いのは、文章の順番や表現がカントの原典と微妙に異なることである。そのためかえってベートーヴェンが筆記したというリアリティが感じられる。すなわち、彼がノートに記した順序を、写本が正しく反映していると考えられるのである。

そこで、六つの抜粋とそれぞれの原典箇所との対照表を作ると、次のようになる。

抜粋①（［ルクレティウスの］原子の騒乱……）＝第二部第八章（Kant 1902, p. 334）
抜粋②（もし宇宙構造に秩序と美が……）＝第二部第八章（ibid., p. 346）
抜粋③（さまざまな惑星の住人……）＝第三部（ibid., p. 358）
抜粋④（思考する存在者の優秀さ……）＝第三部（ibid., p. 359）
抜粋⑤（精神界と物質界の完全性は……）＝第三部（ibid., p. 360）
抜粋⑥（二つの力は……）＝序文（ibid., p. 234）

ベートーヴェンの抜粋は、カント原典の第二部第八章から始まる。そして最後に、序文から抜粋される。カント原典ではもちろん最初に序文があるから、ベートーヴェンはまず第二部を読み、次いで第三部を読み、最後に序文を読んだのだろうか。

だが、ここでもう一つ面白いことがある。この序文で、じつはカント自身が第二部こそ「本書のもっとも本来的な主題を含む」部分であり、なかでも「第八章を最初に通読していただきたい」（ibid.,

p. 234／カント 二〇〇〇a、二四頁）と述べているのだ。もしベートーヴェンがこのカントの指示通りに読んでいたと仮定すれば、次のように考えられる。ベートーヴェンはまず序文を読んだ。カントの指示に従って、次に第二部第八章を通読した。第二部は第八章で終わっている。だからそのままベートーヴェンは第三部を読んだのだろう。そしてふたたび序文を読んだ。第一部を読んだかどうかは分からない。ただ、ベートーヴェンの読み方自体が、一種の循環構造をとっていたことが推測される。[1]

参考に各章の目次を記すと、第一部は「恒星群の体系的構造の概要、ならびに、そのような恒星系が多数あることについて」。第二部は全八章からなり、第一章は「惑星宇宙一般の起源とその運動の原因について」、第二章は「惑星の密度の違いとその質量の関係について」、第三章は「惑星軌道の離心率と彗星の起源について」、第四章は「衛星の起源と惑星の自転について」、第五章は「土星の環の起源について、さらにこの環の状態から土星の自転周期を算出する」、第六章は「黄道光について」、第七章は「空間および時間において無限な範囲にわたる創造について」、第八章は「宇宙構造に関する機械的学説がそもそも正当であることを一般的に証明する。とくにわれわれの学説の確実性について」。そして第三部は「自然の類比に基づいてさまざまな惑星の住人を比較する試論」となっている。

2　ベートーヴェンの読解過程

ベートーヴェンの読解過程を、日記の全体構造に照らしつつ、またカントからの抜粋とカント原典とを比較対照しつつ、再構成してみよう。

カントからの抜粋が始まる直前に、「T」という女性に関する言及がある。彼女が「不滅の恋人」と同一人物なのか、別人なのかは不明である（ベートーヴェン 一九七九、四七三頁、訳者注）。一八一六年春頃に作曲された連作歌曲《遥かなる恋人へ》[2]（Op. 98）との関係を指摘する説もあるが、詳細は分からない。いずれにしても、ベートーヴェンは秘めたる愛の問題を抱えていた。自分の病気もある。弟も死んでしまった。神への信仰で必死に自分を支えようとしている。この文脈は軽視できないので、以下全文を引いておく。

> Tに関しては、神におまかせするよりほかはない。弱さから誤ちを犯すかもしれないようなところには、決して行かぬことだ。ただひとえに彼、すべてを知りたもう神にだけおまかせすることだ！（Leitzmann (hrsg.) 1921, Bd. 2, p. 258, Solomon 1988, p. 104／邦訳一二七頁）

このあと、『天界の一般自然史と理論』から第二部第八章の文章が抜粋される。

カント自身、序文で第二部が同書の中心であり、とくに第八章から読むよう指示していることは先に述べた。ベートーヴェンがこの指示を知っていた可能性は高い。序文の冒頭でカントは自著の意図をこう説明する。「宇宙の巨大な構成部分を無限の範囲のすべてにわたって結合して一つの体系にするものを発見し、天体そのものの形成やその運動の起源を機械的法則によって自然の最初の状態から導きだす」（Kant 1902, p. 221／カント 二〇〇〇a、九頁）。こうした立場は、最高存在者の産物を、自然から機械的に生じたものと見なすから、一見、無神論的に映る。だが実際はそうではない。研究を進めるごとに、暗黒の霧は晴れて「最高存在者の栄光」が輝いて現れた、とカントは言う（ibid., pp. 221-222／同所）。

この主張は、ベートーヴェンが「ハイリゲンシュタットの遺書」を書く前に、ゲレルトの詩に付けた歌曲《自然における神の栄光》を想起させる。そこでは「天空の無数の星を支えるのは、誰か？／太陽をその天幕より導き出すのは、誰か？・」（小塩他（訳）一九九九、一二頁）と問いかけられていた（第8講）。危機のたびに宇宙の崇高性に思いを凝らしてきたベートーヴェンにとって、カントの議論は馴染みやすいものだったと思われる。

中心遍在説

太陽系には多くの惑星がある。水星、金星、地球、火星、木星、土星が並ぶ。これらは太陽の赤道面を延長した平面に近い位置に並んでいる。カントによれば、同様にわれわれの太陽も、より広い共通平面に並ぶ「無数の太陽」の一つと考えられる。この共通平面がいわゆる「銀河」である（Kant 1902, p. 231／カント 二〇〇〇a、二〇頁）。

この複数形の「太陽（Sonnen）」は、英語の「suns」に当たり、「恒星」を指す。私たちは自分たちの住む系の恒星を太陽と呼んでいるが、太陽系のような恒星系は宇宙に無数にある。太陽系では太陽が中心だが、無限宇宙においては、太陽も他の恒星との関係のなかで動いているのではないか。これが中心遍在説である。中心はどこにもあり、またどこにもない。すべてが中心である。見方を変えれば、太陽系も宇宙の端かもしれない。シラーの「歓喜に寄す」の「主のもろもろの太陽が／壮大な天の律動のもと飛びめぐる」という歌詞も、この無限宇宙論の系譜に属する（第5―6講）。
序文の最後に、カントは「もし読む順序をあえて申し出ることが許されるなら、〔第二部〕第八章を最初に通読していただきたい」と言う。そうすれば全体について正しい理解を得ることができる（ibid., p. 234／同書、二四頁）、と。[3]

ここでカント自身が要約するところによると、第二部第八章は「ものの本性には、おのずと秩序と完全性へ高まる本質的な力がそなわっているということは、神の存在のもっともみごとな証明である」（ibid., p. 239／同書、三〇頁）ことを論じている。神の手助けなしに宇宙はみずから動く。そう考えても、神を否定することにはならない。むしろ、そうした自立的な宇宙を創った最高存在者の偉大さが認識される、とカントは言う。これはいわゆる理神論の主張である。

もっとも、カントは後年、この主張を「神の存在の物理神学的証明」として批判することになる。『純粋理性批判』では、神は世界を構成するもの（構成的原理）ではなく、世界を理解するための理念（統制的原理）であるとされる。神は学問的に認識されるものではなく、道徳的に要請されるものだという。批判哲学期のカントは、理神論とは別の仕方で、近代科学と両立できる神理解を試みた。

こうした主張の変化はあるものの、カントにおいて一貫しているのは、世界の機械的運動を認めることと、神の存在を認めることとは、排斥し合わないという考えである。この考えは、カントが総合しようとしたニュートンとライプニッツとの双方に見られ、さらに遡るとスピノザやクザーヌスにも見られるものである（第6講）。

抜粋①―②――秩序と全知

ベートーヴェンが以上のようなカントの思想に注目したのは、おそらく直前にヘルダーやインド宗教書を読んで、キリスト教的世界観に収まらない宇宙論に関心を持っていたからであろう。あるいはこの種の関心は、若き日にボン大学で聞いた理神論によってすでに形成されていたとも言える（第2―4講）。

さて、第二部第八章から、ベートーヴェンは二つの文章を抜粋している。

抜粋①：〔ルクレティウスの[4]〕原子の騒乱から宇宙が偶然に形成されたわけではない。全知の知性によって植えつけられた力と法則は、偶然ではなく必然によって生まれた秩序の不変の根源だったのである。(Leitzmann (hrsg.) 1921, Bd. 2, p. 258, Solomon 1988, p. 279 / Kant 1902, p. 334／カント 二〇〇〇a、一三七頁)

ルクレティウス（前九九頃―前五五年頃）は古代ローマの哲学者で、原子論を説いたとされる。これは、自然を構成する分割不可能な最小単位を、原子（アトム）として想定し、そこから宇宙の生成を論じる立場である。この説を認めつつもカントは、宇宙は単なる原子の集合から生じたのではなく、そこに力と法則が加わって生じたのだと考える。こうした力や法則は「全知の知性（der weiseste Verstand)」が植えつけたものであり、だからこそ必然的なのだとカントは言う。

このあとしばらく天体の運動や軌道の話が続く。ここでカントが用いているキーワードが「引力」

と「斥力」である。ニュートンに由来するこの二つの概念によって、彼は宇宙の起源を説明する。これはカントが自信をもっていた説で、序文や第二部第一章でも語られている。ベートーヴェンは抜粋⑥でこの二つの概念に言及するが、それは序文からの引用である。これについては改めて抜粋⑥のところで扱おう。ここでは、ベートーヴェンが抜粋①を記したあとに、この二つの概念に関する説明を読んでいた可能性を指摘するにとどめる。

自然現象が偶然の産物ではないことを強調したあと、カントはふたたびこうした必然性が全知によるものだと言う。その文章をベートーヴェンは抜粋している。

抜粋②：もし宇宙構造に秩序と美があらわれるなら、神は存在する――この結論はまったく正しい。しかしながら、つぎの結論もそれに劣らぬ根拠をもっている。すなわち、もしこの秩序が一般的自然法則から出てきたとするなら、自然全体は必然的に全知の結果である。(Leitzmann (hrsg.) 1921, Bd. 2, p. 259, Solomon 1988, p. 279 / Kant 1902, p. 346 ／カント 二〇〇〇a、一四九頁)

有機物の連鎖であれ、諸惑星の運行であれ、自然のなかにこれだけの秩序と美を作るには、「全知(der höchste Weisheit)」が前提されなければならない、とカントは言う。ただし、神の知恵が宇宙に関わるのはその設計までであり、「調和と有用な目的を含む自然の配置」はあくまで自然自身の因果関係によると言う (Kant 1902, p. 346 ／カント 二〇〇〇a、一四九頁)。

ちなみに、カントはこの文章の直後に、全知は自然にあえて「欠如」や「逸脱」が残るよう配慮したと述べている。「自然はこのように無限に豊饒だからこそ、生物が住む天体だけでなく彗星をも生みだし、有益な山も危険な崖も、豊かな田園も荒涼たる砂漠も、美徳も悪徳も生みだしたのである」(ibid., p. 347／同書、一五〇頁)。もしも地上の風景に田園しかなく、人間の性格に美徳しかなかったとしたらどうだろう。かえって不完全であるということにならないだろうか。完全なものは、不完全なものをも含んでこそ完全である、という逆説的発想である。こうして第二部が終了する。

抜粋③―⑤―存在の連鎖

続いて、第三部から、ベートーヴェンは三つの文章を抜粋している。[5]

第三部は「自然の類比に基づいてさまざまな惑星の住人を比較する試論」と題し、地球以外の太陽系惑星に生命体はいるのかという問題を扱っている。あくまで付論であり、これが証明不可能な問題であることはカント自身認めている(Kant 1902, p. 366／カント 二〇〇〇a、一六九頁)。

カントによれば、太陽からの距離の違いに応じて、惑星ごとに生命体にふさわしい身体性質は異なる。地球上では、太陽の光を浴びて植物は光合成し、人間・動物は細胞を活性化させる。このように太陽の光と生命体とは相関関係にある。地球の住人は太陽との近さにふさわしい身体構造をしているので、金星に行くと死滅する。同様に金星の住人は、地球に来ると死滅する(ibid., p. 358／同書、一六〇頁)。そうカントは言う。

このあとに、ベートーヴェンの引用した言葉が続く。

抜粋③：さまざまな惑星の住人、いやそれどころかそれらの惑星上の動物や植物をも構成している素材は一般に、太陽から離れれば離れるほど、それだけ軽く繊細になり、その身体構造の有益な素質も含めた組織繊維の軽快さもそれだけ完全になるにちがいない。（Leitzmann（hrsg.）1921, Bd. 2, p. 259, Solomon 1988, p. 279 / Kant 1902, p. 358／カント 二〇〇〇a、一六〇頁）

カントは、ニュートンの「天体を形成する素材は、太陽に近い惑星よりも遠い惑星のほうがつねに軽い」（Kant 1902, p. 358／カント 二〇〇〇a、一六一頁）という説を踏まえている。地球は諸惑星のなかでは、太陽から近すぎも遠すぎもしない中間に位置する。それゆえカントは、仮にさまざまな天体に思考する存在者がいるとすれば、人間は最善のものでもなく最悪のものでもない、中間者的なものであると言うのである。

抜粋④：思考する存在者の優秀さ、思考の敏速さ、外的印象に由来する観念の明瞭さと活発さ、これらの観念を結合する能力、最後にこれを行使する際の敏捷さ、要するにこれらの存在者の完全性の範囲はすべて、それらの居場所の太陽からの距離に比例してますます優秀で完全になるという確実な規則にしたがう。（Leitzmann（hrsg.）1921, Bd. 2, p. 259, Solomon 1988, pp. 279-280 / Kant 1902, p. 359／カント 二〇〇〇a、一六一頁）

十八世紀半ばの宇宙論であり、たくましい空想に支えられた叙述である。ここでカントが言おうとしているのは、太陽からの距離に比例して、すなわち太陽からの距離が遠ければ遠いほど、その惑星の住人は優秀になるという仮説である。続いて――

抜粋⑤：精神界と物質界の完全性は、水星から土星にいたるまで、あるいはおそらく（もっと別の惑星があるとしたら）土星の彼方の惑星にいたるまで、太陽からの距離に正確に比例した段階的系列をなして成長し進歩する。（Leitzmann (hrsg.) 1921, Bd. 2, p. 259, Solomon 1988, p. 280 / Kant 1902, p. 360／カント 二〇〇〇a、一六二頁）

先の仮説に従うならば、各惑星の生命体は、太陽に近ければ近いほど鈍重で、遠ければ遠いほど軽くなるだろう。しかし、整然と矛盾なく動いているという点においては、いずれも等しく神の現れである（Kant 1902, p. 365／カント 二〇〇〇a、一六七頁）とカントは言う。神の栄光は、存在の上等・下等に関係なく燦然と現れている。ここでカントは、イギリスの詩人ポープ（Alexander Pope）（一六八八―一七四四年）と、スイスの生理学者ハラー（Albrecht von Haller）（一七〇八―七七年）の詩を引用している。

なんという連鎖だ、神から始まる連鎖は。なんという自然だ、／天と地から、天使と人間から畜生にいたる自然は、セラピムからうじ虫にいたる自然は。（ibid., p. 366／同書、一六八頁）〔ポープ」

> 星はおそらく神々しい精神の座である。／ここで悪徳がはびこっているように、あそこでは美徳が主人である。(ibid.／同所)〔ハラー〕

これらの詩句はシラーの「歓喜に寄す」を想起させる。「虫けらには快楽が与えられた、／だが神の前には智天使が立つ」「創造主を感じるのか、世界よ。／きらめく星空のかなたにそのお方を探せ」(第三節、Schiller 1992, pp. 410-411)。もちろん、シラーが「歓喜に寄す」を書いたときにカントを読んでいたわけではない。ハラーやポープの詩は当時ドイツでは広く読まれていた。十八世紀後半の啓蒙主義文学で共有された世界像だったのである。

さて、カントは最後に「結語」を記している。これをベートーヴェンが読んだかは不明だが、次の一文に目を向けなかったとは考えにくい。カントは言う。

> 晴れた夜、星の輝く天空を見上げるたびに、高貴な心にのみ感じられるある種の満足がわきでてくる。〔…〕この惑星の思考する被造物のなかには、あいかわらず虚栄の奴隷になろうとする低劣な輩もいる。これほどみじめな被造物を育てたからには、この球はなんと不幸なことだろうか。しかし他方、あらゆる天体のなかでもっとも恵まれた自然の構造が獲得しうる利点をはるかに凌駕するような幸福と尊厳というものもあるのであって〔…〕これに到達する道が地球に開かれているからには、この地球はなんと幸福なことだろうか。(Kant 1902, pp. 367-368／カント 二

〇〇〇a、一七一頁)

夜空を見上げると、星々の整然たる動きから神の御業の偉大さが感じられる。これに比べると人間はじつに卑小な存在である。しかし、そもそも宇宙には欠如や逸脱もあるということをカントは述べていた。完全なものはあえて不完全なものをも含む。人間の世界には、虚栄や卑俗もあれば、幸福や尊厳もある。そしていずれの道をも選び得るということが、人間が自由であることの証なのである。なお、「星の輝く天空」と「高貴な心」との対比は、のちの『実践理性批判』の結語における「わが上なる星輝く天空と、わが内なる道徳法則」という言葉を想起させる。実際、ベートーヴェンは、四年後にこの言葉を会話帳に引用することになる。この点については次回詳しく論じよう。

抜粋⑥――引力と斥力

抜粋⑤のあと、ふたたび「T」という女性に関するメモがある。このことは、抜粋①―⑤が、それどころか次に来る抜粋⑥をも含めたカントからの抜粋全体が、この女性との関係に文脈づけられることを示唆するものと言える。全文を引用しておく。

にもかかわらず、Tに対してはできる限り誠実であれ。彼女の献身的情愛は、いつまでも決して忘れてはならないものだ。――悲しいことに、たとえそれによっておまえに都合の良い結果が決して生まれないにせよ。――(Leitzmann (hrsg.) 1921, Bd. 2, p. 259, Solomon 1988, p. 280/邦訳一三〇頁)

その後、カントからの最後の抜粋が来る。ここでベートーヴェンは再度、序文に戻って引用している。カント原典では、読者に対する「〔第二部〕第八章を最初に通読していただきたい」という指示の直後の段落に当たる。

抜粋⑥：二つの力は、等しく確実であり、等しく単純であり、また同時に等しく根源的かつ一般的である、すなわち引力と斥力。（Leitzmann (hrsg.) 1921, Bd. 2, p. 259, Solomon 1988, p. 280）

ただしカントの原文と比べると、語順を入れ替えた自由な抜粋になっている。「すなわち」という言葉はベートーヴェンによる挿入である。カント原典では次のようにある。

> 私は〔…〕宇宙をもっとも単純なカオスへ還元した後で、自然の偉大な秩序の展開のために引力と斥力以外のいかなる力ももちいなかった。これら二つの力は、等しく確実であり、等しく単純であり、また同時に等しく根源的かつ一般的である。両者はニュートン哲学から借りてきた。
> (Kant 1902, p. 234／カント 二〇〇〇a、二四―二五頁、強調引用者)

カントは宇宙の最初の状態を、原子が単に散乱しただけの混沌として描き、そこからいかにして現在の「偉大な秩序」が生じてきたのかを考察した。その際、「引力と斥力」という二つの力の概念だけを用いて、すべてを説明したとカントは言う。

ベートーヴェンのノートを見ると、最初に「二つの力」という言葉を抜粋し、「等しく確実であり、等しく単純であり……」云々と続き、「すなわち」を挿入して、そこから前に戻って「引力と斥力」という言葉を引用している。それゆえ、ベートーヴェンは本書全体だけでなく、一つの文章についても、一種の循環的な読みをしていると言える。

ここで「引力」と「斥力」について説明すると、引力は「自分のまわりの領域からより比重の小さなあらゆる物質を集める」力である。いわゆる万有引力のことであり、たとえば落下・重力・求心力・中心力を指す。一方、斥力は「互いに反発しあい、そしてそれが引力と相争うことによって、いわば自然の持続的生命ともいうべき運動を生みだす」力である。引力に逆らう反発力のことであり、たとえば跳躍力・直進力・遠心力・速力・回転速度・投射力を指す（ibid., pp. 264-265／同書、五八―五九頁）。

カント自身が認めているように、この二つの力の概念は、ニュートンに由来する。ただし、ニュートンはこれらの概念を微細粒子に関して用いているが、カントは宇宙全体の話に用いている。[6] カントによれば、宇宙の端緒は、微細粒子がただ散らばっただけの混沌だった。引力が働いて、比較的密度の大きな粒子が、自分の周囲からより比重の小さな粒子を集める。こうしてできた大きな粒子も、さらに大きな粒子に引き付けられて、次々と集まっていく。粒子が移動するときに、元の位置に残存しようとする力が斥力である。

この中心物体の質量が非常に増大すると、かなり離れた粒子がこの物体に引きつけられる際の速力は、これらの粒子を互いに反発させる弱い斥力によって側方へ曲げられて、側面運動になる。これらの側面運動が遠心力によって中心物体を一つの円のなかに含むようになるとき、粒子の巨大な渦巻が生じる。これらの粒子はそれぞれ、引きつける力と側方へ向きを転じる力の合成によって曲線を描くからである。(ibid., p. 265／同書、五九―六〇頁)

こうして引力と斥力との緊張関係から、星々の渦巻が生じる。同様にして宇宙の至るところで恒星系が生まれ、銀河が形成される。これがカントの「星雲説」である。

なお、この宇宙観は、シラーの「歓喜に寄す」を想起させる。「星々の渦巻きが讃えるお方、／熾天使の讃歌が誉めるお方」(第七節、Schiller 1992, p. 412)。もちろん、これもシラーがカントを読んで書いたのではない。宇宙を渦巻と見なすのは、フランスの哲学者デカルト(René Descartes)(一五九六―一六五〇年)の先例がある(ただしデカルトはこの渦巻をエーテルによると考えたため、ニュートンに批判された)。またカントよりも六年早い一七四九年、フランスの自然学者ビュフォン(Comte de Buffon)(一七〇七―八八年)は、ニュートン力学を用いて、惑星の形成過程を説いていた(松山壽一二〇〇四、六九―七五頁)。

3　天体論から道徳論へ

義務と傾向性

以上、ベートーヴェンのカント解釈の中身を探るべく、彼の日記における『天界の一般自然史と理論』からの六つの抜粋をもとに、その読解過程を再構成してみた。抜粋の中身だけを要約すると以下のようになる。

抜粋①―②は、宇宙の秩序が最高の知性によって可能になったこと、換言すれば、宇宙の機械的説明と神の存在とは矛盾しないことを述べている。

抜粋③―⑤は、さまざまな惑星の住人が、各惑星の太陽からの距離に比例して、段階的系列をなして成長し進歩することを述べている。

抜粋⑥は、宇宙をカオスから秩序へと展開させた引力と斥力が、いずれも確実で、単純で、根源的で、一般的であることを述べている。

ただし、以上の内容をベートーヴェンの日記全体の文脈に照らすと、「T」という女性との関係を無視するわけにはいかない。

抜粋①の直前には、「弱さから誤ちを犯すかもしれないようなところには、決して行かぬことだ。ただひとえに彼、すべてを知りたもう神にだけおまかせすることだ！」とある。この文章は抜粋①―②の「全知」という言葉とも重なる。してみると、抜粋①―②は、ベートーヴェンと「T」との関係は、物理的距離が近くなると過ちを犯しかねないものなので、現在の距離を維持して、未来のことは神に委ねようという趣旨と解される。

このことは、抜粋③—⑤の趣旨とも重なる。すなわち、太陽系の中間にある地球の住人は、美徳にも悪徳にも向かい得る中間的性格を持つという主張と重なる。実際、このあとふたたび「T」に関する言及があり、「たとえそれによっておまえに都合の良い結果が決して生まれないにせよ」、「Tに対してはできる限り誠実であれ」とある。カント哲学的に言えば、傾向性にではなく義務に従うという趣旨に解されるだろう。続いて抜粋⑥の「引力と斥力」に関する文章はどうか。これも男性と女性との関係に、あるいは義務と傾向性との関係になぞらえることができるだろう。

非均衡的均衡

それゆえ、ベートーヴェンは「T」との関係を念頭に、カントの天体論を読みながらその道徳論の領域に足を踏み入れていたと言っていい。そして、こうしたベートーヴェンの読解は、必ずしもカント自身の方向性から逸れているわけではない。たしかに『天界の一般自然史と理論』は道徳論が主題ではない。しかし、カントの倫理学系著作からは、彼が終始、天体論を発想の根底に置いていたことがうかがえる。以前述べたが（第6講）、カントの社会哲学も天体論をベースにしている。

抜粋①—②（第二部からの抜粋）では、宇宙における秩序と美が、全知の存在を証明していると言う。一方、抜粋③—⑤（第三部からの抜粋）では、宇宙にはより完全なものもあれば、より不完全なものもあると言う。これら二つの主張は矛盾して見える。全知の存在であれば、完全なものだけを作ればよいではないか。それなのにどうして地上に貧困、病気、戦争等の欠損があるのか。この問いを考えるのが「弁神論」という、ヨーロッパ哲学の伝統的テーマの一つである。

抜粋⑥の引力と斥力という概念は、上記の矛盾を調停するものである。もし宇宙の起源において原子が均等に散乱していたら、何の変化も運動も生じなかっただろう。しかし不均等だったから、引力と斥力が働いた。すなわち、周辺物体に引力が働いて中心物体へと向かうとき、斥力が遠心力的に働く。引力と斥力が一直線上にないため、側面運動が起きて渦巻ができる。不均衡が均衡を作っていく。同様に、もし人類の起源において個人同士が完全に調和していたら、何の進歩も発展も生じなかっただろう。しかし人間は不完全な存在で、喧嘩も犯罪もする。だからこそ対立を乗り越え調和に至るという課題を自覚し、国家や文明を発展させる。これが「非社交的社交性」である（第6講）。

そう考えると、ベートーヴェンが『天界の一般自然史と理論』から抜粋した六つの文章は、カント後年の道徳論につながる要素を有していると言える。ベートーヴェンが「T」との関係、あるいは甥との関係、さらに難聴に由来する孤独感をも含め、総じて人間関係に悩んでいた時期だっただけに、こうした抜粋になったと見ることもできる。日常の雑音から超出すべく宇宙について思念し、そこから得た示唆をもって自分の内面や行為を統御するという姿勢が見られるのである。カントの「わが上なる星輝く天空と、わが内なる道徳法則」という『実践理性批判』結語も、この姿勢からそう遠いものではない。

4 小括

以上、一八一六年のベートーヴェンの日記から、カント『天界の一般自然史と理論』の読解過程を再構成した。それを見る限り、おそらくベートーヴェンは、序文での第二部の強調、とくに第八章から読み始めよという指示に従った可能性が高い。序文、第二部、第三部、ふたたび序文、という順での、いわば循環的読解だったと推測される。

また、日記の文脈からは、宇宙の力学的法則と人間の道徳的規範とを対応させるという姿勢がうかがえる。この姿勢は、ヘルダーやインド宗教書に関する彼の読書記録にもうかがえるものであった。それら一連の広範な読書を通してなされた思索が、一八一六年のカント読解によって統合されたことが推測される。

さらに、『天界の一般自然史と理論』の記述は、随所でシラー「歓喜に寄す」の詩句を想起させる。諸々の太陽、存在の連鎖、星々の渦巻などは、十八世紀啓蒙主義文学では広く共有されたモチーフであった。このあとベートーヴェンの日記でもシラーからの引用が始まる。この頃ベートーヴェンのなかで、諸文学からシラー文学への橋渡しをカント読解が果たしたとも言える。

ちなみに、音楽学者マニャーニは、ベートーヴェンのこの時期の音楽に、カントの言う引力／斥力概念の反映が見られると解釈している（Magnani 1967, pp. 77-79）。この解釈は後年の《第九》にも妥当するのではないかと私は考えている。ただしその話に移る前に、この時期のベートーヴェンのシラー読解に、引力／斥力概念からの影響の痕跡を見ることができるという事実に触れておきたい。これについては次回詳述する。

第12講　会話帳をめぐる問い

1　シラー熱、三たび

『ヴィルヘルム・テル』

一八一六年秋頃から翌一七年にかけて、ベートーヴェンの日記に——カントからの抜粋のあと——シラーからの抜粋が見られる。たとえば、『ヴィルヘルム・テル』(一八〇四年)から二か所を引用している。この劇はシラーが生前に完成させた最後の大作で、ハプスブルク家支配からのスイスの独立を描いている。行政官ゲスラーの命令で、テルが息子の頭上のリンゴを射させられ、見事成功する話はよく知られていよう。

ベートーヴェンはまず、第五幕第一場の台詞を引用している。

> 涙の取り入れをしたい者は、愛の種を撒かねばならない。(Leitzmann (hrsg.) 1921, Bd. 2, p. 260, Solomon 1988, p. 281／邦訳一三二頁)

これはシラーの原典の文脈では、ハプスブルク皇帝がその甥に殺されたという情報を得たある人民が語る台詞である（Schiller 1980, p. 266）。皇帝の妃は天に向かって嘆き悲しむだろうが、人民たちは同じ天に向かって感謝の祈りを捧げている、と。その死が人民から喜ばれるようでは、為政者として失格である。自分の涙を消そうと思うなら、まずは人民に愛を施さねばならない、という趣旨である（ibid.）。

ここでは涙と愛が対比されている。これは「歓喜に寄す」第六節の「殺したい敵も許すのだ、／敵に一滴の涙も押しつけようとせず」（Schiller 1992, p. 412）という詩句を想起させる。『ヴィルヘルム・テル』は、シラーがカント学徒となってからの作品なので、一層、意志の自律を扱う場面が散見される。涙を流した者が、敵に涙を押しつけるのか、許しを与えるのか。報復に出るのか、愛を施すのか。カント風に言えば、自己愛を尊ぶのか、道徳法則を尊ぶのか。傾向性に従うのか、義務に従うのか。「涙の取り入れ」と「愛の種」という言葉も、これらの対比の延長線上にあると言える。

ベートーヴェンはまた、『ヴィルヘルム・テル』第四幕第三場の台詞（Schiller 1980, p. 255）も引用している。ゲスラーがテルに射られて死ぬと、人民が「自由」を叫び、ゲスラーの部下たちが逃げていく。修道僧たちがやってきて、半円になってゲスラーの遺体を取り囲み、歌う。

しばしも人に猶予を与えず、
死は、道の只中で人を襲い、
人生のすべてを奪い去る、
準備ある者もそうでない者も逝きて！――
死の審判の前に立たざるをえず！（Leitzmann (hrsg.) 1921, Bd. 2, p. 260, Solomon 1988, p. 281／邦

訳一三四頁）

今度は生と死、あるいは地上の猶予と最後の審判が対になっている。人の生はさまざまだが、死は一様である。地上で民衆を裁いた権力者も、天上の審判者を避けることはできない。これも「歓喜に寄す」第九節の「兄弟よ、やさしい言葉は／死の裁き主の口から来るのだ！」（Schiller 1992, p. 413）という詩句を連想させる。

この箇所をベートーヴェンはノートに引用するだけでなく、作曲もしている。一八一七年五月に作った合唱曲《修道僧の歌》（WoO 104）である。ロッシーニ（Gioacchino Rossini）（一七九二―一八六八年）の歌劇《ギヨーム・テル》の序曲（日本では一般に《ウィリアム・テル序曲》と呼ばれる）を聴いたことのある人なら、同じ劇が原作とは到底思えない、沈痛かつ荘重な音楽である。ベートーヴェンは一八〇九年にゲーテの『エグモント』への作曲を委嘱された際、じつは『ヴィルヘルム・テル』への作曲を希望していた（第10講）。『エグモント』も『ヴィルヘルム・テル』も民族独立を描いた劇である。だがこの委嘱から八年が経ち、彼の関心の比重はむしろ宗教的主題へと移行している。

『メッシーナの花嫁』

ほかにもベートーヴェンは、一八一七年の日記に、シラー晩年の戯曲『メッシーナの花嫁』（一八〇三年）から引用している。舞台はシチリアの街メッシーナ、王族の兄弟が愛する女性ベアトリーセを巡って争い、弟ドン・ツェーザルが兄ドン・マーヌエルを殺す。しかし弟はその後、自分と兄がともに愛したのが実の妹だと知って自殺する。ベートーヴェンが引用したのは、このあとに合唱隊が歌う台詞である。

私はこの一事を感じとり、明らかにそれを知る。
生命は、最高の宝ではなく、
災厄の最大なるものは、罪過である。（Leitzmann (hrsg.) 1921, Bd. 2, p. 260, Solomon 1988, p. 282／邦訳二三七―二三八頁）

ここでも生と死が対比されている。原典では、弟ドン・ツェーザルが「しかし殺人を犯したわたしが幸福になり、罪なく清らかな身で死んだ兄上が報復も果たされぬまま墓の中に横たわっていてよいものだろうか」（Schiller 1980, p. 125／シラー 一九七六、三七〇頁）と自問したあとの台詞である。物語自体は不可避の運命のごとくに進行するが、ドン・ツェーザルは兄殺しを運命の所為にはせず、自分の罪過と認めて、死をもって償うのである。

生と死の対比が、《修道僧の歌》のように第三者によってではなく、当事者によってなされている分、カント的自律の側面が強く出ている。それゆえ、生と死の対比に、罪過と償いの対比が重ねられる。これは「歓喜に寄す」第八節の「兄弟よ、たとい命と財を失おうとも、／功績にはふさわしい王冠を、／欺瞞の輩には没落を与えよ」（Schiller 1992, pp. 412-413）という一節を想起させる。

ベートーヴェンはシラーを読んで、涙と愛（報復と許し）、生と死（猶予と審判、もしくは罪過と償い）という対比に注目していた。これらを抜粋した動機が、女性「T」に関わるのか、甥カールに関わるのか、はたまた誰とも関わらないのかは不明である。だがいずれにせよ、ベートーヴェンが、シラー晩年の戯曲を通じて、カント的自律の世界に肉迫していたことは間違いない。
ちなみに、『メッシーナの花嫁』は、古代ギリシア悲劇を模して、合唱隊（コロス）が終始活躍する構成になっている。巻頭には「悲劇における合唱隊の使用について」（一八〇三年）というシラー自身の論文が添えられており、そこには芸術の目的を述べた次のような一節がある。

芸術は、ふだんはただ生《なま》の素材としてわれわれにのしかかり、盲目的な力となってわれわれを押しつけている感性の世界を、客観的に扱えるような距離に引き離し、われわれの精神の生みだす自由な作品に変え、物質的なものを理念によって統御することのできるような力を、人間のなかに喚び起こし、錬成し、完成させていくことによって、人間を自由にするのである。（Schiller 1980, pp. 8-9／シラー 一九七六、三七二頁）

感性に奴隷的に従うのではなく、それを理念的に統御できる力、つまりカント的自律を演劇によって育むという、シラーの「芸術による陶冶」の思想がはっきりと打ち出されている。ベートーヴェンがこの付録論文にも目を通していたとすれば、彼はカント道徳論についても一定の知識を手にしていたことになろう。

カントとの関係

ただし見方を変えれば、以上のようなシラー読解そのものが、前年のカント読解によって準備されていたとも言える。前回見たように、『天界の一般自然史と理論』からの抜粋は、引力と斥力との緊張関係で宇宙が動くように、人間は義務と傾向性との緊張関係を生きていることを述べている（第11講）。

先述のように、ベートーヴェンによるシラーからの抜粋には、報復と許し、猶予と審判、罪過と償いといった対比が見られる。これらはいずれも単純な二項対立ではない。カント的に言えば、対比のうちの前者の項（報復、猶予、罪過）は傾向性に基づくものであり、自然因果の範囲にある。これに対し、後者の項（許し、審判、償い）は義務に基づくものであり、自由意志の範囲にある。前者の項と後者の項は――物理学の比喩を使うなら――作用vs.反作用のように同一線上で反対方向に引き合う関係にはない。そうではなく、引力vs.斥力のように座標空間のなかでヴェクトルを異にした関係にあると言える。

前者の項（報復、猶予、罪過）は、それを単体で見れば、「被害を受けたか、受けないか」とか、「人生に時間が残されているか、いないか」とか、「罪を犯したか、犯さないか」とかの二者択一の視点を出ていない。しかし、後者の項（許し、審判、償い）は、そうした二者択一を相対化して、第三の視点を提供している。

すなわち、これは、「奪われたら、奪う」という思想から「奪われても、施す」という思想への転回であり、「生の側から死を見る」という思想から「死の側から生を見る」という思想への転回であり、「すべては他人の所為である」という思想から「すべては自分の責任である」という思想への転回である。いずれも、自己中心の視点を相対化するものだ。その点で、天動説から地動説への転換に似ている。カント的に言えば、こうした転回を成し遂げることが真の自由である。カント晩年の『単なる理性の限界内の宗教』で説かれる「心術の革命」（Revolution＝転回）という思想をも想起させる。

こうしてみると、カントの説く引力と斥力との関係が、ベートーヴェンのシラー読解でも継続している。あるいは、カントにおける天体論と道徳論との関係が、シラー文学によって媒介され、ベートーヴェンのなかで再現されたという見方もできよう。それもおそらく意図的に行われたものではなく、テクスト同士のおのずからなる交響（間テクスト性）という側面が強かっただろう。

2 模索の時期

歌曲《諦め》

総体的に見ると、この頃のベートーヴェンのシラー読解は、初期の読解に比べて著しく宗教色を増している。彼は一七九〇年代には、シラーの詩句のなかでも「真・善・美」という語に注目していた（第7講）。一八一二年には「苦痛・歓喜」という語を取り上げていた（第10講）。ところが一八一七年の日記で引用したのは、「涙・死・罪過」という語だった。語彙の選択がしだいにネガティヴなものに移ってきている。

当時ベートーヴェンが作曲した《諦め》（WoO 149）という歌曲がある。もともと一八一四年から翌年にかけてスケッチされ、一八一六年から翌年にかけて作曲、一八一八年三月に発表された。歌詞はプロイセンの詩人のハウクヴィッツ伯爵（Paul Graf von Haugwitz）（一七九一―一八五六年）による。歌曲では「消え去るがいい、わが灯（Licht）よ」という歌詞が何度も繰り返される。

消え去るがいい、消え去るがいい
消え去るがいい、わが灯よ!
お前が必要とするものは
去ってしまった（高橋浩子訳、小塩他（訳）一九九九、四九—五〇頁）

初期の作品、たとえば皇帝カンタータ、歌曲《炎の色》、あるいは歌劇《レオノーレ》などは、いずれも太陽をテーマとしていた。光を存分に礼賛する描き方が、ベートーヴェン作品の主流であるかのようだった。しかし四十代後半のベートーヴェンは、「光」や「太陽」をそれ自体として讃えることは止め、むしろ闇や夜の深さを強調している。

この歌曲の譜面にベートーヴェンは、「歩くようなテンポで。感情を込めて、それでいて決然として」(Beethoven 2014, Bd. 2, p. 352) と記している。「灯」が象徴するのは、希望か、愛か、生命か。何かが消えようとしている。そこに「感情を込めて」寄り添いつつ、同時に「決然として」という指示をしている。一種矛盾した要求を、ベートーヴェンは歌い手に要求する。ここにも引力と斥力との関係に似たものを聴き取ることは不可能ではない。歌詞を繰り返しながら感興を高めていく曲の構造も、そうした印象を強めるものとなっている。

新たな交響曲の構想

『メッシーナの花嫁』からの引用の直後、ベートーヴェンは新しい交響曲を書くという計画を日記に記している (Leitzmann (hrsg.) 1921, Bd. 2, p. 260, Solomon 1988, p. 283／邦訳一三八頁)。スケッチ帳では、この頃、《第九》第一楽章のメモが見られる。一八一八年には、「主なる神をわれら讃えん」という合唱が付いた交響曲を構想している。そのメモには、

管弦楽、ヴァイオリン等は、最後の曲では十倍にされる。あるいはアダージォは何らかの仕方で、最後の曲中にくりかえされ、その後にはじめて歌声が次々と入り込む——アダージォではテクストはギリシャ神話、教会の讃歌——アレグロではバッカスの祭（Nottebohm 2022（1872), p. 163／邦訳一八九頁）

とある。しかしまだ、交響曲とシラー詩を一体化させる発想には至っていない。

ただしベートーヴェンが合唱曲付きの交響曲を構想した背景には、『メッシーナの花嫁』の影響があったと推測される。先述のように、この劇は古代ギリシア劇を模して合唱隊を活躍させている。また、巻頭論文でシラーは、ギリシア多神教とキリスト教とイスラム教が混在するメッシーナを舞台にした意図を、こう述べている。「すべての宗教という覆いの下には、神性を理念化したもの、ともいえる宗教そのものがひそんでいる」（Schiller 1980, p. 15／シラー 一九七六、三七九頁）。こうした宗教観は、ボン大学でデレーザーやシュナイダーに学んだベートーヴェンにとって、馴染みの深いものであったはずである（第2—3講）。

一八一八年のベートーヴェンの日記には、神学者シュトゥルム（Christoph Christian Sturm）（一七四〇—八六年）の『日常の自然と摂理における神の創造の観察』（一七七二—七六年）という本からの引用がある。シュトゥルムはルター派のプロテスタント神学者で、科学と啓蒙主義と宗教の調和を目指

し、自然の奇跡によって神を賛美しようとした。同書は一年間、三百六十五日にわたる自然に関する考察を記したものであり、スピノザを思わせる汎神論的思想が随所に散見される。ベートーヴェンは同書の一八一一年版を所蔵していた。下線や書き込みが多数見られ、かなり愛読していたことがうかがえる。

ベートーヴェンは、同書の「十二月二十九日」の項から、次の言葉を引用している。

それ故私は、心静かにあらゆる変転に身を委ねよう。そしておお神よ！　汝の変わることなき善にのみ、私のすべての信頼を置こう。汝、不変なる者は、わが魂の喜びたれ。わが巌、わが光、わが永遠なる信頼であれ！（Leitzmann (hrsg.) 1921, Bd. 2, pp. 265-266, Solomon 1988, pp. 294-295／邦訳一七五頁）

《ミサ・ソレムニス》に着手

この頃ベートーヴェンはさまざまなジャンルで大曲に挑んでいる。ピアノ・ソナタでは第二十九番《ハンマークラヴィーア》変ロ長調（Op. 106）、交響曲では《第九》、そして声楽曲では《ミサ・ソレムニス》ニ長調（Op. 123）がある。

このミサ曲はケルン選帝侯マクシミリアン・フランツの甥、ルドルフ大公（一七八八―一八三一年）に捧げられた。大公はベートーヴェンのパトロンであり、弟子でもあった。この曲は、大公の大司教就任を祝うため、ベートーヴェンみずから企画して着手したものである。第一曲「キリエ（求憐誦）」は一八一九年四月にスケッチが開始され、一八二〇年二／三月頃に完成した。歌詞は、

主よ、憐れみたまえ／キリスト、憐れみたまえ／主、憐れみたまえ（藤本他（訳）一九九九、九頁）

となっている。そして一八一九年頃、第二曲「グローリア（栄光頌）」が作曲された。

いと高きところに神の栄光あれ／そして地には／善き人々に平和あれ／われらは汝をほめ、汝を祝し／汝を拝し、汝の栄光をたたえまつる（同所）

これらの歌詞はミサの典礼文であり、その意味では純然たるカトリック音楽である。しかし、ベートーヴェンはこの作曲と並行して、プロテスタントのシュトゥルムを愛読していた。それどころか、インド宗教風の合唱曲も構想していた（第10講）。《ミサ・ソレムニス》は、キリスト教宗派間の差異を超え、さらにはキリスト教以外の諸宗教との差異をも超えた、普遍宗教的な地平を志向したものと言える。

もっとも、こうした芸術上の挑戦とは裏腹に、ベートーヴェンは私的には深刻な悩みを抱えていた。甥カールの親権をめぐって、母親ヨハンナと裁判で争い、カールを引き取ることに成功していたが（第10講）、一八一八年九月にヨハンナが親権奪還のための訴状を裁判所に提出した。この裁判はいったんベートーヴェン側の勝利となるが、同年十二月にカールが彼のもとを逃げてヨハンナの家に駆けこむという出来事があり、ヨハンナがふたたび裁判を起こす。一八一九年一月、今度はベートーヴェンが親権を停止されることとなった（ただしカールに家庭教師をつけるという彼の主張は認められた。翌年、ベートーヴェンは控訴してふたたび親権を勝ち取るが、その後もカールはしばしば伯父に隠れて母親を訪ねた）。

理想と現実とのギャップは大きかった。一八一九年五月、ルドルフ大公宛の手紙でベートーヴェンは、「わたしに対するあらゆる中傷を恣《ほしいまま》にすることに彼女〔カールの母親ヨハンナ〕は何の良心の咎めも感じないでしょう。だが、わたしの道徳的性格は、広く知られており、それが容易に反証となってくれると希望しております」（Beethoven 1996-98, Bd. 4, p. 269／ベートーヴェン 一九七九、五五七―五五八頁）と述べている。その一方で、数か月後にある友人に宛てた手紙では、怒りをぶちまけている。ベートーヴェンはカールの家庭教師を探すが、どの教師にも満足できず、ついには家庭教師を紹介した友人にまで猜疑心を抱き、悪態をついた。「君は街で、甥はわたしを嫌っているのだと、はっきりとわたしに判らせるように言った。――哀れむべき無頼漢共、呪われ、罰せられろ」（ibid., p. 289／同書、五六五頁）。

当時のベートーヴェンの手紙には、悪口雑言を書きすぎて、さすがに彼自身が投函を控えたものもある。感情を爆発させては、反省したり、開き直ったりする。芸術家としての名声に包まれながらも、自分の健康は悪化し、甥との関係も思い通りにいかない。やるせなさと焦りがつのる。そうしたなか、ベートーヴェンはふたたびカントの哲学と出会う。

3　ベートーヴェンと『実践理性批判』

天文学者リットロウ

一八二〇年二月のある日、四十九歳のベートーヴェンは、「会話帳」にカントの言葉を引用した。会話帳とは、難聴が悪化したベートーヴェンが使っていた筆談帳のことで、一八一八年から彼が死ぬ一八二七年までのものが残されている。筆談以外に彼自身の備忘録も含まれる。批評校訂版が一九七〇年代から十一冊刊行された。どれがベートーヴェンによるメモであり、どれが他人によるメモであるか、注釈が付いている（ただし一九七七年には、会話帳の随所に、ベートーヴェン晩年の秘書シントラーが勝手な改竄を加えたことが明らかになり、音楽史研究における一大スキャンダルとなった）。

会話帳にカントが引用された理由は不明である。直前にはルドルフ大公に関する友人との会話、直後にはその友人によるある医者に関する報告が記されている（Beethoven 1972, pp. 235-236）。カントの言葉はその合間に、なんの脈絡もなく挿入されている。引用箇所は以下のようになっている。

> われらが内なる道徳法則と、われらが上なる星輝く天空！　カント!!!
>
> リットロウ天文台長（ibid., p. 235）

一行目がカントの『実践理性批判』の「結語」の一節に当たる（かつてケーニヒスベルクのカント記念碑にも刻まれていた言葉である）。「カント!!!」はベートーヴェンによる挿入である。接続詞「と」以外のすべてに下線が引いてある（次頁写真参照）。

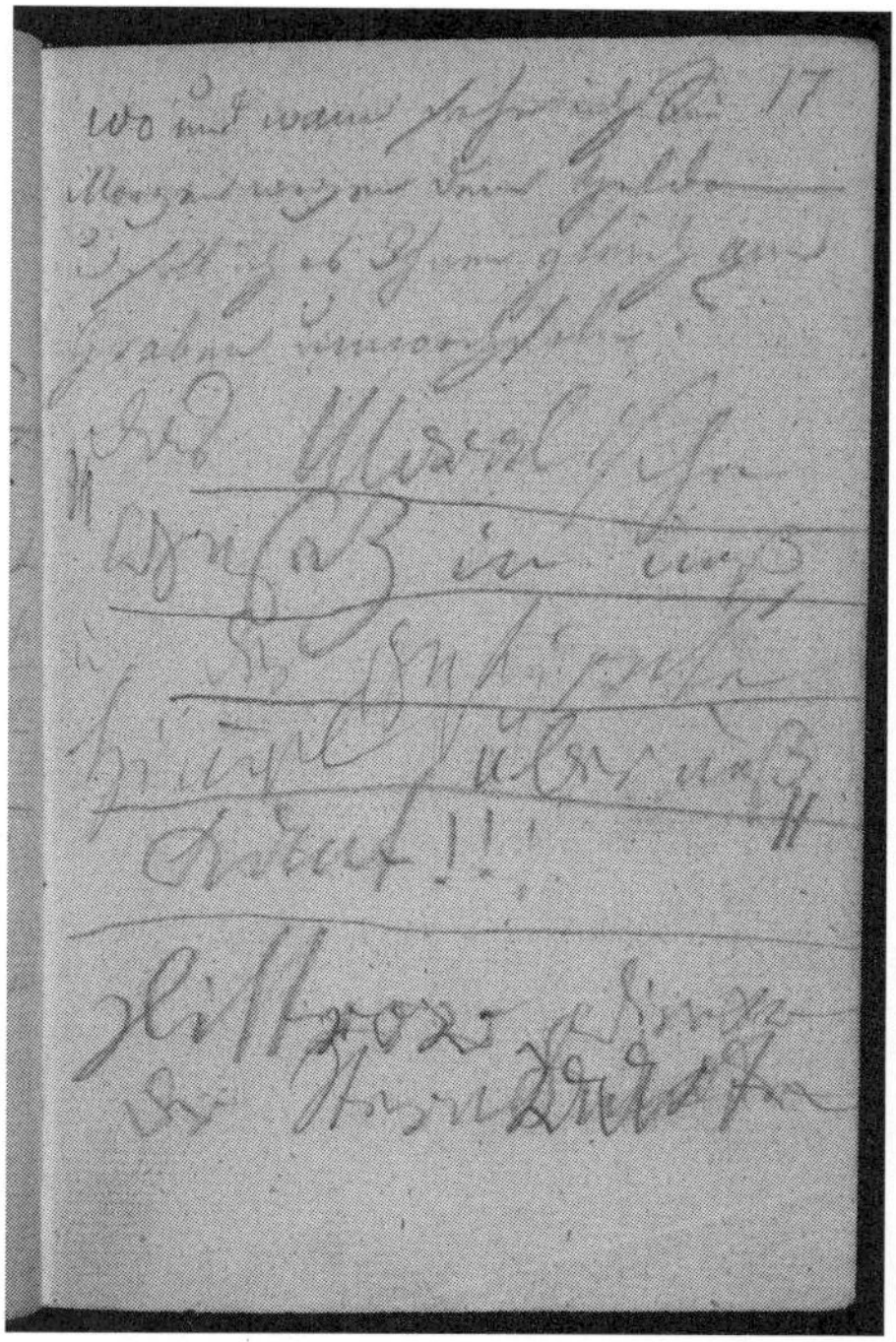

カントの言葉が記されたベートーヴェン「会話帳」（ベルリン国立図書館所蔵／Konversationsheft 7（22.01.1820-23.02.1820）, Signatur: Mus. ms. autogr. Beethoven, L. v. 51, 6, Staatsbibliothek zu Berlin - PK, Musikabteilung, fol. 17r）

その次の行に「リットロウ天文台長」とある。じつはベートーヴェンの会話帳に記されているのは、『実践理性批判』からの直接の引用ではなく、天文学者リットロウ（Joseph von Littrow）（一七八一―一八四〇年）のエッセイ「宇宙論的考察」からの引用、いわゆる孫引きだった。

リットロウは一七八一年――カントの『純粋理性批判』が出た年――リヴォニア（現エストニア・ラトビア）で生まれた。カレル大学で法学と神学を修めた後、独学で数学と天文学を研究した。一八〇七年からポーランドのクラカウ（現ヤギイェヴォ）大学で天文学教授を務め、一一年にカザン大学天文台を設立、一八一九年にウィーン大学の初代天文台長に就任した。著書『天界の驚異』（一八三四―三六年）は、科学啓蒙書としてベストセラーになった。一八三八年に彼はウィーン大学から名誉博士を授与されたが、一八四〇年にウィーンにて五十九歳で死去した。

一八二〇年から二三年まで、リットロウは、『ウィーン雑誌』（正式名称は『芸術、文学、舞台と流行のためのウィーン雑誌』）に天文学関連のエッセイを連載した。それが「宇宙論的考察」である。ベートーヴェンは同誌の協賛者の一人で、リットロウの連載の合間にベートーヴェンの楽譜も掲載されている。おそらくリットロウもベートーヴェンのことは知っていただろう。ベートーヴェンは会話帳でしばしばリットロウの連載に触れている。

マイヤーの見解

この引用をめぐっては、近年、ヨーロッパの研究者による論争があった。

論者の一人がフランツ・ミヒャエル・マイヤー（Franz Michael Maier）（一九五六年生）で、彼は二〇一六年に「ベートーヴェン、リットロウを読む」という論文を発表した。マイヤーによると、一八二〇年二月、リットロウの「宇宙論的考察」の連載第一回の後半（一八二〇年二月一日付）でカントの言葉が引用されている。当時、カント哲学はウィーン当局から革命思想として危険視されていたので、表立ってカントを礼賛することは難しかった。それでもリットロウがカントを肯定的に引用したのは、注目すべき立場表明であるとマイヤーは言う（Maier 2016, p. 256）。

マイヤーの指摘で興味深いのは、三者の原文を比較していることである。

カントの原文は、「Der ***be***stirnte Himmel über ***mir***, und das moralische Gesetz in ***mir***.」（「わが上なる星輝く天空と、わが内なる道徳法則」強調原文）である。

リットロウの論考では、これが「Das moralische Gesetz in ***uns,*** und der **g**estirnte Himmel über ***uns.***」（「われらが内なる道徳法則と、われらが上なる星輝く天空」強調原文）となっている。カント原文との違いは三つ。まず言葉の順番として、「道徳法則」と「星輝く天空」が逆になっている。また、「bestirnte（星輝く）」の綴りが「gestirnte」となっている。さらにカントでは「mir（私の）」という単数形が使われているが、リットロウでは「uns（私たちの）」という複数形が使われている。

ベートーヴェンの会話帳では、「das Moralische Gesetz in ***unß,*** u. der **g**estirnte Himmel über ***unß***」となっている。「uns」が「unß」、「und」が「u.」となっているほかは、リットロウの記事とまったく同一である。これにより、リットロウからの孫引きだったことは明らかである。ベートーヴェンが『実践理性批判』の原典を読んだかは疑わしい。それゆえマイヤーは、ベートーヴェンはカントの倫理学よりも、むしろリットロウの天文学理論のほうに関心があったのだろうと述べている（ibid., p. 258）。

マイヤーによると、リットロウのカント解釈には以下のような特徴がある。

一、リットロウは、カントの命題における「星輝く天空」と「道徳法則」を、交換可能なものと考えた。

二、カントが「mir（私の）」と言うときの「Ich（私）」とは、ルソー『告白』（一七八二—八九年）以降の啓蒙思想家たちが好んで用いた主観的表現の「自我」である。しかしリットロウは、そうした哲学的思弁に距離を置いた客観的表現「uns（私たちの）」を用いることで、ニュートン力学の継承者としてのカント像を浮き立たせようとした。

三、カントは星空（感性界）に対する「畏敬」という表現と、道徳法則（叡智界）に対する「驚嘆」という表現上の区別をしている。しかし自然科学者リットロウは、これを「驚嘆」に一元化して解釈した。

四、リットロウはカントを機械論的な自然研究者として描き出し、『実践理性批判』よりも『天界の一般自然史と理論』の方に意義を認めた。（ibid., pp. 258-261）

さらにマイヤーによると、ベートーヴェンは他にもリットロウの記事を読んでいた。会話帳では一八二三年十一月、二五年十二月—翌二六年一月、二六年二月にも、リットロウの「宇宙論的考察」に言及している。マイヤーは、ベートーヴェンがリットロウに関心を抱いたと思われる点を、四つ挙げている。

一、重力を原理とする機械論的世界観。これはシラーの「歓喜に寄す」とも共通する。

二、巨大なものと微細なもの、大宇宙と小宇宙との関係を有機的に説明する方法。

三、自然全体の総合的理解に基づいた人間の創造的活動の説明。部分の観察だけでは不十分で、部分と部分とをつなぐ全体のビジョンが先行すべきという主張。

四、自然賛美と科学的探究との両立。科学を探究すればするほど、人は大自然の法則の不思議さに驚嘆するという主張。（ibid., pp. 266-272）

リットロウとシラーとの間

一八二〇年三月に、ベートーヴェンは歌曲《星空の下の夕べの歌》（WoO 150）を作り、『ウィーン雑誌』の付録に掲載した。リットロウの「宇宙論的考察」の連載第二回と連載第三回との間である。それゆえこの時期、まさに「星空」という言葉をめぐって、天文学者リットロウと音楽家ベートーヴェンがコラボレーションしたと言ってもよい。この歌曲の末尾では、ピアノ・ソナタ第二十九番《ハンマークラヴィーア》第三楽章アダージョが引用されている（Maier 2016, p. 276）。

マイヤーによると、リットロウは一八二〇年四月、連載第三回でシラーの詩「ギリシアの神々」を引用して、十八世紀フランスの哲学者フォントネル（Bernard Fontenelle）（一六五七―一七五七年）の『世界の複数性に関する対話』（一六八六年）と対決させた。フォントネルは無限宇宙論者である。無限宇宙論には、この宇宙が無限に広がっているという説と、宇宙そのものが無限個あるという説とがあるが、フォントネルは後者である。シラーはフォントネル等の科学的宇宙観が「生命を欠いている」と批判したが、リットロウはシラーの科学理解が不十分であるとして、フォントネルに軍配を上げた（ibid., pp. 282-283）。

このときリットロウが引用したシラーの「ギリシアの神々」には、「歓喜（Freude）」という語が散見される。ベートーヴェンはリットロウを読んでシラーを想起したのではないか。「歓喜に寄す」第四節には「歓喜は永遠の自然の内なる力強いばね」という詩句がある（《第九》では使用されていないが）。ベートーヴェンは、リットロウの言う「大いなる法則」（重力）を単に機械的なものとしてではなく、シラーの「歓喜」と結びつけて解釈したのではないか。そうマイヤーは推測する（ibid., pp. 284-285）。

ベートーヴェンはシラーの愛読者だったが、リットロウの天文学理論に対しても理解を示している。ベートーヴェンはリットロウとシラーとの中間にいる。以上の文脈を踏まえて、会話帳でのカント引用を解釈すべきである、とマイヤーは考えている。有り体に言うと、ベートーヴェンはリットロウやシラーには関心があったが、カントにはそれほど関心はなかったのではないかという結論である。

ヒンリヒセンの見解

これに対して、もう一人の論者は、ハンス・ヨアヒム・ヒンリヒセンである。現代ヨーロッパにおける音楽史研究の重鎮であり、ベートーヴェンやブラームスの交響曲スコアの校訂者である。ヒンリヒセンは二〇一七年に「星輝く天空と道徳的自己規定——ベートーヴェンの美学的信仰告白と理想主義(Idealismus)の哲学」という論文を発表した。ヒンリヒセンによれば、マイヤーの論文は確かに画期的だが、その上でなお、カントとベートーヴェンとの関係を積極的に論じることは可能だと言う(Hinrichsen 2017, pp. 47-49)。

ヒンリヒセンによれば、ベートーヴェンが他人の文章を引用する際、その著者名(この場合はカント)のあとに「!!!」と感嘆符を三つも付けて強調している例は、他に見当たらない。これは、ベートーヴェンのカントへの関心の深さを示すものにほかならない。あわせて、ベートーヴェンが当時《ミサ・ソレムニス》の第一曲「キリエ」や、第三曲「クレド」を作曲していた事実も見落とすべきではない(ibid., pp. 49-50)。

以下、ヒンリヒセンの説を簡単に紹介する。

ベートーヴェンは一八一六年にカントの『天界の一般自然史と理論』を読んだ。全部に目を通していたとすれば、その結論に出てくる「星輝く天空(bestirnter Himmel)」という言葉に注目したはずである。もっとも、同書は批判哲学期以前の著作なので、宇宙の秩序や美について「高貴な魂のみが感じる満足」には言及するが、この満足の源泉である主観の機能にはまだ言及していない（ibid., pp. 50-51)。

これに対し、『実践理性批判』における「星輝く天空」という言葉は、「数学的崇高の総体」を含意する。すなわち、宇宙の無限の広がりを目にした「私」の内に、自分の儚さを自覚させるものを指す。しかしこの自覚を経て、「私」は最終的に、みずからの自律的な道徳性を確信し、道徳的自由という実践理性の理念を宇宙に対置させることができる。『判断力批判』における「星輝く天空」という言葉は、この「崇高」の概念をさらに強調するために使われている（ibid., pp. 52-53)。

それゆえ『判断力批判』において、カントの「崇高」概念は、主観的なものから客観的（間主観的）なものへと発展している。この点を踏まえると、ベートーヴェンが、リットロウを引用しながら、『実践理性批判』の「わが内なる道徳法則」を、『判断力批判』の「われらが内なる人間結合の法則」という意味で理解していたとしても問題はない（ibid., p. 55)。ベートーヴェンのカント引用はけっして間違ってはいない。むしろ徹頭徹尾、ベートーヴェンが崇高と道徳性との親和性に魅了され、カント（およびシラー）の哲学におけるこの親和性を明確に自覚していたことの証である（ibid., p. 56)。

美と善との関係

ヒンリヒセンによれば、ベートーヴェンは、カントの理念とシラーの哲学との近似性に気づいていた。理想主義哲学の革命的本質をつかむには、各哲学者の体系を超えて、一般に伝播したいくつかの原理を知るだけでも十分だっただろう。美の探究によって社会全体の道徳的な発展を望み得るという考えを、当時の人々は、現代の私たちには想像もできない仕方で広く共有していた。カントもこの文脈を踏まえて、『判断力批判』では「われらが内なる」という複数形を使った。この定式がリットロウやベートーヴェンによる自由な引用にも反映されているのだ(Hinrichsen 2017, pp. 57-58)。

ヒンリヒセンは、カントにおける「道徳的完成への実践的信仰」が、ベートーヴェンにおける「美的完全性への義務の確信」と対応していると言う。《ミサ・ソレムニス》を作曲中だった一八一九年夏——会話帳でカントを引用する半年前——、ベートーヴェンのルドルフ大公宛書簡には、そうした完全性への思いが綴られている(ibid., p. 61)。ベートーヴェンの手紙にはよく「自由」「前進」「目的」「純化」「道徳」といった言葉が登場するが、これらはカントだけでなく、当時のポピュラー哲学(大衆哲学)の知識人たちも皆使っていた概念だった(ibid., pp. 61-62)。

ベートーヴェンの音楽に目を転じると、苦心して彫琢をほどこした形式が見られる。この「形式」という概念も、カント哲学によって基礎を与えられた。シラーも一七九〇年代に文芸理論家としてこのテーマに取り組んだ。『人間の美的教育に関する書簡』では、「形式によってのみ、美的自由を期待することができる」と述べている(ibid., p. 62)。

言うまでもなく、この「形式」とは単なる形式主義のことではない。ベートーヴェンの形式は構造的には自由である。しかしその自由さは、論理的な必然性に支えられて、説得力を持っている。これこそカントが言う「天才」の自律的な作品である(「天才とは、その認識諸能力の自由な使用における主観の天与の資質の模範的な独創性である」『判断力批判』第四九節)。こうした作品は、「道徳法則の下での自己決定」というカントの理念を、美的に表現したものだと言える(Hinrichsen 2017, p. 64)。

ヒンリヒセンの結論はこうである。ベートーヴェンは同時代の進歩的・楽観的な世界像から、自分の哲理を築き上げた。その際、カント倫理学とシラー美学の諸原理は、不可欠の礎石としてそこに組み込まれた。善と美とは同一ではないが、相互に密接に関連している。両者の関係をベートーヴェンはよく理解していた。シラーは「愛する父」が「星空の彼方におられるに違いない」と歌う。「違いない（muss）」という表現は、カントにおける「要請」に当たる。ベートーヴェンにとって、この「父」は、実践理性の不可欠の要請として作曲されるべき「道徳的な神の証明」だった（ibid., pp. 66-67）。

4　小括

カント天体論を読んで、ベートーヴェンは諸々の太陽、存在の連鎖、星々の渦巻などのキーワードに注目した。これらの言葉はシラーの「歓喜に寄す」を連想させる。ベートーヴェンは一八一二年にこの詩への作曲を試みていたが、一八一六年のカント読解を通してその関心を再燃させたものと思われる。翌年の日記におけるシラーからの抜粋では、報復と許し、猶予と審判、罪過と償いといった対比への注目が見られる。カント天体論の円環的読解を通してその「引力vs.斥力」概念に注目したことが、ベートーヴェンのシラー読解にとっても一種の補助線になったことが推測される。

ただし、ベートーヴェンと『実践理性批判』との関係については、研究者の間でも解釈が分かれている。ベートーヴェンの会話帳における同書の引用は、リットロウからの孫引きであった。マイヤーは、ベートーヴェンのカント倫理学に対する関心は、リットロウ宇宙論に対するほど深くはなかったと言う。それに対してヒンリヒセンは、ベートーヴェンの思考や芸術が、カント倫理学やシラー美学によって堅固に支えられていたことを、さまざまな状況証拠を駆使して説明している。

マイヤーとヒンリヒセンとの論争を受けて、さらに第三の解釈は可能だろうか。次回は私の見解を示したい。

第13講　星空のエチカ

1　ベートーヴェンと『実践理性批判』（続き）

星空と道徳法則――「結語」前半

ベートーヴェンの会話帳には、カントの『実践理性批判』結語の一節が箴言風に引用されている。しかし、それはリットロウの天文学論文からの孫引きだった。カントの原典をベートーヴェンはおそらく読んでいない。

では、ベートーヴェンはこの一節をどのように理解していたのか。この点を考察する前に、まずはカント原典の文脈を押さえておこう。

その有名な結語を以下に引く。

> それを考えることしばしばであり、かつ長きにおよぶにしたがい、つねに新たなるいやます感嘆と畏敬とをもって心を充たすものが二つある。わが上なる星輝く天空と、わが内なる道徳法則が、それである。（Kant 1908, pp. 161-162／カント 二〇〇〇c、三五四頁、強調原文）

カントは言う。私はこのいずれをも、自分の視界の外に求めたり、推し測ったりするには及ばない。これらは私の眼前に見えているし、私がいまここにいるという意識とじかにつながっている。そう述べてカントは、星輝く天空と道徳法則とのそれぞれについて、感嘆を覚える場合と畏敬を覚える場合とに分けて、都合四つの視点を提示する（ibid.／同書、三五四―三五五頁）。

①星輝く天空への感嘆……私たちの住む太陽系も、さらに大きな恒星系の一部にすぎない。星空を眺めるとき、私は自分がそのなかの一部である宇宙の空間的・時間的結合が無限に広がっていることに感嘆させられる。

②道徳法則への感嘆……道徳法則は、星空のような外界にではなく、人格性という不可視の世界に私がいることを示す。この世界は星空に勝るとも劣らぬ無限性を持つ（宇宙の無限性と対比されるこの内的な無限性については後述する）。私がこの星空の下に生まれたことは偶然のことかもしれないが、私が私の人格性と普遍的・必然的に結合していること（私の一挙手一投足がいつでもどこでも「この私」のものでなければならないこと）は、私自身の知性がはっきりと理解している。

③星輝く天空への畏敬……星空の眺めは、私がいかに取るに足らない存在であるかを教える。私の身体の大きさも、私の寿命の長さも、宇宙全体から見れば単なる一点にすぎない。私はいずれ死んで土に戻るが、星空は輝き続ける。

④道徳法則への畏敬……私の身体は義務よりも本能に従って生きている。しかし私の人格性は、本能に従うだけでよいのかと自省する知性も持っている。道徳法則は私に動物的な感性界から独立した生（Leben）を開示する。

道徳法則の普遍性・必然性

こうして、①星空への感嘆、②道徳法則への感嘆、③星空への畏敬、④道徳法則への畏敬、という四つの視点が示された（このように、感嘆も畏敬も、星輝く天空と道徳法則との両者に対する態度を指している。マイヤーが、星輝く天空＝感嘆、道徳法則＝畏敬という二分法で捉えているのは誤解である）。

このうち、とくに②道徳法則への感嘆は、理解しにくい箇所かもしれない。道徳法則が示す、私と私の世界との「普遍的・必然的結合」とは何か。それは万有引力のような物理法則の結合とは異なるものだろう。同じ誘惑を前にして、屈する人もいれば屈さない人もいる。そうした道徳の世界に法則はあるのか。カントはあると言う。

カントによれば、人間は道徳法則を「定言命法」という命令形で知ることができる。『実践理性批判』に従うと、その最も基本的な定式は次の通りである。[1]

君の意志の格率〔行動方針〕が、つねに同時に普遍的立法の原理として通用することができるように行為しなさい。（Kant 1908, p. 30／カント 二〇〇〇c、一六五頁。〔　〕は訳者による）

君が行おうとしていることは、いつでもどこでも誰にでも通用することであるか。あるいは、君が行おうとしていることを全世界の人が行ったとして、君はそれを受け入れることができるのか。それを吟味して行為しなさい。こうした吟味をするとき、人それぞれとか、時と場合によるとかいった回答はできないとカントは考えている。

もちろん、人がどれほど決意しても、その通りに行為できるとは限らない。しかし行為には責任が伴う。行為と責任との関係は、物理的には偶然であったとしても（例えば私がたまたま他人にぶつかった）、道徳的には必然的なものと見なさなければならない（他人にぶつかった責任が私に生じる）。もしこの関係を偶然的なものと見なしたなら、法や道徳は成り立たないからである（時と場合によって責任の軽重はあるにせよ）。

道徳界という観点に立てば、人間は無限に成長していく必要がある。神ならぬ身の人間は有限な存在であり、道徳法則をすべて体現することは不可能だからだ。人間と神との間には無限の隔たりがある。しかし、だからこそ人間は、自分の行為を定言命法に照らして反省し、神に無限に近づいていくことを課せられた存在なのだ。内なる道徳界の持つ無限性とは、このことを意味している。

リットロウのカント評価

ベートーヴェンが読んだリットロウの連載「宇宙論的考察」に話を戻そう。

連載第一回でリットロウは宇宙の生成、消滅、再生を論じている。そして近代の天文学の歴史を概観する。ニュートン力学以降、天文学には革命が起きた。科学は今後も世界を解明していくことができるだろう。ニュートンやラプラスの功績は、天体全体と地球生態系との緊密な関係をすべて万有引力で説明したことである。この天界の劇を、単に肉眼によってではなく、精神の眼で観察していけば、私たちはいくたびも新たに高揚する楽しみを持ち、倦怠も疲弊もない満足を手にすることができる。そうリットロウは言う（Littrow 1820, pp. 105-107）。

ヨーロッパで天文学が庶民に身近なものとしてクローズアップされたのが、十八世紀の終わりだった。それまで理論的な天文学は一部の学者のもので、庶民にとっての天文学は占星術の域にとどまっていた。それが、望遠鏡で見ると世界の果てはどうなっているのか等の天文学的情報が、庶民にも分かるように雑誌や新聞に載って流布したのがちょうどこの時期であった。リットロウの連載は時代の要請に応えるものだった。

連載第一回の末尾に「不壊の歓喜（Freude）」という言葉が出てくる。「不壊の歓喜、平穏だがけっして中断することのない情熱が、星輝く天空を一目でも見ようとする真正の天文学者たちの中に認められる」（ibid.）。本物の天文学者は、宇宙を見て歓喜に満たされている。これはシラーの「歓喜に寄す」を熟知するベートーヴェンにとっては、身近な考え方であっただろう。続いてリットロウは、そういう天文学者たちの一人にカントがいるとし、カントの思想を次のように要約する。

> 人間を自分以上のものへと高めさせ、永遠に間断なく高まり続ける感嘆へと導く二つのものがある。われらが内なる道徳法則と、われらが上なる星輝く天空とである。（ibid., p. 107. 強調原文）

ベートーヴェンが会話帳に書き留めたのは、この文章の後半である。たしかにマイヤーが言うように、リットロウはカント原典にかなりのアレンジを加えている。

第一に、カントは「感嘆」と「畏敬」という二つの言葉を分けて使っているが、リットロウは「感嘆」という言葉しか使っていない。「畏敬」の面は切り離されているから、①星空への感嘆、②道徳法則への感嘆、③星空への畏敬、④道徳法則への畏敬のうち、リットロウは前半の二つについてしか述べていないのである。

第二に、カント原典では「星空」→「道徳法則」の順に言葉が並んでいるが、リットロウの要約では「道徳法則」→「星空」の順になっている。また、カント原典では「わが内なる」と「わが上なる」であるが、リットロウの要約では「われらが内なる」と「われらが上なる」となっている。

第三に、リットロウは『実践理性批判』というタイトルも記していない。だから、ベートーヴェンがこの言葉を同書の結語であると知っていたかどうかも分からない。もっとも当時この言葉は相当人口に膾炙していたようだから、彼がこの言葉の出典を知っていた可能性はある。しかし、実際に原典を読んだかどうかは分からない。

それゆえ、ベートーヴェンがリットロウを通してしか『実践理性批判』の結語を知らなかったとすれば、彼のカント理解がそれだけ制約されたものであったことは否めない。ただし彼は、四年前の一八一六年にカントの『天界の一般自然史と理論』を読んでいる。同書の結語には次のような一節がある。

> 銀河のすべてを満たす無数の宇宙と体系に目をむけるとき、われわれはどれほどの驚嘆をもって歓喜にひたることだろうか。(Kant 1902, p. 256／カント 二〇〇〇a、四九頁)

カント原典で「歓喜にひたる」は「entzückt」となっている。これは「Freude」以上に宗教的な表現であり、神に魅せられた恍惚の状態を指す。ベートーヴェンがリットロウの「不壊の歓喜」という言葉を読んだとき、カントのこの一節を想起しただろうと考えても不自然ではない。ベートーヴェン晩年の「歓喜」という概念には、カント宇宙論の持つ宗教的要素も織り込まれていると見てよいのではないか。これについてはのちほどもう少し検討したい。

モデルとしての化学――「結語」後半

ベートーヴェン自身は読んでいなかったかもしれない『実践理性批判』の結語には、まだ続きがある。さきほど述べた①②③④はいずれも結語の前半部分にすぎず、ここまでが導入に当たる。じつは後半部分が大事で、カントはこう述べている。

> 感嘆と尊敬は、しかしながら、探求への刺激を与えることはできるが、その欠陥を補うことはできない。（Kant 1908, p. 162／カント 二〇〇〇c、三五五頁）

星空を見上げたり、内面を見つめたりして、感嘆や畏敬の念を抱くことは、探究のきっかけにすぎない。カントの眼目はあくまでも道徳の学の樹立にある。いわばカント自身の学者としての所信表明がここから始まる。興味深いのが、自然科学、それもニュートンをモデルに倫理学を作ろうという所信表明であることだ。

自然科学は観測から予測を可能にする。たとえば、石の運動は、石の重さや投射の速度といった「諸要素」と、引力と斥力という「力」とに分解される。密度の濃い物質が密度の薄い物質を引き寄せるのが「引力」で、引き寄せられた物質が反発するのが「斥力」である。二つの力の緊張関係で物体は動く。この構造を数学的に処理するのがニュートン力学で、小石から宇宙までの物体の動きをすべて予測できる。

同様のことを道徳について試みようとカントは言う。道徳に関する実例はさまざまな概念に分解して説明ができる。これを「基礎概念」と言い、例えば「意志」や「格率」などである。行為を語る際、私たちはそれを支えた意志や方針を前提にしている。だからこそ「責任」や「義務」という概念も出てくる。そこから派生して、「権利」や「法」といった概念をも取り出すことができる。

とはいえここでは数学が出る余地はないので化学に類似した方法、つまりそれらの実例のうちに含まれているであろう経験的なものを理性的なものから分離する方法を、通常の人間悟性について繰り返し試してみることによって、われわれはこの両者をそれぞれ純粋な姿で知らしめることができるし、またそのおのおのがそれだけで成し遂げうるものが何であるかを確実に見て取らせることができる。(ibid., p. 163/同書、三五六頁)

カントは、化学をモデルにした「分離」という方法を提案する。道徳の学においてこれに当たるのは「経験的なもの」と「理性的なもの」との分離である。「経験的なもの」とは、個々人がそのときどきに手にしている概念である。これに対して「理性的なもの」は、いつでもどこでも誰にでも通用する概念である。この二種類の概念は、どちらかあれば良いというものではなく、いずれも不可欠である。大事なことは、経験的なものと理性的なものがそれぞれ単独で成し得るものを明確化することだ。

カントも価値観の文化的多様性は認めている。彼の『自然地理学』（一八〇二年、弟子フリードリヒ・テオドール・リンク編）という講義録では、世界の諸文化に関する言及があり、ヨーロッパ、アメリカのみならず、アフリカ、アジア、そして日本の話も出てくる。道徳の原則が時代と地域によって異なることも述べている。だが、その上で、人類共通の原則もあるのではないか。世界には多様な道徳的価値判断が見られるが、それでも統一的な規範を選り出すことはできるとカントは考えている。

宇宙と道徳とのアナロジー

人間は、規範を「何々せよ」という命令形で表現するが、カントの『道徳形而上学の基礎づけ』によれば、これには二種類ある。仮言命法と定言命法である（Kant 1911, p. 414／カント 二〇〇〇b、四三頁）。時と場合によって変わり得るものを、カントは「仮言命法」と呼ぶ。これに対し、いつでもどこでも誰にでも通用し得るものを「定言命法」と言う。

仮言命法は、「ある行為が、ある目的の手段として良いから為せ」という条件付きの命令である。例えば、「自分の名誉を損ないたくないならば嘘をついてはならない」ということである。これは「自分の名誉が損なわれないならば嘘をついてもいい」とも言い換えられるので、どこまでも自己愛から脱することができない。

定言命法は、「その行為が、それ自体として良いから為せ」という、無条件的な命令である。その最も基本的な定式については先述した。これを仮にさきの仮言命法と対比して表現すれば、「たとえ、私の名誉が全く損なわれないとしても嘘をついてはならない」となる。これは「嘘をついてはならない。なぜなら、嘘をついてはならないからだ」と言い換えられる。無条件的だから、自己愛には左右されない。

以上を踏まえると、『実践理性批判』の結語は、次のように解釈できよう。

星々の動きが引力と斥力との関係で決まるように、人間の道徳的行為は、仮言命法と定言命法の緊張の上に成立する。惑星が恒星の周りをめぐるとき、斥力は惑星の位置によって向きを異にするが、引力は常に中心の恒星を向いている。このことが惑星の周期的運動を生み出す。これとの類比で言うと、人が行為するとき、時と場合によって変わり得る仮言命法を用いる限り、その人は自己愛を脱することがなく、ときには他者を犠牲にすることも辞さないだろう。しかし、いつでもどこでも誰にでも通用し得る定言命法に従う限り（あるいは定言命法に照らして自分の行為を反省する努力を続ければ）、自己愛から他者を犠牲にすることを避ける（あるいは減らす）ことができるはずだ。天文学が天体法則を解明したように、倫理学は道徳法則を基礎づける。その道を示すことが『実践理性批判』の目的である——と。

ここまで、『実践理性批判』結語の内容をカント原典に即して確認し、またそれとの比較でリットロウのカント解釈の特徴を見てきた。

結語で語られる①星空への感嘆、②道徳法則への感嘆、③星空への畏敬、④道徳法則への畏敬のうち、リットロウは前半の二つについてしか述べていない。また、結語のそもそもの趣旨は、こうした感嘆や畏敬がじつは探究のきっかけにすぎず、仮言命法と定言命法とを区別して道徳の学を樹立することこそ最終目標だ、という主張にあった。リットロウはこの点に一言も触れていない。

それゆえ、ベートーヴェンがリットロウの記事だけから、結語の趣旨を十分につかみ取ることはおそらく不可能だっただろう。だとすれば、ベートーヴェンは「われらが内なる道徳法則と、われらが上なる星輝く天空」という言葉を、単なる標語以上のものとしては受け取らなかったのだろうか。

2　歌曲《星空の下の夕べの歌》

たしかに、ベートーヴェンは『実践理性批判』原典を読んでいない可能性が高い。では、彼はカント倫理学を理解していなかったのだろうか。じつは簡単にそう言い切ることもできないのである。

前回述べたように、ベートーヴェンはあまりカントに関心がなかったというマイヤー説と、非常に関心があったというヒンリヒセン説とがある。私はヒンリヒセンに近い立場にあるが、また少し違った論証を試みたいと思う。

作詞者レーベン

ベートーヴェンがリットロウの連載を読んだ時期に作った音楽がある。歌曲《星空の下の夕べの歌》である。先にも触れたように一八二〇年三月、『ウィーン雑誌』の付録に掲載された。これはリットロウの連載第二回と第三回との間である（Maier 2016, p. 256）。それゆえリットロウもベートーヴェンの歌曲を認知していたに違いない。

この歌曲の作詞者はこれまでハインリッヒ・ゲーブル（Heinlich Goeble）とされてきたが、最近これはペンネームであり、本名はオットー・フォン・レーベン（Otto von Leben）だったことが分かった。アメリカの音楽学者セオドア・アルブレヒト（Theodore Albrecht）（一九四五年生）によれば、レーベンは詩人であり、ドイツ北方を代表する「カント主義者」であったという（Beethoven 2018, p. 235. 編者アルブレヒトによる脚注）。

レーベンは、一七八六年にドレスデンでザクセン貴族の家に生まれた。当初ヴィッテンベルクで法律を学んだが、ほどなくノヴァーリスに傾倒し、文学に移る。レーベンは詩人アイヒェンドルフ（Joseph von Eichendorff）（一七八八―一八五七年）や文学者クライスト（Heinrich von Kleist）（一七七七―一八一一年）とも交流があった。当時はかなり読まれた小説家でもあったようである。一八二五年、ドレスデンにて三十八歳で病没した。

歌詞分析

この曲の歌詞を読むと、カント哲学的なモチーフが随所にちりばめられていることが分かる。まるで『実践理性批判』の結語を視覚化したような詩句である。

太陽（Sonne）が沈み
一日という日が休もうとする時
月が親しげにそっと合図して
夜が降りて来る時
星がきらびやかに光を放ち
千もの星の軌道が輝く時
魂は大きくなったように感じ

塵からその身を振りほどく（高橋浩子訳、小塩他（訳）一九九九、五〇頁）

この「千もの星の軌道」は原語では「Tausend Sonnenstraßen（千もの太陽の軌道）」となっている。その輝きを眼にすると、魂は拡大した感覚を持ち、大地の塵から身を振りほどく。これは『実践理性批判』の結語で言う①「星輝く天空への感嘆」に当たると言える。

次に、第二連である。

魂は好んであの星々へと目を向ける
故郷へ戻るように
あの明るく輝く彼方へと
そしてこの世のくだらぬことを忘れる
ひたすら奮闘し、ひたすら努力する
その殻を脱ぎ去ろうとして
地上は魂にとって狭くて小さい
魂は星の世界に居たいのだ（同所）

無限の宇宙を前にすると、有限な人間世界は相対化される。カントも人間は死んで自分の肉体を物質として大地に、あるいは全宇宙に返さざるを得ないと言っている。『実践理性批判』の結語で言う③「星輝く天空への畏敬」に対応すると見てよい。

続いて、第三連である。

地上に嵐が吹き荒れて
偽りの幸福が悪人に与えられても
魂は希望に満ちて天を仰ぐ
星空の裁き主が君臨する天を
魂はいかなる恐怖にも悩まされず
いかなる権力にも命令されない
晴れ晴れとした表情で
天上の光めざして舞い上がる（同所）

劣悪な人間が幸せそうに見えたり、正義の人が不幸そうに見えたりするのは、仮言命法に囚われた見方である。定言命法の視点から見れば、道徳法則に適った生き方をすること自体が、真の幸福である。だから、どれほど恐怖に見舞われようとも、どれほど権力に脅されようとも、人は普遍的な義務に忠実であらねばならない。ここで「星空の裁き主（Sternenrichter）」とは、実体的な神というよりも、人間の心の内に聞こえる良心の声、定言命法を象徴するものであろう。『実践理性批判』結語で言う②「道徳法則への感嘆」に対応すると言える。なお、この「星空の裁き主」という表現は、シラーの「歓喜に寄す」にも見られる。

最後に第四連である。

かすかな予感が脅かす
私を、あの世から
もはや、そう長くは続くまい
私の地上における巡礼の道は
間もなく私はゴールに着いて
間もなくお前たちのところへ昇って行く
間もなく神の玉座の前で
私の苦しみは栄えある報いを受けるだろう
そう、間もなく、間もなく私の苦しみは栄えある報いを（同所）

地上での「苦しみ（Leiden）」が死後に栄えある報いを受ける。これはカントの言う「最高善」に当たろう。最高善とは、善行と幸福が一致することを言う。しかし、有限な存在である人間にはそれは不可能なことである。どれほど良い人間も不幸な死を遂げることがあるかもしれない。そこで「不死」という観念が要請される。また、仮に不死であったとしても、善行と幸福がついに一致しないこともあるかもしれない。だから、両者を一致させるよう配慮する「神」という観念が要請される。カントの言う神とは、人間が道徳法則に従って生きるならば、神は報いてくれるに違いないという希望の象徴であり、一言で言えば、「道徳的要請」である。

カントによれば、自然科学がどれほど発達しても、人間にとって神が不要になることはない。魂が

「不死」であれば必ず神が報いてくれるはずだという想定は、人間がおのれの義務に忠実であることを勇気づけ、促進する力がある。レーベンの歌詞もこうした最高善の思想に結びつけて解釈できる。『実践理性批判』結語で言う④「道徳法則への畏敬」である。

以上のように、《星空の下の夕べの歌》の歌詞は、「千もの太陽」、「星空の裁き主」、「神の玉座の前」等、その詩句がシラーの「歓喜に寄す」を想起させるだけでなく、全編端々にカント哲学的なモチーフがちりばめられていて、各連に『実践理性批判』結語の①③②④との対応を読み取ることができる。歌詞への作曲を通じて、ベートーヴェンは、間接的にではあれカント倫理学の枢要に接していたと言っても、あながち間違いではない。

3　宗教曲《ミサ・ソレムニス》

シュトゥルムの神学思想

ベートーヴェンが当時いかに「星空」と「神」に関心を持っていたかを示す、もう一つの資料がある。彼の座右の書であったとされるシュトゥルムの『日常の自然と摂理における神の創造の観察』である。同書の六月十日の項に「星空の果てしなさ」という文章がある。ベートーヴェン所蔵本には、「今、花から花へと歩き回るように、星から星へと訪ねて回り、あなた〔神〕がえも言われぬ荘厳さで統べる聖地にまで踏み入ることができたなら」という箇所に下線が引かれている（Beethoven 1870, p. 58／藤田 二〇二〇、二五二頁）。

私たち人間は肉体に縛られた有限の存在だから、天上の偉大さや美しさに到達できるのは死後のことである。「それまでは、まだここで生きている限り、人々にあなたの偉大さを讃えるよう求めていこう」とシュトゥルムは言う。この文章にベートーヴェンは何度も線を引いている（ibid.／同所）。現に、当時彼が作曲していたのが、晩年を代表する宗教曲《ミサ・ソレムニス》であった。

ちなみに、シュトゥルムはプロテスタント神学者だが、前回述べたように汎神論的な思想家であった。同書の九月一日の項「神は至る所に」から引用する。

　ここにスミレが、ほら、
　そして太陽はあそこに。
　そしてあそこにもここにもあなたが。
　あなたは吐息にも、嵐にも、
　光にも、暗闇にもおられる。
　光と同時に暗闇に、
　偉大なる者よ、あなたは歩き回る。（ibid., p. 65／同書、二五五頁）

スミレ、太陽、吐息、嵐、光、暗闇――森羅万象ことごとくが神の現れである。この文章にベートーヴェンは、「音楽の詩的素材」（ibid.／同書、二五六頁）という言葉を書き込んでいる。そこで私たちも、彼が当時取り組んでいた《ミサ・ソレムニス》に目を向けなくてはならない。

イコノロジー的解釈

プロテスタント神学者シュトゥルムの自然観や、カントの宇宙論・道徳論に共感しつつ作られた《ミサ・ソレムニス》は、カトリック音楽の伝統に収まらない思想的なスケールを持つ。その第三曲「クレド」を作曲中であった一八二〇年二月、ベートーヴェンはリットロウの連載を読んで、カントの「われらが内なる道徳法則、われらが上なる星輝く天空」という言葉を会話帳に記入した。そして歌曲《星空の下の夕べの歌》を作った。

「クレド（Credo）」はラテン語で「われ信ず」という意味である。カトリックの典礼文なので歌詞は定まっている。その内容は、「主はわれら人のために／われらの救いのために／天から下りたもう」、「われらのために十字架につけられ／ポンテオ・ピラトのもとで／苦しみをうけ、葬られたまえり」（藤本他（訳）一九九九、一〇頁）というものだ。

「クレド」を作曲中、ベートーヴェンの友人だったブレンターノ夫妻が、画家シュティーラー（Joseph Stieler）（一七八一―一八五八年）に「ベートーヴェン肖像画」の制作を依頼した。これが今日最も知られている彼の肖像画である（本書「主要人物相関図」のベートーヴェンを参照）。肖像画の制作中、モデルは長時間座っていなければならなかったため、ベートーヴェンの会話帳にはこのときのシュティーラーとの会話が遺されている。

画中のベートーヴェンが手にする譜面には、「ミサ・ソレムニス」「クレド」というタイトルと、「D」（ニ長調）という調名が確認できる。会話帳からは、このタイトルや調もベートーヴェン自身の指示だったことが分かる（ニーメラー 一九九九、一七頁）。画家とモデルが協力した結果、絵にはモデルであるベートーヴェンの意志が反映されていると言える。これについてドイツの音楽学者ニーメラー（Klaus Wolfgang Niemöller）（一九二九―二〇二四年）は、イコノロジー（図像解釈学）の観点から次のように述べている。

背景は自然、森の風景で、仕事部屋の中ではない。目は上方に無限へと向けられ、神からの霊感を捉えている。〔…〕筆を握る手の横に木の枝が見える。それは絵画象徴のもう一つの次元を表しているのだ。芸術と自然が結びつけられている。作曲家もひとりの創造者である。〔…〕ベートーヴェンは自然のさなかで作曲することによって自然の熱心な模倣者となり、その作品は自然の造化物と並行に置かれる。音楽の作品も自然の現象と同じく、自分自身から生育した有機体なのだ。そこで作曲されているのがまさに《ミサ・ソレムニス》だということで、神が自然の中にいますという神学的な観念もとり入れられている。（同書、一七―一八頁）

これはニーメラーの解釈だが、《ミサ・ソレムニス》の作曲と並行して、リットロウやレーベン等、カントと近接する思想世界に、またシュトゥルムの自然神学に親しんでいたベートーヴェンであれば、さもありなんと思われる。

現に「クレド」を作曲中、ベートーヴェンは「心よりいず、願わくば再び心に至らんことを」（ベートーヴェン　一九五七、九三頁）という標語を楽譜に記した。また、「万物の上なる神――神は決してわたしを見捨てたことがない」（同書、九四頁）というメモも残している。ここまでの内容を踏まえて、これらの言葉を解釈するとどうなるだろうか。

繰り返すが、ベートーヴェンはリットロウの連載からカントの言葉を引用した。そのため、カント原典の「わが内なる」「わが上なる」という単数形が、「われらが内なる」「われらが上なる」という複数形になった。また単語の並びが、カント原典の「星輝く天空」「道徳法則」という（外面から内面への）順から、「道徳法則」「星輝く天空」という（内面から外面への）順になった。《ミサ・ソレムニス》作曲中のベートーヴェンにとって、リットロウとカントとの間のこうした違いは、むしろポジティヴに作用したと言えるのではないか。「心よりいず、願わくば再び心に至らんことを」という標語は、内面から外面へ、そしてふたたび内面へという意志のヴェクトルを表している。また、ミサ曲の歌詞はラテン語だが、主語が複数形で「われら」となっている。

それゆえ、ベートーヴェンがリットロウを読んで「カント!!!」という感嘆符付きのメモを残したことには、やはりただならぬ含意があったと言わざるを得ない。このメモは、宇宙と宗教に関するカントの洞察に触れて、改めて自分の精神的な「軌道」を確認できたという、「歓喜」の表明であっただろう。それはまた、ほかならぬカントその人に対する「感嘆」と「畏敬」の表明でもあったと解すべきである。《ミサ・ソレムニス》が謳う「万物の上なる神」とは、カント的に言えば「わが上なる星輝く天空と、わが内なる道徳法則」を統べる神であり、シュトゥルム的に言えば、「吐息にも、嵐にも、／光にも、暗闇にもおられる」神であった。

4 小括

歌曲《星空の下の夕べの歌》は、作詞者レーベンがカント主義者であっただけに、歌詞にカント的モチーフが多く見られ、『実践理性批判』との接点を持っている。各連の構成も、同書結語の「星輝く天空への畏敬／感嘆」「道徳法則への畏敬／感嘆」に対応させて読むことができる。また、日没後の「星輝く天空」というモチーフは、光と闇、神と自然といった二元論を超えた世界観を志向している。光と闇とは相補う存在である。これはのちに、シラーの「歓喜に寄す」に作曲する際、ベートーヴェンが「星輝く天空」という言葉に注目する伏線にもなったことだろう。当時ベートーヴェンのなかで、カントの世界観とシラーの世界観とが重ね合わせられていた可能性は高い。

カントによれば、自然科学が物理現象を要素と力に分解するように、道徳哲学は人間行為を理性的なものと経験的なものに分解する。自然界が引力と斥力との緊張関係からできているように、道徳界は定言命法と仮言命法との緊張関係からできている。

この世界観を踏まえて、ベートーヴェンはシラーの「歓喜に寄す」を再読したものと思われる。苦悩と歓喜との緊張関係の再発見。もしこの解釈が誤っていなければ、ベートーヴェンの言う「durch Leiden Freude」も、通常は「苦悩を突き抜けて歓喜へ」と日本語訳されているが、これは「苦悩を消し去った歓喜」というよりも、むしろ「苦悩を通して得る歓喜」と解釈した方が妥当と言える。すなわち、苦悩に左右される他律的な歓喜ではなく、苦悩をも統御する自律的な歓喜への転換と言えるのではないか。

ベートーヴェンは、たしかにマイヤーの言うように、カントの『実践理性批判』よりもリットロウの「宇宙論的考察」に関心があったかもしれない。しかし同時にヒンリヒセンが言うように、それは間接的ではあるかもしれないが、間違いなくカント哲学と響き合う関心であった。そして実際にこの関心が《第九》を生む知的土壌となるのである。

第14講　第九交響曲

1　綜合への道

ここまで本講義は、ベートーヴェンの思想形成のプロセスを、彼が身を置いた知的環境を再構成しつつ跡づけてきた。彼がネーフェの指導下にあった十代から、《ミサ・ソレムニス》を作った五十歳前後までの約四十年間に獲得した思想の特徴は、およそ以下の四点にまとめることができよう。

第一に、異なる声の共存という**「寛容」**の理念である。啓蒙都市ボンでの自由な談論を通して（第1講）、諸宗派・諸宗教の違いを超えた普遍宗教への志向（第2講）、シラーやカントに代表される偉大で崇高なものへの志向（第3講）を身につけた。

第二に、宇宙と人間をめぐる**「コスモロジー」**への関心である。文学上の地動説のモチーフを通して（第4講）、宇宙の円環運動とその原理（第5講）、無限の観念による汎神論的世界観（第6講）、芸術を介した人間陶冶の理念（第7講）を学んだ。

第三に、既存の観念を**「相対化」**する方法である。音楽的には協和音型から不協和音型の構造へ（第8講）、作劇的には単視点型から多視点型のストーリーへ（第9講）、理念的には苦悩排除型から苦悩包摂型の「歓喜」概念へ（第10講）と深化した。

第四に、二項対立を崩して第三項を生み出す「非均衡的均衡」の美学である。カントの星雲説を通して（第11講）、引力／斥力概念と重なるシラー読解（第12講）、ならびに「星輝く天空と道徳法則」への感嘆／畏敬の表現化（第13講）を試みた。

もとより以上の四点は相互に絡み合っていて、安易な区分を許すものではない。また、以上のすべてを合わせても、ベートーヴェンの思想の全体からすれば一部を言語化したに過ぎない。とはいえ、これらの点が《第九》でのシラー詩のアレンジにどう関わっているかを考察することは、ベートーヴェン研究として必ずしも無駄ではないであろう。

作曲経緯

ベートーヴェンのスケッチ帳で確認される《第九》関連のメモとしては、一八一二―一三年のシラー詩への作曲構想（Nottebohm 2022（1872）, p. 41, 大崎 二〇一八、八三〇頁）、一五年晩夏／初秋（Beethoven 2014, Bd. 1, p. 815, 大崎 二〇一九、三〇七頁）の楽想スケッチが初期の例である。ただし本格的に作曲が開始されたのは、ロンドンのフィルハーモニック協会から交響曲の依頼があってからで、一八一七年末か一八年以降（Nottebohm 2017（1887）, p. 159, Beethoven 2014, Bd. 1, p. 815）、とくに二二年以降のことのようである（Nottebohm 2017（1887）, p. 164, Beethoven 2014, Bd. 1, p. 815）。

一八二二年末（遅くとも二三年一月）に《ミサ・ソレムニス》が完成すると、いよいよベートーヴェンは新しい交響曲の制作に集中した。約一年後の一八二四年頭（遅くとも二月）には総譜が完成したと見られる（Beethoven 2014, Bd. 1, pp. 815-816）。この間の詳しいいきさつは先行研究（Nottebohm 2017（1887）, Thayer 1964, 小松 一九七九、大崎 二〇一八）にゆずる。

一八二四年五月七日、《第九》はウィーンで初演された。演奏会では最初に序曲《献堂式》(Op. 124)、次いで《ミサ・ソレムニス》から「キリエ」「クレド」「アニュス・デイ(神の子羊)」の三曲が演奏され、最後に《第九》が披露された。広告文でのタイトルは「大交響曲、終楽章には、シラーの頌歌《歓喜に寄す》による独唱と合唱入り」(Thayer 1964, p. 908/邦訳、下巻一〇四一頁)であった。

このときベートーヴェンは五十三歳になっていた。若き日にボンで「歓喜に寄す」への作曲を着想してから、三十数年が経過していた。

有機的構造

《第九》は全部で四つの楽章から成る。この曲全体の音楽的な仕掛けについては、先行研究も数多い。ここではそれらの見解を踏まえつつ、シラーの詩「歓喜に寄す」との関係から最小限の情報を記すにとどめる。

第一楽章はニ短調である。曽我大介によればニ短調(D-moll)は「悪魔(Dämon)」の調で、その対極のニ長調(D-dur)は「神(Deus)」の調である。《第九》では、この二つの調に共通する「レ-ラ(D-A)」の音が、各楽章で「標題主題」の役割を担う。これは「神と悪魔の中間」、つまり「人間」の音を意味する。第四楽章がニ長調で終わるのは、人間が「神の世界の歓喜」に導かれることを象徴している(曽我 二〇二一、一四四―一四五頁)。また、第一楽章の途中(第七四小節)には、第四楽章の歓喜の主題「ファ♯-ファ♯-ソ-ラ-ラ-ソ-ファ♯-ミ(♯F-♯F-G-A-A-G-♯F-E)」(「歓喜よ、神々の美しい火花よ」)を連想させる「ミ♭-ファ-ソ-ソ-ファ-ミ♭-ミ♭-レ-ド-ド-シ(♭E-F-G-G-F-♭E-♭E-D-C-C-B)」というメロディーも出てくる

（金・玉木 二〇〇七、二三四頁）。ただしここはまだニ長調ではない。

第二楽章はニ短調のスケルツォである。ティンパニの技巧を要する画期的な曲で、初演時には聴衆の拍手が鳴りやまなかったと伝えられる。曲の途中に挟まれるトリオ（第四一二―五三〇小節）はニ長調で、メロディーの一部「レ－ミ－ファ♯－ソ－ラ－ソ－ソ－ファ♯－ファ♯－ミ（D－E－♯F－G－A－G－G－♯F－♯F－E）」は、歓喜の主題を先取りするものである（金子 一九九六、八八―九〇頁）。このトリオではそれまで休んでいたトロンボーンが初登場する。トロンボーンは従来、教会での聖歌の伴奏に使われてきた。ニ長調でのトロンボーンの使用は、神の世界を「垣間見せ」るかのようである（曽我 二〇一三、一三〇頁）。

第三楽章は変ロ長調のアダージョである。ベートーヴェンが書いた曲のなかでも最も美しいものの一つとされる。ここでもニ長調が途中のアンダンテ（第二五―四一小節）に現れ、第四楽章主題を予示する（土田 二〇〇三、xi頁）。そのメロディー「ファ♯－ミ－ミ－ファ♯－ソ－ミ－ソ－ファ♯－ファ♯（♯F－E－E－♯F－G－E－G－♯F－♯F）」も、歓喜の主題「レ－レ－ミ－ファ－ファ♯－ファ♯－ミ－ミ（D－D－E－♯F－♯F－E－E）」（「楽園の娘よ」）との類似性を有している。また、アダージョ主題の変奏の最後（第六四小節～）はト長調の属和音に読み替えられるが、《第九》全曲中、ト長調が一定時間続くのは他に第四楽章での合唱後半「抱かれてあれ、幾百万の人々よ！」のみである（同所）。

このように、先行する三つの楽章において第四楽章の合唱要素が予示されるという有機的構造が、いかにもベートーヴェンらしい。部分が積み重ならないと全体は理解されないが、全体が理解されてはじめて部分もよりよく理解される。この解釈学的循環の命題は、哲学書の場合と同じく《第九》にも妥当する。

楽器による対話

第四楽章はニ短調の不協和音のフォルティッシモで始まる。直後にチェロとコントラバスがフォルテでメロディーを奏でる。ここの楽譜の指示は「レチタティーヴォ風に」、すなわち「語るように歌う」となっている。

そして再度、冒頭の不協和音が強奏される。その後、管弦楽が第一楽章のメロディーを奏で、それをチェロとコントラバスが掻き消す。続いて木管楽器が第二楽章のメロディーを奏で、それをまたチェロとコントラバスが掻き消す。さらに木管楽器が第三楽章のメロディーを奏でると、これもチェロとコントラバスが掻き消していく。

じつはベートーヴェンのスケッチ帳（一八二三年十月）では、この箇所はもともと台詞付きで構想されていた。「われわれの絶望を思い出させる」、「否、これではない、それとは違う好ましいものが、私の求めているものだ」、「これでもない、より良くはない、ただもっと明るいものを」「これもやさしすぎる。Die … のような快活なもの（?）を探さなければならない。わたしは君たちに der stimm …〔声部〕ところのものを自分で歌って聴かせてみよう、私の後に」等の台詞案がメモされている（Nottebohm 2017（1887), pp. 189-191／邦訳二二〇—二二二頁)。しかし最終的に言葉はすべて省かれた。

第一楽章、第二楽章、第三楽章のメロディーが掻き消されたあと、ようやく第四楽章のメロディーが登場する。まるでテーゼとアンチテーゼとを繰り返したあとにジンテーゼ（綜合命題）が来るかのようである。楽器が次々と加わって歓喜の主題を織り上げていく。それが頂点に達したところで再度、冒頭の不協和音の強奏に戻る。従来の交響曲であれば、この辺りで一つの楽章が終わる時間である。だがベートーヴェンはここから本来の主題を、今度は人間の声を交えて展開する。前代未聞の「大交響曲」（広告文の表現）が開始する。

2　シラー「歓喜に寄す」——初版と改訂版との異同

もともとシラーの原詩が「集いの歌」として生まれたという経緯があり、《第九》でもソリストと合唱隊がそれぞれ役を担いつつ歌う構造になっている。

歌詞のベースは「歓喜に寄す」の改訂版である。初版第一節の「時流の剣が切り裂いたものを」と「貧者が王族の兄弟となるのだ」という詩句は、改訂版でそれぞれ「時流が厳しく分け隔てたものを」と「人間はみな兄弟となるのだ」に変えられた。また第九節は全文削除された。全体として政治革命色が薄められたと言える（伊藤 二〇〇四）。

ただし、改訂版が用いてあることをもって、ベートーヴェンが初期の思想を捨てたと単純に言うことはできない。一八一九年以降（いわゆるメッテルニヒ体制下[1]）のウィーンではふたたび言論検閲が強まっていた。革命詩人のイメージが強いシラーの詩を合唱するという試み自体、一般的にはかなり思い切ったものとして受け止められたことだろう。

原詩のうち、《第九》で用いられたのは一部である。第二版の全八節のうち、第一節の独唱八行・

合唱四行、第二節の独唱八行、第三節の独唱八行・合唱四行、第四節の合唱四行、全部で三十六行しか使われていない。これは全九十六行の三十七・五パーセント（＝三分の一強）に当たる。第五節以降は一切使われていない。

ベートーヴェンは原詩をよく吟味した結果、前半の三十六行を十分活用すれば、全体を理解したことになると考えたのだろう。実際、原詩には語彙の重複が多い。《第九》は言語芸術としても、表現を絞り抜くことに成功している。

原詩では後半に行くほど宗教的色彩を増すが、ベートーヴェンは前半に特化しつつ、そこから後半の宗教的メッセージをも引き出そうとしている。その意味で、ユニークかつ含蓄のあるシラー解釈と言える。またここには、芸術を介した人間性涵養という後期シラー思想（第7講）の反映すら読み取ることが可能である。

ベートーヴェンがシラーの詩をどうアレンジしたか。以下、詳しく見ていこう。

3　ベートーヴェンによるアレンジ

「おお友たちよ、これらの調べではなく！」

不協和音が静まったところで、バリトンが独唱する（第二一六―二三六小節）。

おお友たちよ、これらの調べではなく！[2]（O Freunde, nicht diese Töne!）

より心地よい調べに合わせようではないか。
より歓喜に満ちた調べに。（Beethoven 2020（1999）, pp. 233-234）

この歌詞はすべてベートーヴェンの自作である。それだけに彼が《第九》に込めたメッセージが最もストレートに表れていると見てよい。私がここで注目したい点は二つある。

第一に、バリトンの「友たちよ」という表現である。これは誰に向かっての呼びかけだろうか。解釈はいくつかあり得る。音楽単体で見るならば、このあと合唱隊が参加してくるから、直接的には合唱隊への呼びかけであることは間違いない。同時に、ここでは呼びかける者と呼びかけられる者との関係が生じているが、この呼びかけられる者は、究極的には、この曲を聴いているすべての人でなくてはならない。したがって、聴き手である全員を含むものと考えられる。「友たちよ」という言葉には、このような二重性がある。

第二に、「より歓喜に満ちた」という表現である。原語では「歓喜（Freude）」という名詞に「満ちた（voll）」という形容詞が付いた複合形容詞の比較級である。直前にある「より心地よい」という表現と併せて、比較級の重視がうかがえる。「歓喜」とは、何か固定したものとしてあるのではない。作曲者のベートーヴェンも、また歌い手や聴き手の私たちも、さらに求めざるを得ない高次の歓喜がある。その歓喜の先にも、さらにより高次の歓喜がある。私たちはどこまでも高次の歓喜を目指していかなければいけない。そうした無限上昇を、この比較級は表しているのではないか。

ここで想起されるのは、ベートーヴェンが会話帳に引用したリットロウの「宇宙論的考察」の一節である。リットロウはそこでカント哲学をこう要約している。「人間を自分以上のものへと高めさせ、永遠に間断なく高まり続ける感嘆へと導く二つのものがある。われらが内なる道徳法則と、われらが上なる星輝く天空とである」（Littrow 1820, p. 107. 強調原文。第13講）。じつはカント原典では「つねに新たなるいやます（immer neue und zunehmende）」と書かれているのを、リットロウは「永遠に間断なく高まり続ける（ewige, immer steigernde）」と言い換えている。後者では無限上昇のイメージが前者以上に強化されている。「われらが」という複数形を用いたのも、リットロウの創意である（第12講）。

ベートーヴェンの「友たちよ」という複数形、および「より歓喜に満ちた」という比較級のうちに、リットロウの（またその背景にあるカントの）宇宙論の反響を聴き取ることは、けっして不可能ではない。歌詞とコスモロジーとの関係については、このあとも触れることになろう。

「歓喜よ、神々の美しい火花よ……」

このあと木管楽器が、ニ長調で、歓喜の主題を奏で始める（第二三七小節〜）。その直後に、バリトンと合唱バスが掛け合う。これは二回行われる。

バリトン「歓喜よ、（Freude,）」
合唱バス「歓喜よ！（Freude!）」
バリトン「歓喜よ、」
合唱バス「歓喜よ！」（Beethoven 2020（1999), p. 235）

こうした掛け合いはシラーの原詩にはなく、ベートーヴェンによる創作である。私見では、このわずか四小節にも巧妙な仕掛けが施されている。

第一に、音型的な仕掛けである。バリトンが歌う「歓喜よ」は「ミ－レ（E－D）」で、その直後に合唱バスが歌う「歓喜よ！」は「ラ－ラ（A－A）」である（合唱に合わせて弦楽器も同じ音型を奏でる）。全曲を通じて見られる「レ－ラ（D－A）」（神と悪魔との中間に位置する人間の象徴。曽我 二〇二一、一四四頁）を標題主題とする構造がここにも現れている。

第二に、音響的な仕掛けである。そもそもシラーの原詩では、合唱部分に「歓喜」という語は一度も登場しない（第5講）。合唱隊が「歓喜」という語を歌うこと自体、じつはベートーヴェンの創意である。また楽譜では、バリトンの歌う「歓喜よ」のあとはコンマで、これはシラーの原文通りである。しかし、合唱隊の「歓喜よ」のあとは感嘆符になっていて、この強弱のニュアンスはベートーヴェンの指示である。

以上の掛け合いのあと、バリトンは「歓喜に寄す」の第一節を歌う（第二四一小節〜）。

歓喜よ、神々の美しい火花よ、
楽園の娘よ、
われらは炎の陶酔のなか
天なるものよ、汝の神殿に踏み入る。
汝の魔法はふたたび結ぶ、
時流が厳しく分け隔てたものを、
人間はみな兄弟となるのだ、

汝のやさしい翼がとどまるところ。（Beethoven 2020（1999), pp. 235-237）

後半四行は合唱アルト、テノール、バスも加わって繰り返される（第二五七小節〜）。以上はフォルテで歌われている。ちなみに、この歌詞はあとでもう一度歌われるが、そこはフォルティッシモである（第五四三小節〜）。ベートーヴェンは、シラーの同じ詩句を、音量を増しながら繰り返し歌わせる。「より歓喜に満ちた」という比較級は、こうして曲全体を貫く理念となっているのである。

「一人の友の友であるという……」

続いて、「歓喜に寄す」の第二節が始まる（第二六九小節〜）。まずソリストのうち、アルト、テノール、バリトンが歌い出し、三行目からソプラノが加わる。

一人の友の友であるという、
立派な仕事を成しえた者、
優美な女性を勝ちえた者は、
歓呼の声を合わせよう！
そうだ――たった一つでも地上に
己のものと言える魂をもつ者は！
それを成しえなかった者は、こっそり
泣きながらこの同盟を去るがいい！（Beethoven 2020（1999), pp. 240-242）

ここでベートーヴェンは、ソリスト四人に歌詞を同時に歌わせるのではなく、少し開始をずらしたり、ときに休ませたりしている。とくにベートーヴェンがよく用いるのは弱起と言って、小節の途中で次のメロディーを始める手法である。しかも全員がそうするのではない。たとえば、バリトンだけが五行目の「そうだ――（Ja, ...）」という呼びかけ――これは自分で自分に呼びかける肯定の言葉で、英語の「Yes」に当たる――を一拍早く始める（第二七六小節）。この歌詞はもう一度合唱隊によって繰り返されるが、そこでもバスだけが弱起する（第二八四小節）。

この二つの弱起を和音の観点で見ると、最初の弱起では、バリトンが「ラ（A）」で歌い出すとき、まだ前の歌詞を歌っているアルトの「ソ（G）」、テノールの「ミ（E）」と不協和音を作る。次の小節でソプラノとアルトの「ミ（E）」、テノールの「ド♯（♯C）」が加わると、バリトンの「ラ（A）」と協和音になる。二回目の弱起では、合唱バスが「ラ（A）」音で歌い出すとき、前の歌詞を歌っているソリストのソプラノ「レ（D）」／アルト「ファ♯（♯F）」／テノールとバスの「レ（D）」と協和音を作る。そして次の小節で合唱隊のソプラノ「ミ（E）」／アルト「ラ（A）」／テノール「ド♯（♯C）」の音が加わって、協和音の大合唱になる。

まとめると、「バリトン弱起&不協和音」↓「混声四重唱&協和音」↓「合唱バス弱起&協和音」↓「混声四部合唱&協和音」と進行する。このように、時間軸と空間軸の双方において、ベートーヴェンは声部間の均衡を微妙に崩す。均衡を崩すことで次の均衡の回復への動機付けを行う。音響スケールもしだいに増していく。カント宇宙論の「引力／斥力」の力学、あるいはその応用である「非社交的社交性」の思想を想起させる。いわば「非均衡的均衡」（第11講）の手法である。

「それを成しえなかった者は……」

ところで、さきほどの最終二行は、しばしば評価が分かれる歌詞でもある。

それを成しえなかった者は、こっそり
泣きながらこの同盟を去るがいい！

ここでは、地上に「己のものと言える魂をもつ」ことに失敗した者のことである。しかし、自分では望まないのに孤独だという人もいるだろう。そういう人はどうすればよいのか。泣きながらこの同盟を去れとは、あまりに残酷な主張ではないのか。シラーの原詩も、それを採用したベートーヴェンも、このように批判されることがある。[3]

しかし、少なくとも《第九》に関する限り、この種の批判は当てはまらない。歌い手はすでに一人の「友」を持っている。なぜなら、この箇所はバリトンが「友たちよ」と呼びかけ、それに合唱隊が応答したあとだからである。両者の呼応がなされた時点で、すでに友情が成立した構造になっている。あるいは、私たちがこの曲を聴いて、たとえば心のなかで歓喜の主題を反芻していれば、私たちもまたバリトンの「友たちよ」という呼びかけに応答していることになる。そこにも友情が成立している。してみると、この曲の聴き手のなかには、友のいない者はもういないことになるだろう。

実際、「泣きながらこの同盟を去るがいい」の末尾「去るがいい」は、何かを排除するような強さでは歌われない。ベートーヴェンはここを「ディミヌエンド」、すなわち、徐々に弱く歌うよう指示している（第二八二／二九〇小節）。このディミヌエンドは、一つには、孤独者が「そっと去る（sich stehlen）」様子を表したものであろう。だが、それだけではないと私は考える。歌い手と聴き手との間に呼応関係が生じ、友情が成立した以上、私たちにとってこの歌詞はすでに役目を終えている。だから歌詞自体がおのずと姿を消していくのである。この解釈は、以下のことからも裏付けられる。

シラーの原詩では、「去るがいい！（aus diesem Bund!）」という風に文末に感嘆符が付いている。しかしベートーヴェンは、合唱隊がこの歌詞を繰り返すところでその感嘆符を削り、単なるピリオドにした（第二九二小節）。音量もこの行は「ピアノ（弱く）」である。だから、ここは合唱隊が強く発声しないよう、ベートーヴェンがあえて指示を出しているのである。

ここは、従来のブライトコプフ版ではピリオド（ベートーヴェン 二〇一七（二〇〇三）、一八七頁）、近年出た新校訂版のベーレンライター版では感嘆符（Beethoven 2020（1999）, p. 243）となっている。しかし、ベートーヴェンの自筆譜ではピリオドである（Beethoven 2019, p. 297）。ベーレンライター版は自筆譜に忠実とされるが（器楽部分についてはたしかにそう言える）、歌詞部分に関してはその限りではないことに注意したい。

「生きとし生けるもの……」

次に、「歓喜に寄す」の第三節が、ソリストのうちテノールとバリトンによって歌われ始め（第二九六小節〜）、遅れてアルトが、そしてさらに遅れてソプラノが入る。

生きとし生けるものすべて

自然の乳房から歓喜を飲む、
善人であれ悪人であれ、みな
そのバラの残香をたどりゆく。
自然はわれらに口づけと葡萄と、
死をも怖れぬ友を与えた。
虫けらには快楽が与えられた、
だが神の前には智天使が立つ。(Beethoven 2020 (1999), pp. 244-247)

この部分にはさまざまな解釈があるが、以前、本講義ではシラーの原詩を検討し、こう解釈した。自然界の生き物は各々その本能に従って生きているが、より大きな観点から眺めれば、それらはすべて神の御業である。善人と悪人との区別も、あくまで人間側の視点によるもので、神側の視点からは相対化される、と(第5講)。

これを踏まえると次のように言えるだろうか。人が肉眼で「歓喜」として捉えているものは、いずれも神の眼から見れば相対化され、振るい落とされる。この厳粛な神の眼を象徴するものが「智天使」である。ではどうすれば人は真の「歓喜」に近づくことができるのか。その道程を描くのがこのあとの合唱の主題なのだ。

ソリストに続いて合唱隊が同じ歌詞を歌う(第三一三小節~)。合唱は「智天使」という語から音量を増していく(第三一九小節~)。「だが神の前には智天使が立つ」をシラブルごとに強調して歌ったあと、「神の前には」をフォルティッシモで三回繰り返す。三回目の「神」にはフェルマータの指示がついている。繰り返しによる高揚はベートーヴェンの十八番とも言え、ここで合唱は最初のクライマックスを迎える。

「朗らかに、主のもろもろの太陽が飛びめぐるように……」

ここから音楽は拍子を変え、変ロ長調のトルコマーチに移る（第三三一小節～）。まずはテノールが、「歓喜に寄す」第四節の合唱部分四行を歌う（第三七五小節～）。シラー原詩では、「朗らかに、主のもろもろの太陽が／壮大な天の律動のもと飛びめぐるように、／兄弟よ、汝らの軌道を往け、／勝利をめざす英雄のように歓ばしく」(Schiller 1992, p. 411) となっている。[4] だがベートーヴェンは原詩にはない繰り返しを何度も行い、畳みかけるような効果を生み出す。テノールの台詞を楽譜に忠実に書き起こすと、以下のようになる（傍点部は原文にない繰り返し）。

朗らかに、朗らかに、
主のもろもろの太陽が、主のもろもろの太陽が飛びめぐるように、
朗らかに、主のもろもろの太陽が飛びめぐるように、
壮大な天の律動のもと、
往け、兄弟よ、汝らの軌道を、往け、兄弟よ、汝らの軌道を、
歓ばしく、勝利をめざす英雄のように、
勝利をめざす英雄のように、
往け、兄弟よ、汝らの軌道を、

勝利をめざす英雄のように、
歓ばしく、歓ばしく、英雄のように、勝利をめざす英雄のように（Beethoven 2020（1999）, pp. 256-260）

このあと合唱隊が加わって同じ歌詞を繰り返すが、テノールソロは合唱隊の声に埋もれないように、「歓ばしく」と「英雄」という言葉をスピーディーに二度歌う（第四二六小節〜）。

このトルコマーチの意味については、いくつか解釈がある。たとえば、ロランはこれがラ・マルセイエーズの変奏であり、フランス革命の精神を継承するものだと言う（Rolland 1943, pp. 159-160／邦訳八八頁）。この場合、「兄弟」という語は「国民（nation）」や「市民（citoyen）」を含意することになろう。ロランはまた歌詞の「天空」と「軌道」を、ベートーヴェンが会話帳に引用したカントの「星輝く天空」と「道徳法則」になぞらえている（ibid.／邦訳九〇頁）。カントとの関係については、矢羽々崇も同様の解釈をとっている（矢羽々 二〇一九（二〇〇七）、二〇三頁）。最近では大崎滋生が、トルコマーチを文字通り「イスラム」への呼びかけとして捉えるべきという見解を示した。この場合、「兄弟」は「異教徒」を意味し、ヨーロッパと非ヨーロッパとの共存を含意することになろう（大崎 二〇二四、二九三―二九四頁）。たしかに、《第九》初演の三年前、一八二一年から、「トルコ」（オスマン帝国）の地ではギリシア独立戦争が起きていた。

本講義は、ベートーヴェンとシラー、カントとの関係に光を当ててきたので、ロランや矢羽々の解釈にはうなずけるところがある。「もろもろの太陽」という言葉がニュートン力学に基づくこと、カントの宇宙論もその系譜にあることを、ベートーヴェンは熟知していた（第11―13講）。「汝らの軌道」

という言葉から、彼がカントの「道徳法則」を想起したと考えることは理に適う。そしてこの解釈は、大崎の見解とも矛盾しないはずである。カントは一七九五年に『永遠平和のために』を発表し、人民の犠牲の上に成り立つ国家を否定した。それだけでなく、植民地の犠牲の上に成り立つヨーロッパの正義をも否定した。「道徳法則」は、人民同士が尊重し合い、諸国家が尊重し合うことを求める（第6講）。この場合、「兄弟」という語は「世界市民」の異名となるだろう。

「抱かれてあれ、幾百万の人々よ！」

トルコマーチが終わり、オーケストラだけの演奏が続いたあと、「歓喜に寄す」の第一節に戻って、二度目の歓喜の合唱となる（第五四三小節〜）。ここでは合唱全声部がフォルティッシモで歌う。全曲中、最も良く知られている部分であろう。ただし注意したいことがある。「歓喜に寄す」の第四節を歌い終えた以上、ここは第一節の単なる繰り返しではない。歌い手も聴き手も真の「歓喜」に一歩近づいている。しかしまだそれを手にしてはいない。この比較級の力学を踏まえると、ここはまだ中間段階にすぎない。

実際、この直後に音楽は拍子を変えてト長調に転じ、トロンボーンが厳粛な調べを奏でる（第五九五小節〜）。トロンボーンはもともと教会でのみ演奏する楽器だったので、ここは宗教音楽を意識している。男声合唱隊が「歓喜に寄す」第一節合唱部分四行を歌う。

抱かれてあれ（Seid umschlungen）、幾百万の人々よ！
受けるがいい、全世界のこの口づけを！

兄弟よ――きらめく星空のかなたには、
愛する父がおられるはずだ。(Beethoven 2020 (1999), pp. 278-282)

一―二行目の繰り返しから女声合唱隊が加わる。ここは四つの声部ごとに入りのタイミングが異なる(第六〇三―六一〇小節)。最初に一拍早く入ったソプラノは、六小節目には一拍遅く入り、反対に、最初に一拍遅く入ったバスは、六小節目に一拍早く入る。アルトはつねに一拍早く入る。反対に、テノールはつねに一拍遅く入るが、六小節目でアルトとバスと同時に入る。要するに、女声に引っ張られる形でバス、テノールが順に入り、途中でソプラノだけ後に引き離される。まるで引力と斥力が働いているかのようである。オーケストラの休みのない動きに支えられつつ、女声、男声、テノール、アルト、ソプラノの順で開始のずれが声部を浮き立たせるさまは、まるで星々が渦をなすかのようである。

三―四行目も男声で始まり、繰り返しから女声が加わる(第六一一―六二六小節)。ここでも声部間のずれが四か所見られる。とくに四行目の「はずだ(Muss)」は、スフォルツァンド(力を込めて強く)でバス、テノール+アルト、ソプラノの三段階で入る。こうした「非均衡的均衡」の手法の多用は、ベートーヴェンがカント宇宙論を手がかりに「きらめく星空(Sternenzelt)」をイメージしたことを推測させるに足る。

なお、ここでの宗教的雰囲気に鑑み、「Seid umschlungen」を「抱かれてあれ」と訳す藤井義正の解釈(第6講)を私も支持する。この直後に、三行目が合唱隊のテノールとバスで歌われ(第六一一小節~)、そのあと四部の合唱隊によって、三行目から四行目が繰り返される(第六一九小節~)。続いて、「歓喜に寄す」第三節合唱に移る。

ひざまずくのか、幾百万の人々よ。
創造主を感じるのか、世界よ。
きらめく星空のかなたにそのお方を探せ、
星々のかなたにおられるはずだ。(ibid., pp. 283-286)

ベートーヴェンの歌曲《星空の下の夕べの歌》(一八二〇年)が、カント主義の詩人レーベンによって作詞され、カント哲学的モチーフをちりばめていることは先述した(第13講)。それを踏まえると、ベートーヴェンが「抱かれてあれ」の空間的表象と「ひざまずくのか」の宗教的表象を、それぞれ、カントの言う星空への「感嘆」と「畏敬」になぞらえていたと考えても、けっして的外れな推測にはならないだろう。

二重フーガ

このあと音楽はニ長調(=神の調。曽我 二〇二一、一四四頁)になり、二重フーガという、ベートーヴェンの作品中、屈指の名曲の一つが始まる(第六五五小節〜)。「歓喜に寄す」第一節の前半四行と合唱前半二行が、合唱隊の異なる声部によって同時に歌われる。この間、オーケストラでもトロンボーンが複数の声部に分かれて高らかに鳴り響く。

まず女声の二重唱である。ソプラノ(=S)が「歓喜よ、神々の美しい火花よ、楽園の娘よ」と歌うのと並行して、アルト(=A)は「抱かれてあれ、幾百万の人々よ」と歌う。また、ソプラノが「われらは炎の陶酔のなか、天なるものよ、汝の神殿に踏み入る!」と歌うのと並行して、アルトは「受けるがいい、全世界のこの口づけを!」と歌う。それゆえ、

①第六五五小節~　S「神々の美しい火花よ」　A「抱かれてあれ」
②第六五七小節~　S「楽園の娘よ」　A「幾百万の人々よ」
③第六五九小節~　S「炎の陶酔のなか」　A「この口づけを」
④第六六一小節~　S「天なるものよ」　A「全世界の」

という形で二つの言葉が同時に響く。しかも、最初にアルトが「~てあれ(Seid)」を一拍早く歌い出すので、天上界に人間が包摂されるイメージが一層強調される。

続いてテノール(=T)、バス(=B)も加わり、この二重唱を繰り返す(第六六二小節~)。同時に女声部では、「歓喜よ!/歓喜よ!/われらは踏み入る、汝の神殿に!」という、原詩をアレンジした第三の歌詞が始まる。むしろベートーヴェン作とも言えるこの歌詞は、ソプラノ、アルト、テノールの順にバトンタッチされつつ歌われる。それゆえ、

①第六六四小節~　S「歓喜よ!」　B「神々の/楽園の」
②第六六八小節~　S+B「汝の神殿に!」　A+T「全世界の!」

という形で歌詞が二重になる。これはアルトとテノールの二重唱でもう二回（第六七二／六八〇小節〜）、ソプラノとバスの二重唱でもう一回（第六九四小節〜）繰り返される。

その後、四つの声部のうち三つまでが「抱かれてあれ、幾百万の人々よ」と歌い、この歌詞が徐々に声量を増していく（第七〇〇小節〜）。さらに、「全世界の！」という言葉を、各声部がそれぞれ開始をずらして歌う（第七一五小節〜）。途中からアルトが「汝の神殿に！」という言葉を四小節にわたって引き延ばして歌う（第七二六小節〜）。それゆえ、空間的（楽譜の縦軸）には「全世界の！」が合唱者の多数を占めるが、時間的（楽譜の横軸）には「汝の神殿に！」が最後まで残っている。こうして、「全世界」と「汝の神殿」という言葉は、たがいに包み、包まれ合う関係になる。

シラー原詩の独唱部分（「歓喜よ……」）は古代ギリシアの多神教的世界観を、合唱部分（「抱かれてあれ……」）はキリスト教の一神教的世界観を代表するが（第5講）、この二重フーガには、まさに異なる声の共存という啓蒙主義の理念（第2講）を音楽化したかのような趣がある。

このあと、「歓喜に寄す」第三節合唱が歌われる（第七三〇小節〜）。弱音の小刻みのリズムで、バスが「ひざまずくのか、幾百万の人々よ」を、テノールが「創造主を感じるのか、世界よ」を歌う。その後、アルトが「きらめく星空のかなたにそのお方を探せ」をクレッシェンドして歌うと、他の三つの声部も加わって、「きらめく星空」をフォルテで歌う。そして全声部が「兄弟」「きらめく星空」「愛する父」という言葉を繰り返しながら、声量を徐々に弱めてピアニッシモになる。

フィナーレ

ここから音楽はフィナーレへの助走を始める。拍子を変えて、ソリスト四人が、ふたたび第一節の

「歓喜よ」という部分を歌う（第七六七小節〜）。ただし歌詞が大幅に省略されて、「歓喜よ！」と「娘よ！」という言葉が何度も強調される。「娘よ！」の感嘆符は原詩にはなく、この呼びかけもベートーヴェンの作詞と言っていい。

そして、「汝の魔法はふたたび結ぶ」という歌詞が、四つの声部によってそれぞれ開始をずらしつつ、繰り返し歌われる（第七八二小節〜）。ここで、「汝の魔法は」という言葉と、「ふたたび結ぶ」という言葉は、時間的（楽譜の横軸）に連続継起するだけでなく、空間上（楽譜の縦軸）にも同時存在することになる。まるで「魔法」が「結ぶ」という属性を手にしたかのようである。どの声部も原詩が大幅にアレンジされているが、たとえばテノールは以下のように歌う（以下、傍点部はアレンジ）。

汝の魔法は、汝の魔法はふたたび結ぶ、結ぶ、ふたたび結ぶ、
汝の魔法は、汝の魔法はふたたび結ぶ……（Beethoven 2020（1999), pp. 313-314）

合唱隊も加わって唱和する（第七九五小節〜）。ここから「時流が厳しく分け隔てたものを」という箇所まで、合唱隊の全声部はユニゾン（同音）で歌う。いまや「分け隔てた」という語は、声部同士を分け隔てるどころか、むしろ結合する機能を持つ（全声部によるこの語のユニゾンはここが最初である）。合唱隊が繰り返し歌う（第八〇六小節〜）。

人間はみな、人間はみな、人間はみな、人間はみな兄弟となるのだ、
汝のやさしい翼がとどまるところ……（ibid., pp. 316-317)

そして音楽はフィナーレに突進する（第八四三小節〜）。そのリズムをオーケストラのトルコマーチが加勢する。合唱隊の四つの声部が一丸となって、声量を強めて歌う。

抱かれてあれ、幾百万の人々よ！
受けるがいい、全世界のこの口づけを！　全世界の！
兄弟よ！　きらめく星空のかなたには、
愛する父が、愛する父がおられるはずだ、愛する父がおられるはずだ。
抱かれてあれ！　抱かれてあれ！
受けるがいい、全世界のこの口づけを、全世界の、全世界の！
受けるがいい、全世界のこの口づけを、全世界の、
全——、全世界の、全——世界の！（ibid., pp. 324-331）

これは第一節合唱部分のアレンジである。呼びかけられている「兄弟」は、曲の文脈では、直前の「人間はみな兄弟となる」を踏まえている。すなわち、歓喜の「やさしい翼」に全人類が抱擁されるという趣旨であり、その後の「抱かれてあれ」もこの趣旨で解さなくてはならない。「人間はみな兄弟となる」という詩句は、シラー原詩の「改訂版」で登場したものだった。ベートーヴェンは改訂版の趣旨をここで最大限に活かしている。かくして合唱隊はふたたび第一節冒頭に戻り、フォルティッシモで歌う（第九〇四小節〜）。

歓喜よ、歓喜よ、神々の美しい火花よ！　神々の美しい火花よ！
楽園の娘よ！　歓喜よ、神々の美しい火花よ、神々の火花よ！（ibid., pp. 331-335）

歓喜という宇宙の中心に向かって、万物が大渦に吸い込まれていくかのように、オーケストラがプレスティッシモ（急速に）で全曲を結ぶ。

4　小括

晩年の大作だけあって、《第九》は、ベートーヴェンがそれまでに獲得した作曲技法のみならず、精神的・思想的世界の総決算とも言える作品である。音楽と詩が一体となり、聴衆に向けた強力なメッセージを形作っている。

ベートーヴェンはカントの『天界の一般自然史と理論』を熟読した。同書によれば、宇宙は引力と斥力との緊張関係によって形成される。ベートーヴェンはこの力学を、シラー戯曲の読解にも応用した（第12講）。これに類する手法を《第九》に探すと、たとえば最初の三楽章はすでに歓喜の主題を織り込んで展開している。第四楽章では「われわれの絶望を思い出させる」不協和音から「より心地よい」ものを目指す音の運動が生じる。これらは、螺旋状に無限成長する宇宙の運動を象徴するものと言える。また、シラーの原詩は解体され、言葉同士の親和性（コロケーション）から新たな秩序

（コスモス）が作られる。これも物質の相互作用から銀河が形成される様子に対応する。さらに、ヘレニズムとヘブライズムの共存も試みられている。多様な声が一体となるプロセスと、円環的な進行を通じて、より深い歓喜を追求する姿勢が示されている。

ベートーヴェンはリットロウやレーベンを通して、カントの『実践理性批判』のエッセンスも知っていた（第13講）。カントは「星輝く天空」と「道徳法則」を並置し、いずれも無限性にアクセスするための契機として捉えた。夜空に広がる星々は無限の時空間を教え、それを見る人間に畏敬の念を抱かせる。道徳法則は理性が示す普遍的な規範を教え、人間にみずからの有限性を超えた崇高なものを教える。《第九》の合唱導入に際し、「より歓喜に満ちた」という比較級が用いてあるのは、こうした無限性へ向かう歓喜を象徴したものと言える。この曲はカントの「道徳法則」とシラーの「星空の彼方」という二概念を象徴的に結びつけ、「歓喜」の実相を追究したものと見てよい。ここで「歓喜」は単なる感情の表現を超え、全人類が共有する崇高なものとして描かれている。繰り返しを含めて「歓喜」という語は二十七回、「星空」（星々）という語は九回歌われ、宇宙の律動を象徴する。

ベートーヴェンはシラーの原詩を、「苦悩を通して歓喜へ」という劇的なストーリーに再構成した。それは苦悩の消去ではなく、苦悩と歓喜との不可分性を描くものである。彼自身、何度も死を考えた。神を呪いさえもした。遺書を書くほどの苦悩のなか、それでも芸術を生み続けることが、神から課せられたみずからの使命であると思い至った。最も深い苦悩を経験した者が、最も深い歓喜を知る。この経験は《第九》の根底に間違いなく横たわっている。この深い歓喜を彼は全人類とも共有したいと願った。「人間はみな兄弟となる」という詩句は、まさにベートーヴェン自身の願いを代弁するものであった。

エピローグ

思想の地下水脈

本講義の最初に、私は以下のような問いを立てた。

「ベートーヴェンがカントに関心を持ったのはなぜか」

「ベートーヴェンは、カントのどういう思想を、いつ、どこで、どうして、どのように受容したのか」

ベートーヴェンとカントとの関係を論じた先行研究も、少ないとはいえ、皆無だったわけではない。ベートーヴェンの青年期にボンではカント哲学が流行していた。彼自身も壮年期にカントの天体論を読んだ。晩年の会話帳にはカントの言葉が引用してある。これらのエピソードについてはこれまでも言及されることがあった。問題は、これらをどう有機的につなげ、時代の文脈も含めて立体的に再構成するかである。

それゆえ、二人の関係を時系列的に跡づけようとすると、ベートーヴェンのボン大学聴講生時代にまで遡らなければならない。当時彼を教えた教授たちや、彼がともに議論した学友たちの思想を知る必要がここに生じた。カント哲学だけの問題には収まらない。ボンの啓蒙思想家たちがどのようなことを考えていたのか。そもそもこの地域に啓蒙思想が浸透した理由は何だったのか。そうした問題と取り組まざるを得なくなった。そして、ライン川中流地域の思想的伝統、すなわちクザーヌスやスピノザに由来する無限の観念、さらには天動説から地動説への転換という科学革命の影響史をも視野に入れなければならなくなった。これらの思想はカント哲学とシラー文学の共通地盤であった。カントとシラーのこの近親性を、ボンの啓蒙主義者たちはよく知っていた。

この思想的伝統は陰に陽に若きベートーヴェンの知的環境を支え、彼のなかに哲学、文学、さらには天文学などさまざまな関心を育んだ。その後も地下水脈のように彼の思索の根底にあり続け、彼が固有の思想世界を形作るのを助けた。四十代でカント宇宙論を読み、カント倫理学の世界に触れたのも、このときの学びがあったからである。

知性の磁場

思想研究ではしばしば、「人物Aが人物Bに影響を与えた」ということが語られる。しかし、実際の両者の関係はそう簡単に語り得るものではない。たとえば、Bは自分のなかにすでに固有の世界を持ち、それがたまたまAの持つ何らかの要素に触れて反応が起きたのかもしれない。また、そうしたB固有の世界も、じつは人物C、D、E……といった周囲の無数の人々から、意識的・無意識的に受容した無数の思想因子の集合体かもしれない。さらに言うと、それらC、D、E……についても事態は同様であろう。影響関係の実際の現場は、先行者が後進者に何かを一方的に伝達するような単線的なものではなく、もっと複線的で、相関的で、有機的なものと言える。

カント哲学が自分に何をもたらすのか、ボン時代のベートーヴェンはまだよく理解していなかったかもしれない。だが、その後の経験や思索が彼固有の思想世界に成熟する過程で、彼は改めてカント哲学と向き合った。テクストとのこの「向き合い方」、読みの「まなざし」は、ベートーヴェンがそれまでに周囲から学び、血肉化したもろもろの思想因子に支えられたものだっただろう。学習、模倣、実験、変奏の蓄積が、いつの間にか一個の芸風を形作るのと、この過程は似ている。およそ創造とはそういう営みであり、果てしのない影響作用が織り成すドラマである。

ベートーヴェンは《第九》でシラーの詩を解体し、再構築した。このアレンジによって浮かび上がった思想は、一面ではもちろん、シラー原詩の構成要素にほかならない。他面ではしかし、このアレンジを支えた発想は、ライン川中流地域の思想的伝統に由来していたと言える。その発想とは、異なる声の共存という「寛容」の理念であり、宇宙と人間との関係をめぐる「コスモロジー」である。これらの発想に接ぎ木するようにして、ベートーヴェンは、既存の観点を相対化する「地動説」や「不協和音」や「多視点」といった手法を取り入れた。また、カント星雲説を学び、二項対立を崩して第三項を生み出す「非均衡的均衡」の美学を活用した。

こうして、ベートーヴェンの頭脳のなかで、カントの世界とシラーの世界は融合することになった。両者を媒介したのは、一言で言えば、啓蒙時代のコスモロジーである。これが十八世紀末の一時期、ボンという知的空間に生きる人々を照らした。幸運にもその光に浴しつつ、眩しい反射光を放った一人がベートーヴェンであった。

知性とは磁石のようなものだ。それは磁場にあってこそ目覚める。青年期にどんな人々と接し、どんな知識を学び、どんな思索を紡いだのか。それらの意義は、二十年、三十年経ってはじめて本人も認識できるのかもしれない。ベートーヴェンの《第九》という作品は、人間知性のそうした形成過程を教えてくれる。本講義が描こうとしたのは、このような「知の歴史」の一断面である。

ここで改めて、音楽と哲学との関係についても一言触れておきたい。

シンフォニー（シンフォニア）という楽曲形式は、十七世紀イタリアに始まり、バロック時代に発展を遂げた。それを、現在多くの人がイメージする「交響曲」、すなわち多様な楽器によって奏でられる三、四楽章の構成として確立したのはハイドンだった。

十八世紀末から十九世紀にかけて、交響曲は大規模化していく。とくにベートーヴェンはかつてない大胆な試みを行った。交響曲第五番では、それまで教会内でしか使用されなかったトロンボーンを導入した。聖と俗の境界を崩すこの編成は、異質なものの共存の象徴である。さらに《第九》では器楽の音と人間の声、ヘレニズム（多神教的世界観）とヘブライズム（一神教的世界観）の共存を図った。多様性の可聴化である。

こうした試みは「共に（Sym）響く（phone）」という交響曲の原義に適い、既存の階級制度を相対化する時代の要請にも適っていた。ドイツの美術史家パノフスキー（Erwin Panofsky）（一八九二―一九六八年）は、ゴシック建築の構造をスコラ哲学との類比で「視覚の論理学（ヴィジュアル・ロジック）」と呼んだが、仮にそのひそみに倣って言えば、ベートーヴェンの交響曲はいわば「聴覚の論理学（オーディアル・ロジック）」であった。

ポリフォニー（多声音楽）の進化は、不協和音の扱いにも大きな影響を与えた。不協和音は長い間、音楽理論においては、調和を乱す要素と見なされ、克服されるべき否定的なものとして捉えられていた。しかし徐々にこの考え方に変化が生じ、不協和音そのものが新たな意味を持ちはじめる。この傾向は、十八世紀後半、「崇高」の美学の登場によって美的なものの範囲が拡大すると、さらに強まった。芸術界のこうした地殻変動をベートーヴェンは見逃さなかった。この点で彼は間違いなく

「時代の子」であった。

しかし、ベートーヴェンは単に時代のトレンドに乗ったのではない。本講義を終えようとしているいま、私のなかに浮かんで来た一つの仮説を述べておこう。詳細な論証はまだ今後の課題であるし、あるいはすでに同様のことを述べている研究もあるかもしれないが、次のような仮説である。

ベートーヴェンにとって不協和音は、単なる表現技術の域を超えて、みずからの生の意味をかけた神学問題にまで届くものだった。彼が初めて難聴を告白したヴェーゲラー宛の書簡には、「耳の方は、昼夜を分かたずざわめき、ぶつぶつ（sausen und brausen）いっている」（Beethoven 1996-98, Bd. 1, p. 80／ベートーヴェン 一九七八、八四頁）とある。この耳鳴りは、ベートーヴェンにはもちろん不快な雑音以外の何ものでもなかっただろう。だが、二十代後半から顕著になる不協和音の多用から察するに、難聴の経験は、彼の「音」理解そのものに決定的変化を生じさせたのではないか。

不協和音は単に協和音を導くための手段ではなく、音同士の緊張関係そのものが美的な価値を持っている。真の芸術家はこの配剤の妙を知る。これとの類比で言えば、耳鳴りも単なる雑音ではなく、ある種の緊張関係として宇宙の秩序に属している。真の信仰者はこの配剤の妙を知る。シラーが傾倒したスピノザを想起しよう。スピノザは自然界のあらゆる現象が神の現れであり、神と自然は同一であると考えた。同様に、ベートーヴェンは耳鳴りもまた自然の一部であり、それ自体が神的な秩序を持つと捉えたのではないか。現に、ベートーヴェンが愛読したシュトゥルムは、神が「吐息にも、嵐にも、光にも、暗闇にもおられる」と述べていた。この主張を信じるならば、どうして耳鳴りのなかにも神がおられないはずがあろうか。《第九》が描く包摂的な「歓喜」の根底には、以上のような視点の転換、発想の転換があったのではないかと、いま私は考えている。

無限上昇の力学

人間の眼に映る世界を、あたかも神の眼から見るかのように描くこと。こうした視点の複数性は、事実、ベートーヴェンの中・後期声楽曲の中心主題となっている。

オラトリオ《オリーヴ山上のキリスト》では、イエス役が人間の視点を代弁し、天使役が神の視点を代弁する。人間の側から見て「苦痛（Qual）」と映るものも、神の側から見ると「愛（Liebe）」の表現にほかならない。苦痛が「苦悩＝受難（Leiden）」として捉え返される。イエスがこのことを悟るとき、天に「歓呼（Jubel）」の声が轟く。

歌劇《レオノーレ》は、この「苦難を通して歓喜へ」という主題をさらに宇宙論的スケールで描き出す。とくに最終場面では、すべての登場人物の視点が、神の視点から相対化される。天動説から地動説への転換をモチーフとして、キーワードの両義性や構図の逆転といった手法を駆使し、闇と光、苦悩と歓喜との相関性を強調する。

そして《第九》では、視点の複数性が、「より歓喜に満ちたもの」を求める円環構造によって描かれる。第一楽章から第三楽章までで人間界のさまざまな歓喜を描き、第四楽章でそれを二重、三重に変奏していく。まずはオーケストラで、次に人間の声を交えて、友を得る歓喜を、さらには神に抱かれる歓喜を奏でる。二重フーガでは人間の視点と神の視点が同時に歌われる。シラーが目指した「神が観るかのように世界を観る」（神的相等性）という主題を音楽化したかのようである。神による抱擁という最大の「歓喜」に向かって無限上昇していく音の力学は、終曲後もなお私たちの耳の奥で余韻を奏でつづける。

時系列的には、《レオノーレ》と《第九》との間に、一八一六年のカント宇宙論読解と一八二〇年の（リットロウを介した）『実践理性批判』への言及が位置する。ベートーヴェンとカントの関係も改めてこの文脈から解釈する必要がある。

ベートーヴェンが注目したカント宇宙論の主張は、第一に、宇宙の機械的説明と神の存在とは矛盾しないこと、第二に、諸惑星の住人は各惑星の太陽からの距離に比例して成長し進歩すること、第三に、宇宙をカオスから秩序へと展開させたのは引力と斥力という二つの力であること、以上三点にまとめ得る。また、ベートーヴェンに『実践理性批判』を教えたリットロウは、同書の結語を「人間を自分以上のものへと高めさせ、永遠に間断なく高まり続ける感嘆へと導く二つのものがある。われらが内なる道徳法則と、われらが上なる星輝く天空とである」という命題で表現している。さらに、レーベンの詩を介して知ったカントの「最高善」の思想がここに加わる。

以上の文脈を踏まえると、《第九》でベートーヴェン自身が書いた「おお友たちよ、これらの調べではなく！　より心地よい調べに合わせようではないか。より歓喜に満ちた調べに」という歌詞には、次のような含意があると言えよう。

第一に、地上の苦悩は神の存在を否定するものではないこと、第二に、地球の住人は善にも悪にも向かい得る存在であること、第三に、だから人間は悪への傾向性だけでなく善への義務に従うよう努めなければならないこと、第四に、そのためには人間は星空の律動をモデルに、内なる道徳法則に耳を傾けるべきであること、第五に、人間が道徳法則に従って生きるならば、神は報いてくれるに違いないと希望してよいこと、以上の五点である。

ベートーヴェンのカント受容をここまで追ってきて改めて気づくのは、《第九》の歌詞との内容的な重なりである。いやむしろ、上記の五点のメッセージが浮かび上がるよう、ベートーヴェンはシラーの原詩を全面的にアレンジしたのではないか。そう考えてこそ、彼が原詩の四割弱にしか曲を付けなかった理由にも十分に納得がいくことだろう。

心術の革命

こうしてみると、中・後期ベートーヴェンの声楽曲に共通する主題は、自己中心的視点の相対化と言ってよい。そして、この主題は、カントが晩年の宗教論で唱えた「心術の革命（Revolution der Gesinnung）」という思想とも重なる。カントの宗教論をおそらくベートーヴェンは読んでいない。それだけに《第九》との共通点は興味深い。本講義を締め括るに当たり、この点に少しだけ触れておこう。

この「革命（Revolution）」という言葉は、語源的には、天体の「回転（Revolution）」に由来する。カントのコペルニクス受容については複数の研究があるが、ここでは哲学者・福谷茂（一九五三年生）の解釈を採っておく。

福谷は言う。カントが見るコペルニクス説の真髄とは、単に運動主体が天球から地球に入れ替わったということではない。私たちに太陽が動いて見えることと、実際には地球が動いていることとは、同一の事柄である。私たちが動いているからこそ、太陽が動いているように見える。しかし自分の運動の由来が覆い隠されると、太陽の運動が独立自存したものとして映る。その独立自存性の根拠を問うならば、それはあくまでも私たちに依存しているのであり、仮象の原因は私たちの側に回ってくる。「こうして「転回」し続ける関係あるいは構造が私たちの経験の真相である」（福谷 二〇〇七、一二四―一二五頁)、と。

この福谷の解釈を援用して、カント倫理学の枢要を語れば、次のようになろうか。道徳に不動の「法則」が存在しないように見えることと、実際には私たちが「自己愛」に従っていることとは、同一の事柄である。私たちが自己愛に従うからこそ、不動の法則が存在しないように見える。しかし自己愛の存在が覆い隠されると、道徳法則の不在があたかも自明であるかのように映る。その自明性の根拠を問うならば、それはあくまでも私たちに依存しているのであり、仮象の原因は私たちの側に回ってくる、と。

それゆえ自己愛を相対化し、道徳法則を目指すようみずからの視点を「転回」することを、カントは「心術の革命」(Kant 1914, p. 47／カント 二〇〇〇d、六三頁) と呼んだ。これは晩年の『単なる理性の限界内の宗教』における表現である。人間は、みずからの行為が神の眼から見て恥じないものであるかを問い、理性に照らして純粋堅固な行為の格率を選ばなければならない。そして神の視点に近づくための継続的努力を惜しんではならない。この努力は人間の眼から見れば「漸次的改革」であるが、この無限の前進を一として捉える者、すなわち神の眼から見れば「革命」である (ibid., p. 48／同書、六三―六四頁)。そしてカントは言う。

> 私たちの魂には一つのものがあって、しかるべくそれを熟視するならば、私たちはそれをこのうえなき驚嘆の念で見ずにはいられなくなるのであり、この場合、感嘆は正当であると同時に魂を崇高にもするのであるが、それは私たちのうちにある根源的な道徳的素質一般のことである。(ibid., p. 49／同書、六五頁)

道徳法則に向かって視点を「転回」したあかつきには、私たちの内にある「根源的な道徳的素質一般」が、私たちを「感嘆」させ、魂を「崇高」にする。「わが上なる星輝く天空」と「わが内なる道徳法則」とのアナロジーは、こうしていまや「心術の革命」として語り直される。ちなみにこの宗教論は、フランス革命が過激化の一途をたどっていた時期（一七九三年）の出版である。シラーをはじめ同時代知識人たちが、政治革命には「心術の革命」が伴うべしとのメッセージを同書に読み取ったとしても、不思議ではない。

快活の美徳

しかし、こうした「心術の革命」は、どこまでも厳格・厳粛なものであり、《第九》終楽章の晴れやかな雰囲気とはあまりにもかけ離れてはいないだろうか。そうした疑問も生じるかもしれない。この点についてはカント自身に答えてもらおう。

カントとシラーとの間で一種の論争があったことは、すでに述べた（第7講）。シラーはカントが義務をあまりに「峻厳」に説いていると批評した。これに対してカントは、シラーのように義務を「優美」と結びつけるのは、義務の強制力を弱めることになると反論した。この反論は、『単なる理性の限界内の宗教』第二版（一七九四年春）に「補注」として記されたものだが、じつはこの反論には続きがあり、カントはこう述べている。

義務を遵守するのに快活な心でいることは〔…〕真の有徳な心術だということの徴《しるし》なのであり、

たとえそれが敬虔な形であってもそうなのであって、敬虔さの本質は、悔悟した罪人の自責の念にあるのではなく〔…〕、将来はよりよくなそうという確固たる企図にあるわけで、これがよき進歩に鼓舞されるなら、かならずや快活な気分を引き起こすにちがいないのであって、快活な気分なしには、人は自分が善を好きになったことも、つまり善を自らの格率のうちに採用したことも、確信できないのである。（Kant 1914, p. 24／カント 二〇〇〇d、三二頁）

神ならぬ身の人間は、ともすれば道徳法則に背き、自己愛に従ってしまう。しかし、一度躓いたからと言って諦めてはならない。「将来はよりよく（besser）為そう」という決意にこそ敬虔さの本質がある。この決意が持続的な成長として自覚されるとき、人間はかならず「快活な心（fröhliche Herz）」を手にする。そうカントは言う。

してみれば、道徳法則を目指す「心術の革命」と「快活な心」とは矛盾しない。それどころかむしろ不可分の関係にある。それゆえ、カントはシラーに、最重要の原理に関して自分たちは意見が一致していると断言したし、シラーもカントに、自信を持って自著『人間の美的教育に関する書簡』を謹呈した。両者の文通はそれ以降続かなかったが、それは断絶というより、語らずとも通じ合えた者同士の関係と言うべきかもしれない。そしていずれにせよ、「時流が厳しく分け隔てた」この二人の思想を、音楽という「魔法」で「ふたたび結ぶ」試みを、私たちはベートーヴェンの《第九》に見出すことができるのである。

《第九》終楽章では、苦悩の主題から歓喜の主題へと、また人間の歓喜から神の歓喜へと曲が進むごとに、歌い手／聴き手双方の視点がそのつど「転回」されていくという構造になっている。苦悩だと思っていたものが、神の視点に照らされたときに初めてその真の姿を見せる。苦悩を突き抜けて、友を得るという人間的な歓喜へ。そしてその先の、神の懐に抱かれるという神聖な歓喜へ。この歓喜を前にしたときに、人間界の苦悩も歓喜も相対化され、みずからが宇宙に存在していることそのものの歓喜の念に打たれる。小さな苦悩の船に乗って荒波に弄ばれるのではなく、あたかも星空の中心から自分の喜怒哀楽を俯瞰するかのような、「視点の転回＝心術の革命」である。この革命はその人間の内に必ずや「快活な心」をもたらす。

それゆえ、「苦悩を突き抜けて歓喜へ」という標語の「突き抜けて（durch）」とは、苦悩が消えてなくなるということではない。生きている限り苦悩はある。しかし、いかなる苦悩をも、より深い歓喜が鍛え出される不可欠の道程と捉えて前に進むこと。それこそが真に「突き抜ける」ということなのだ。苦悩と歓喜は不可分である。苦悩とともに歓喜へ。苦悩によって歓喜へ。

おお友たちよ、これらの調べではなく！
朗らかに（froh＝快活に）、
勝利をめざす英雄のように歓ばしく、
往け、兄弟よ、汝らの軌道を。

注

第1講

1 以下、ボンの歴史、とくに三人の選帝侯に関しては、断りのない限り、Thayer 1964, Solomon 1977, 平野 二〇一二などを参照した。

2 ただし、父ヨハンがベートーヴェンのデビュー時に、彼をモーツァルト級の神童として売り出すため年齢を一歳若く広告した。そのため、ベートーヴェン自身も生涯、自分の生年を誤解していた。本講義では実際の年齢で記述する。

3 文脈上、ここでの訳文は、ハーバーマス 一九九四(一九七三)の細谷貞雄訳で引用されている『実践理性批判』を用いる。

第2講

1 この時期のベートーヴェンの経歴については、Thayer 1964, 平野 二〇一二、大崎 二〇一九等を参照した。

2 オレステスはミュケナイ王アガメムノンと妃クリュタイムネストラの息子。ピュラデスはそのいとこである。二人はともに育てられ、生涯の友となったと伝えられる。

3 ただし『最初のボン大学とその教授たち』では出典注が付けられていないため、私自身はその記述の裏づけをとることができなかった。

4 断りのない限り、Braubach 1947, pp. 105-114, Brandenburg 1989, pp. 13-16による。

5 断りのない限り、Braubach 1947, pp. 87-91, Brandenburg 1989, pp. 17-18による。

6 フェーダーはイルミナティの会員でもあった(Hansen (hrsg.) 1931, p. 165)。

7 根本的確信と数学的方法との関係は、福谷茂氏のご教示による。

8 Johann Georg Heinrich Feder, *Institutiones logicae et metaphysicae*, Göttingen, Joann Christian Dieterich, 1777 のことであろう。

9 ドイツでは日本の大学でいう前期（春学期）を夏学期、後期（秋学期）を冬学期と呼ぶ。

10 第二シーズンで最も上演回数が多かったのはモーツァルトの歌劇で、「ドン・ジョヴァンニ」が三回、「フィガロの結婚」が四回上演されている（Thayer 1964, pp. 97-98／邦訳、上巻一〇三頁）。

第3講

1 断りのない限り、Braubach 1947, pp. 116-125, Brandenburg 1989, pp. 19-30 による。

2 付言すると、このときフランス革命のリーダーたちは、ロベスピエール三十一歳、ダントン三十歳、ナポレオン二十歳だった。のちにベートーヴェンがナポレオンに感じた親しみは、世代的なものもあるかもしれない。

3 この詩によれば、啓蒙とは権威によって上から推進されるものではなく、民衆一人一人の日々の努力によってなされるものである。もっとも、「おのれの領分を守る」というシュナイダーの主張は、カントの区分では「理性の私的使用」に近いと言えるが、シュナイダーがこの詩集を公に発表していること自体は、「理性の公的使用」に当たると言える。

4 断りのない限り、Braubach 1947, pp. 155-159, Brandenburg 1989, pp. 30-31 による。

5 現在一般に知られる歌曲《炎の色》は、一八〇五年の改訂版である。このときすでにゾフィーも詩の改訂版を出していた（一八〇〇年）。歌曲改訂版は第一―二連をゾフィー詩初版に、第三―六連をゾフィー詩改訂版によっている。以下の引用は歌曲初版、すなわちゾフィー詩初版による。

第4講

1 アヴェルドンクの姉ヘレーネ（Helene Johanna Averdonk）（一七六〇―一八九年）はベートーヴェンの父ヨハンの教

えを受けた宮廷コントラルト歌手で、ベートーヴェンが一七七八年に公開演奏会でデビューしたときの共演者だった（平野 二〇二一、一一頁）。しかしヘレーネは一七八九年に二十九歳で他界している。
2 藤本他（訳）一九九九、二三―二四頁（引用に際して改行を無くし、適宜句読点を付した）。
3 カント星雲説の要約に際しては、ラヴジョイ 一九七五、二八三―二八五頁を参照した。
4 藤本他（訳）一九九九、二四―二六頁（引用に際して改行を無くし、適宜句読点を付した）。
5 この時期の推定は、大崎 二〇一八、三四九―三五一頁による。

第5講

1 主に内藤 一九九四を参照した。
2 以下、「太陽に寄す」、「友情」は、シラー 二〇〇三を基にしつつ新たに訳し直した。
3 ハーゲドルンやウーツの「歓喜に寄す」、およびそれらとシラーの詩との比較は、矢羽々 二〇一九（二〇〇七）、五二―五七頁を参照のこと。
4 以下の邦訳は、旧拙訳（シラー 二〇〇三）を基に、今回訳し直したものである。
5 もっとも、「（男性が）優美な女性を勝ちえた」という詩句から分かるように、この詩が男性中心の視点で書かれていること、およびその問題点については別途検討しなければならないだろう。そのためにはヴィルヘルミーネとドロテーアのシュトック姉妹を軸としてシラー・サークルを描き直す作業が必要である。今後の課題としたい。

第6講

1 平山は、スピノザの言う三種の認識と、後年シラーが説く三種の衝動との類似性も指摘している（平山 二〇二一、八一頁）。
2 一七八六年の著作『自然科学の形而上学的原理』第二章（Kant 1911, pp. 498-499／カント 二〇〇〇e、五三―五四頁）を参照のこと。

3　一七九七年の著作『人倫の形而上学』第二部第四六節で、カントは「愛は引力、尊敬は斥力とみられるのであって、前者の原理は接近を命じ、後者の原理は相互に適当な距離をおくことを求める」（Kant 1914, p. 470／カント 二〇〇二、三六一頁）と述べている。

第8講

1　付言すると、地上にある音楽はすべて不協和音に過ぎない。そう説いた人物がすでにいた。天文学者ケプラーである（津上英輔氏のご教示による）。彼は『ハルモニケ・ムンディ』（一六一九年）のなかで、完全な協和音、すなわち、音を数値で完全に割ることは、理論的にしかできないと言った。現実の物理的な音を均等に割ろうとしても必ず余剰が出る。その余剰が不協和音であるから、地上にあるものはすべて不協和音に過ぎない。だから人間は協和音に惹かれると言うのだ。宇宙全部が音楽を奏でているという、古代ピタゴラス以来のヨーロッパの音楽論だが、ケプラーはその音が厳密には不協和音であるがゆえに、協和音を目指して宇宙は動いていると考えた。不均衡な状態から均衡を求める動きが生じるという視点は、のちのカント天体論にもつながる。津上・赤塚 二〇二一、五七—六〇頁および津上 二〇二四、六三—六四頁を参照のこと。

2　ドイツ語女性名詞「芸術（Kunst）」の言い換えである。

3　ベートーヴェンがこのソナタ（を含む楽曲群）について「シェークスピアの『テンペスト』を読め」と言ったとされるが、この話の出所であるシントラーの証言は今日信憑性が疑われている。

第9講

1　第一稿は渡辺他（訳）一九九九、ベートーヴェン 二〇二〇（CD）、Beethoven 2021 (DVD), 第二稿はベートーヴェン 二〇二二（DVD）、第三稿は渡辺他（訳）一九九九、チャンパイ、ホラント（編）一九八七を参照した。

2 目下話題にしているのは第三稿だが、この四行に関しては第一稿や第二稿と同じ台詞である。そのため、ここでの訳文は第一稿の邦訳（渡辺他（訳）一九九九）に揃えた。

第10講

1 ベッティーナがベートーヴェンとゲーテを引き合わせた経緯については、ベートーヴェン 一九七八、二四二―二四八頁、青木 二〇〇四が詳しい。
2 日付はベートーヴェン 一九七八、二五七頁の考証に基づく。
3 一八一三年初めとの説もある（大崎 二〇一八、八三〇頁参照）。
4 日付は Beethoven 1996-98, Bd. 3, p. 162（Anmerkung 1）の推測による。
5 夫人の略歴については、ベートーヴェン 一九七八、二〇四頁（訳者小松雄一郎の注）を参照。
6 ヘルダーの『神』（一七八七年）は、それまで無神論者とされてきたスピノザを積極的に擁護し、ドイツ思想界に「汎神論論争」を巻き起こした。
7 クロイカーは超自然主義を代表するプロテスタント神学者の一人であり、彼のインド古典翻訳も自身の用語法を反映していた可能性がある。

第11講

1 なお、カントの原典では、序文のあとにカント自身による各章の「要約」が付けられている（Kant 1902, pp. 237-239／カント 二〇〇〇a、二七―三一頁）。これを読むと全体の中身について当たりを付けられる。ベートーヴェンがこの要約を頼りに読み進めた可能性もある。
2 作詞者はベートーヴェンの知人で医師・詩人のイェイテレス（Alois Isidor Jeitteles）（一七九四―一八五八年）。
3 このくだりの直後に、ベートーヴェンがノートで六つ目に抜粋する「引力」と「斥力」というキーワードが出てくるが（抜粋⑥）、これについては後述する。
4 ベートーヴェンの日記ではカントの原典の「ルクレティウスの」という一語が抜け落ちている。Solomon 1988, p. 279 参照。
5 以下の抜粋③―⑤は、カントの原典では全文強調体で書かれているが、ここではベートーヴェンの表記に従った。
6 ここでカントとニュートンの間で若干の理論的なギャップが生じている。これについては松山壽一 二〇〇六を参照のこと。

第13講

1 カントは『人倫の形而上学の基礎づけ』において、この定式をさらに五通りの仕方で詳しく定式化しているが、ここでは省略して話を進める。

第14講

1 とくに一八一九年九月二十日のカールスバート決議以降を指す。ウィーン体制の中心人物クレメンス・フォン・メッテルニヒが主導してドイツ連邦十か国が決議したもので、同連邦内の自由主義運動や民族主義運動を弾圧することを目的としていた。
2 この箇所はその後、《第九》を象徴するものとして知られるようになった。初演から九十年後の一九一四年、第一次世界大戦の勃発時に、詩人ヘッセはこの歌詞をタイトルにしたエッセイを書いてドイツの文壇の国粋主義を批判した（ヘッセ 二〇一〇、四―九頁）。
3 シラー原詩のこの箇所については、同時代の作家ジャン・パウルも批判していた（矢羽々 二〇一九（二〇〇七）、六九―七〇頁を参照のこと）。
4 付言すると、シラーは自選『詩集』（一八〇三年）を刊行したあと、さらに『豪華版詩集』も計画しており、そこではこの歌詞の「兄弟よ、汝らの軌道を往け（Laufet）」という一節を、「兄弟よ、汝らの軌道を歩め（Wandelt）」に改める気があったようだ。標準的な用法では「laufen」は行進的で、「wandern」は散策的な語感があるが、クーアシャイトによると、シラーの出身地シュヴァーベン地方の用法では「laufen」は「gehen（歩く）」と同義である（Schiller 1992, p. 1040, 編者注）。しかし、『豪華版詩集』はシラーの生前には完成されず、また残された手稿も妻シャルロッテが刊行を認可しなかったので、長らく日の目を見なかった（ibid., p. 830, 編者解説）。シャルロッテは一八二六年没なので、《第九》完成前にベートーヴェンが、シラーのこの「歓喜に寄す」再改訂構想（＝実質的には第三版）を知り得た可能性はきわめて低い。それゆえ、《第九》で使用された「歓喜に寄す」は、基本的に一八〇三年改訂版に基づくものと考えてよい。ただいずれにしても、「往け（Laufet）」という言葉の語感は、この一節をトルコマーチで歌うというベートーヴェンの構想にはふさわしいものだったと言える。『豪華版詩集』のテクストはシラー全集第二巻に収録されており、そこでは「歩め（Wandelt）」となっている（Schiller 1983, p. 186）。

参考文献

・引用の出典として邦訳を示した箇所は、当該の訳文に従っているが、文脈や用語統一の観点から、適宜手を加えた。邦訳者にはお詫びとともに心から感謝申し上げたい。また引用中の〔 〕は特に注記がない限り引用者による補いを示している。

・カントの著作からの引用は、基本的にアカデミー版カント全集（*Kant's gesammelte Schriften*, herausgegeben von der Königlich Preußischen Akademie der Wissenschaften, Berlin: Druck und Verlag von Georg Reimer, 1900ff.）に基づき、（Kant 1912/1923）の形でアカデミー版における作品の刊行年で示した。

・シラーの著作からの引用は、*Schillers Werke: Nationalausgabe*, begründet von Julius Petersen, fortgeführt von Lieselotte Blumenthal und anderen, herausgegeben im Auftrag der Klassik Stiftung Weimar und des Deutschen Literaturarchivs Marbach von Norbert Oellers, Weimar: Hermann Böhlaus Nachfolger, 1943ff. に基づき、（Schiller 1943）の形で、全集における作品の刊行年で示した。

・ただし、本書で多出するシラーの *Gedichte*（『詩集』）は、全集収録の版ではなくDeutscher Klassiker Verlagから刊行された一九九二年の版から引用した（書誌は本覧のSchiller 1992を参照）。出典における（Schiller 1992）は *Gedichte* を指し、全集版の一九九二年刊の作品は（Schiller 1992, NA）として示した。

欧語文献

Appel, Bernhard R. und Julia Ronge (hrsg.) 2016, *Beethoven Liest*, Bonn: Beethoven-Haus Bonn.
Becker, Alfred 1969, *Christian Gottlob Neefe und die Bonner Illuminaten*, Bonn: H. Bouvier.

Beethoven, Ludwig van 1870, *Beethovens Brevier: Sammlung der von ihm selbst ausgezogenen oder angemerkten Stellen aus Dichtern und Schriftstellern alter und neuer Zeit,* herausgegeben von Ludwig Nohl, Leipzig: E. J. Günther.

—— 1923, *Ludwig van Beethovens sämtliche Briefe,* herausgegeben von Emerich Kastner, völlig umgearbeitete und wesentlich vermehrte Neuausgabe von Julius Kapp, Leipzig: Hesse & Becker.

—— 1972, *Konversationshefte,* Bd. 1, *Hefte 1-10 (Februar 1818 bis März 1820),* herausgegeben im Auftrag der Deutschen Staatsbibliothek Berlin von Karl-Heinz Köhler und Grita Herre unter Mitwirkung von Günter Brosche, Leipzig: Deutscher Verlang für Musik.

—— 2016 (1996), *Symphonie Nr. 9 in d, op. 125: Critical Commentary,* herausgegeben von Jonathan Del Mar, Kassel: Bärenreiter-Verlag, 7th Printing.

—— 1996-98, *Ludvig van Beethoven Briefwechsel Gesamtausgabe,* 7 Bde., herausgegeben von Sieghard Brandenburg und Beethoven-Haus Bonn, München: G. Henle Verlag.

—— 2020 (1999), *Symphonie Nr. 9 in d, op. 125,* herausgegeben von Jonathan Del Mar, 12., revidierte Auflage, Kassel: Bärenreiter-Verlag.

—— 2014, *Ludwig van Beethoven: Thematisch-bibliographisches Werkverzeichnis,* 2 Bde., bearbeitet von Kurt Dorfmüller, Norbert Gertsch und Julia Ronge, unter Mitarbeit von Gertraut Haberkamp und dem Beethoven-Haus Bonn, München: G. Henle Verlag.

—— 2018, *Beethoven's Conversation Books,* Vol. 1, *Nos. 1 to 8 (February 1818 to March 1820),* edited and translated by Theodore Albrecht, Suffolk: The Boydell Press.

—— 2019, *Sinfonie no. 9, op. 125: Autograph, Staatsbibliothek zu Berlin, Preussischer Kulturbesitz, Beethoven-Haus Bonn, Bibliothèque nationale de France,* commentary by Lewis Lockwood, Jonathan Del

Mar, Martina Rebmann, Kassel: Bärenreiter-Verlag.

Bodsch, Ingrid, Otto Biba und Ingrid Fuchs (hrsg.) 2020, *Bonns goldenes Zeitalter: die kurkölnische Residenzstadt zur Zeit Beethovens,* Katalog zur gleichnamigen Ausstellung im Ernst-Moritz-Arndt-Haus, Bonn: Verlag StadtMuseum.

Brandenburg, Sieghard 1989, „Beethovens politische Erfahrungen in Bonn", in: *Beethoven zwischen Revolution und Restauration,* herausgegeben von Helga Lühning und Sieghard Brandenburg, Bonn: Beethoven-Haus, S. 3-50.

Braubach, Max 1947, *Die erste Bonner Universität und ihre Professoren: ein Beitrag zur rheinischen Geistesgeschichte im Zeitalter der Aufklärung,* Bonn: Universitäts-Verlag Bonn.

Collin, Heinrich Joseph von 2018 (1808), *Coriolan,* in: *Heinrich J. V. Collin's Trauerspiele,* Bd. 2, Wentworth Press (Originally published 1808).

Dorfmüller, Kurt, Norbert Gertsch und Julia Ronge (hrsg.) 2014, *Ludwig van Beethoven: thematisch-bibliographisches Werkverzeichnis,* unter Mitarbeit von Gertraut Haberkamp und dem Beethoven-Haus Bonn, 2 Bde., München: G. Henle Verlag.

Eichhoff, Johann Peter (hrsg.) 1779, *Kölnisches Encyklopedisches Journal,* 1 Jahrg., 7. St., Köln am Rheine.

Hansen, Joseph (hrsg.) 1931, *Quellen zur Geschichte des Rheinlandes im Zeitalter der Französischen Revolution 1780-1801,* Bd. 1: *1780-1791,* Bonn: P. Hanstein.

Hennes, Johann Heinrich 2018 (1841), *Andenken an Bartholomäus Fischenich: Meist aus Briefen Friedrichs von Schiller und Charlottens von Schiller,* London: Forgotten Books (Originally published 1841).

—— 2017 (1875), *Fischenich und Charlotte von Schiller: aus ihren Briefen und andern Aufzeichnungen,* Norderstedt: Hansebooks (Originally published 1875).

Hinrichsen, Hans-Joachim 2017, „Bestirnter Himmel und moralische Selbstbestimmung: Beethovens ästhetisches Glaubensbekenntnis und die Philosophie des Idealismus“, in: *Utopische Visionen und visionäre Kunst: Beethovens, Geistiges Reich‘ Revisited,* herausgegeben von William Kinderman, Wien: Verlag Der Apfel, S. 44-68.

—— 2019, *Ludwig van Beethoven: Musik für eine neue Zeit,* Kassel: Bärenreiter-Verlag.

—— 2021, „»Zum ewigen Frieden«. Immanuel Kants Moraltheologie und Ludwig van Beethovens *Missa solemnis*“, in: *Religiöse Friedensmusik von der Antike bis zur Gegenwart,* herausgegeben von Dominik Höink, Hildesheim: Georg Olms Verlag, S. 189-203.

Hochstetter, Fidelis 2013, *Ludwig van Beethovens “Fidelio” vor dem Hintergrund einer Ästhetik des Erhabenen,* Würzburg: Königshausen & Neumann.

Jacobs, Robert L. 1961, “Beethoven and Kant”, *Music & Letters,* Jul., Vol. 42, No. 3, pp. 242-251.

Kant, Immanuel 1900-, *Kant's gesammelte Schriften,* herausgegeben von der Königlich Preußischen Akademie der Wissenschaften, Berlin: Druck und Verlag von Georg Reimer.

Klopstock, Friedrich Gottlieb 1751, *Der Messias,* Bd. 1, Halle: Hemmerde.

—— 1771, *Oden,* Hamburg: Bode.

Kopitz, Klaus Martin und Rainer Cadenbach (hrsg.) 2009, *Beethoven aus der Sicht seiner Zeitgenossen: in Tagebüchern, Briefen, Gedichten und Erinnerungen,* München: G. Henle Verlag.

Leitzmann, Albert (hrsg.) 1921, *Ludwig van Beethoven: Berichte der Zeitgenossen, Briefe und persönliche Aufzeichnungen,* 2 Bde., Leipzig: Insel Verlag.

Littrow, Joseph von 1820, „Kosmologische Betrachtungen“, *Wiener Zeitschrift für Kunst, Literatur, Theater und Mode,* S. 97-99, 105-107.

Magnani, Luigi 1967, *Beethovens Konversationshefte,* aus dem Italienischen von Ragni Maria Gschwend, München: R. Piper.

Maier, Franz Michael 2016, „Beethoven liest Littrow", in: *Beethoven Liest,* herausgegeben von Bernhard R. Appel und Julia Ronge, Bonn: Beethoven-Haus Bonn, S. 251-288.

Mereau, Sophie 1792, „Feuerfarb", in: *Journal des Luxus und der Moden* 7, Nr. 8 vom August 1792, S. 377 f.

Nettl, Paul 2021 (1951), *Forgotten Musicians,* Hassell Street Press (Originally published 1951).

Nottebohm, Gustav 2022 (1872), *Beethoveniana: Aufsätze und Mitteilungen,* Norderstedt: Hansebooks (Originally published 1872).（グスターフ・ノッテボーム『ベートーヴェニアーナ――創作記録と手記の考証』武川寛海訳、音楽之友社、一九五一年）

—— 2017 (1887), *Zweite Beethoveniana: Nachgelassene Aufsätze,* Norderstedt: Hansebooks (Originally published 1887).（グスターフ・ノッテボーム『第二ベートーヴェニアーナ』山根銀二訳、音楽之友社、一九五二年）

Rolland, Romain 1943, *Beethoven, Les grandes époques créatrices, La cathédrale interrompue I, La Neuvième Symphonie,* Paris: Editions du Sablier.（ロマン・ロラン「第九交響曲」蛯原徳夫・北沢方邦訳、『ベートーヴェン研究』第三巻、みすず書房、一九六六年）

Schiedermair, Ludwig 1925, *Der junge Beethoven,* Leipzig: Quelle & Meyer.

Schiller, Friedrich 1943-, *Schillers Werke: Nationalausgabe,* begründet von Julius Petersen, fortgeführt von Lieselotte Blumenthal und anderen, herausgegeben im Auftrag der Klassik Stiftung Weimar und des Deutschen Literaturarchivs Marbach von Norbert Oellers, Weimar: Hermann Böhlaus Nachfolger.

—— 1992, *Gedichte,* herausgegeben von Georg Kurscheidt, Frankfurt am Main: Deutscher Klassiker Verlag.

Schneider, Eulogius 2010 (1790), *Gedichte von Eulogius Schneider,* Whitefish: Kessinger Publishing

(Originally published 1790).
Schultz, Johann 1784, *Erläuterungen über des Herrn Professor Kant Critik der reinen Vernunft*, Königsberg: Carl Gottlob Dengel.（ヨハン・シュルツ『カント『純粋理性批判』を読むために』菅沢龍文・渋谷繁明・山下和也訳，梓出版社，二〇〇八年）
Solomon, Maynard 1977, *Beethoven*, New York: Schirmer Books.（メイナード・ソロモン『ベートーヴェン』全二巻，徳丸吉彦・勝村仁子訳，岩波書店，一九九二―九三年）
―― 1988 *Beethoven Essays*, Cambridge, Mass.: Harvard University Press.（メイナード・ソロモン編『ベートーヴェンの日記』青木やよひ・久松重光訳，岩波書店，二〇〇一年）
Sturm, Christoph Christian 2011 (1813), *Betrachtungen ueber die Werke Gottes im Reiche der Natur und der Vorsehung auf alle Tage des Jahres*, 2 Bde., herausgegeben von Bernard Galura, Nabu Public Domain Reprints (Originally published 1813).
Sullivan, John William Navin 1927, *Beethoven: His Spiritual Development*, New York: Vintage Books.（J・W・N・サリヴァン『ベートーヴェン――その精神的発展』上田和夫訳，彌生書房，一九七五年）
Teschner, Ulrike 1968, *Bartholomäus Fischenich: ein rheinischer Philosoph und Jurist der Aufklärungszeit*, Bonn: Ludwig Röhrscheid Verlag.
Thayer, Alexander Wheelock 1964, *Thayer's Life of Beethoven*, revised and edited by Elliot Forbes, Princeton: Princeton University Press.（セイヤー『ベートーヴェンの生涯』全二巻，エリオット・フォーブズ校訂，大築邦雄訳，音楽之友社，一九七一―七四年）
―― 2021 (1921), *The Life of Ludwig van Beethoven*, Volume I, II & III, edited by Henry Edward Krehbiel, Independently published (Originally published 1921).
ULB Bonn / Beiträge zur Ausbreitung nützlicher Kenntnisse (https://zeitpunkt.nrw)（イルミナティ・ボン支部

新聞デジタル）

Vorländer, Karl 1926, „Kant und Beethoven", in: *Kant=Studien* 31, herausgegeben von Paul Menzer und Arthur Liebert, Berlin: Pan-Verlag Rolf Heise, S. 126-129.

Wegeler, Franz Gerhard 1845, *Nachtrag zu den biographischen Notizen über Ludwig van Beethoven*, Koblenz: Bädeker.

Wegeler, Franz Gerhard und Ferdinand Ries 2018 (1906), *Biographische Notizen über Ludwig van Beethoven*, Neudruck mit Ergänzungen und Erläuterungen von Alfred Christlieb Kalischer, zweite Auflage, Inktank Publishing (Originally published 1906).

Wiener Zeitschrift für Kunst, Literatur, Theater und Mode, 1817-1849, 1820.pdf

日本語文献

青木やよひ　二〇〇四『ゲーテとベートーヴェン——巨匠たちの知られざる友情』平凡社（平凡社新書）。

アドルノ、テオドール・W　二〇一〇『ベートーヴェン——音楽の哲学』改訂版、大久保健治訳、作品社。

有福孝岳・坂部恵（編集顧問）一九九七『カント事典』弘文堂。

伊藤貴雄　二〇〇四「「第九　歓喜の歌」——ベートーヴェン・シラー・カントをつなぐもの」、『第三文明』二〇〇四年一月号、四三—四七頁。

ヴォルテール　二〇一一『寛容論』中川信訳、中央公論新社（中公文庫）。

ヴォルフ、ヴェルナー　一九八七「題材としてのレオノールの来歴」、アッティラ・チャンパイ、ディートマル・ホラント編『ベートーヴェン　フィデリオ』音楽之友社、一二八—一三五頁。

大崎滋生　二〇一八『ベートーヴェン像再構築』全三巻、春秋社。

——　二〇一九『ベートーヴェン　完全詳細年譜』春秋社。

―― 二〇二四『史料で読み解くベートーヴェン』春秋社。

小塩トシ子他（訳）一九九九『ベートーヴェン全集』第六巻別冊「歌曲／民謡編曲　対訳」講談社。

カッシーラー、エルンスト　一九七二『自由と形式――ドイツ精神史研究』中埜肇訳、ミネルヴァ書房。

―― 一九九一『個と宇宙――ルネサンス精神史』薗田坦訳、名古屋大学出版会。

金子建志　一九九六『ベートーヴェンの〈第9〉』音楽之友社。

カント、イマヌエル　一九九九―二〇〇〇「判断力批判」（上・下）牧野英二訳、『カント全集』第八・九巻、岩波書店、上：一―二六五頁、下：一―一八七頁。

―― 二〇〇〇a「天界の一般自然史と理論」宮武昭訳、『カント全集』第二巻、岩波書店、一―一七一頁。

―― 二〇〇〇b「人倫の形而上学の基礎づけ」平田俊博訳、『カント全集』第七巻、岩波書店、一―一一六頁。

―― 二〇〇〇c「実践理性批判」坂部恵・伊古田理訳、『カント全集』第七巻、岩波書店、一一七―三五七頁。

―― 二〇〇〇d「たんなる理性の限界内の宗教」北岡武司訳、『カント全集』第一〇巻、岩波書店、一―二七二頁。

―― 二〇〇〇e「自然科学の形而上学的原理」犬竹正幸訳、『カント全集』第一二巻、岩波書店、一―一六二頁。

―― 二〇〇〇f「世界市民的見地における普遍史の理念」福田喜一郎訳、『カント全集』第一四巻、岩波書店、一―二二頁。

―― 二〇〇〇g「啓蒙とは何か」福田喜一郎訳、『カント全集』第一四巻、岩波書店、二三―三四頁。

―― 二〇〇一―〇六「純粋理性批判」（上・中・下）有福孝岳訳、『カント全集』第四―六巻、岩波書店、上：一―三八八頁、中：一―三七四頁、下：一―一三〇頁。

―― 二〇〇二「人倫の形而上学」樽井正義・池尾恭一訳、『カント全集』第一一巻、岩波書店、一―三九〇頁。

―― 二〇〇三「書簡Ⅰ」北尾宏之・竹山重光・望月俊孝訳、『カント全集』第二一巻、岩波書店、一―三九一頁。

――二〇〇五「書簡II」木阪貴行・山本精一訳、『カント全集』第二二巻、岩波書店、一―四二六頁。

金聖響・玉木正之 二〇〇七『ベートーヴェンの交響曲』講談社（講談社現代新書）。

クザーヌス、ニコラウス 一九六六『知ある無知』岩崎允胤・大出哲訳、創文社。

――二〇〇一『神を観ることについて 他二篇』八巻和彦訳、岩波書店（岩波文庫）。

コイレ、アレクサンドル 一九七三『閉じた世界から無限宇宙へ』横山雅彦訳、みすず書房。

小松雄一郎 一九七九『ベートーヴェン 第九――フランス大革命に生きる』築地書館。

ゴールドシュミット、ハリー 一九八七「原レオノーレ」、アッティラ・チャンパイ、ディートマル・ホラント編『ベートーヴェン フィデリオ』音楽之友社、一五三―一八三頁。

シラー、フリードリヒ 一九四一『シラー選集』第二巻「論文」新関良三編、冨山房。

――一九五九『ドン・カルロス』北通文訳、『世界文学大系』第一八巻「シラー」、筑摩書房。

――一九七四『美と芸術の理論――カリアス書簡』草薙正夫訳、岩波書店（岩波文庫）。

――一九七六『メッシーナの花嫁』岩淵達治訳、『世界文学全集』第一七巻「レッシング シラー クライスト」、講談社。

――一九七七『美学芸術論集』石原達二訳、冨山房（冨山房百科文庫）。

――二〇〇三「シラー初期詩編――初稿を中心に」田中亮平・伊藤貴雄訳、『創価大学外国語学科紀要』第一三号、一七七―二二五頁。

スピノザ 二〇〇七『エティカ』工藤喜作・斎藤博訳、中央公論新社。

曽我大介 二〇一三『《第九》虎の巻――歌う人弾く人聴く人のためのガイドブック』音楽之友社。

――二〇二一『ベートーヴェンのトリセツ――指揮者が読み解く天才のスゴさ』音楽之友社。

チャンパイ、アッティラ、ディートマル・ホラント（編）一九八七『ベートーヴェン フィデリオ』（名作オペラブックス3）音楽之友社。
津上英輔　二〇二四「ケーベルの美学講義」、『ケーベル会誌』第五号、五五―七一頁。
津上英輔・赤塚健太郎　二〇二一『新訂　西洋音楽史』放送大学教育振興会。
土田英三郎　二〇〇三「楽曲解説」、『ベートーヴェン　交響曲第9番』音楽之友社、iv―xvii頁。
内藤克彦　一九九四『シラー　人と思想』清水書院。
ニーメラー、クラウス・ヴォルフガング　一九九九「われ信ず！――《ミサ・ソレムニス》の宗教性と芸術性をめぐって」前田昭雄訳、『ベートーヴェン全集』第八巻、講談社、一六―三二頁。
ハイネ　一九七三『ドイツ古典哲学の本質』伊東勉訳、岩波書店（岩波文庫）。
パノフスキー、アーウィン　二〇〇一『ゴシック建築とスコラ学』前川道郎訳、筑摩書房（ちくま学芸文庫）。
ハーバーマス、ユルゲン　一九九四（一九七三）『公共性の構造転換――市民社会の一カテゴリーについての探究』第二版、細谷貞雄・山田正行訳、未来社。
平野昭　二〇一二『ベートーヴェン』音楽之友社。
平山敬二　二〇二二「シラーとスピノザ――自然概念をめぐる一考察」、『宝塚大学紀要』第三六巻、七三―八九頁。
ヒルデブラント、ディーター　二〇〇七『第九――世界的讃歌となった交響曲の物語』山之内克子訳、法政大学出版局。
福谷茂　二〇〇七「カント」、加藤尚武編『哲学の歴史』第七巻「理性の劇場」、中央公論新社、七五―一七六頁。
藤井義正　二〇〇八『私の〈第九〉――シラーの詩「歓喜に寄す」からベートーヴェンの「歓喜の歌」へ』神戸新聞総合出版センター。
藤田俊之　二〇二〇『ベートーヴェンが読んだ本』幻冬舎メディアコンサルティング。

藤本一子他（訳）一九九九『ベートーヴェン全集』第八巻別冊「宗教曲／アリア／重唱曲／カノン 対訳」講談社。

ベートーヴェン、ルートヴィヒ・ファン 一九五七『音楽ノート』小松雄一郎訳編、岩波書店（岩波文庫）。

―― 一九七八―七九『ベートーヴェン書簡選集』全二巻、小松雄一郎訳編、音楽之友社。

―― 二〇一七（二〇〇三）『ベートーヴェン 交響曲第9番』音楽之友社。

ヘッセ、ヘルマン 二〇一〇『ヘルマン・ヘッセエッセイ全集』第八巻「時代批評」日本ヘルマン・ヘッセ友の会・研究会編訳、臨川書店。

ベーメ、ゲルノート 二〇一八『新しい視点から見たカント『判断力批判』』河村克俊監訳、浅野貴彦・嵩原英喜・西章訳、晃洋書房。

ホフマン、E・T・A 一九七九「ベートーヴェン『第五交響曲』」深田甫訳、『音楽の手帖 ベートーヴェン』青土社、二四三―二五六頁。

ボンズ、マーク・エヴァン 二〇二二『ベートーヴェン症候群――音楽を自伝として聴く』堀朋平・西田紘子訳、春秋社。

前田昭雄（編集主幹）一九九七―二〇〇〇『ベートーヴェン全集』全一〇巻、講談社。

松山壽一 二〇〇四『ニュートンからカントへ――力と物質の概念史』晃洋書房。

―― 二〇〇六『ニュートンとカント――自然哲学における実証と思弁』改訂版、晃洋書房。

松山雄三 一九九九「神・自然・人間㈠――若いシラーの世界観をめぐって」、仙台ゲーテ自然学研究会編『プロテウス』第四号、四一―五〇頁。

―― 二〇〇一「神・自然・人間㈡――若いシラーの叙情詩をめぐって」、仙台ゲーテ自然学研究会編『プロテウス』第五号、一二三―一三九頁。

―― 二〇一四「Fr.シラーと啓蒙の精神」、『東北薬科大学一般教育関係論集』第二七号、二五―五三頁。

ムーア、A・W　二〇一二『無限――その哲学と数学』石村多門訳、講談社（講談社学術文庫）。

矢羽々崇　二〇一九（二〇〇七）『「歓喜に寄せて」の物語――シラーとベートーヴェンの『第九』』改訂版、現代書館（初版二〇〇七年）。

山根銀二　二〇二一『ベートーヴェン研究（合本）』未來社。

ラヴジョイ、アーサー・O　一九七五『存在の大いなる連鎖』内藤健二訳、晶文社。

レッシング　一九五八『賢人ナータン』篠田英雄訳、岩波書店（岩波文庫）。

ロジエ、L・J他　一九九七『キリスト教史』第七巻「啓蒙と革命の時代」上智大学中世思想研究所編訳、平凡社。

ローティ、R　一九八八「哲学史の記述法――四つのジャンル」、『連帯と自由の哲学――二元論の幻想を超えて』冨田恭彦訳、岩波書店。

渡辺護他（訳）　一九九九『ベートーヴェン全集』第七巻別冊「舞台音楽　対訳」講談社。

映像・CD

Beethoven, Ludwig van 2021 (DVD) *Leonore* (1805 version), Opera Lafayette Orchestra and Chorus, Conducted and artistic directed by Ryan Brown, filmed at the Kaye Playhouse, Hunter College, New York, Naxos.
ベートーヴェン、ルートヴィヒ・ヴァン　二〇二〇（CD）歌劇『レオノーレ』（第一稿、一八〇五年版）、ルネ・ヤーコプス指揮、フライブルク・バロック・オーケストラほか、フィルハーモニー・ド・パリ、キングインターナショナル。
――　二〇二一（DVD）歌劇『フィデリオ』（第二稿、一八〇六年版）、マンフレート・ホーネック指揮、ウィーン交響楽団ほか、アン・デア・ウィーン劇場、キングインターナショナル。

あとがき

初めて《第九》を聴いたのは、郷里・熊本にいた小学校六年生のときだった。音楽科の先生がベートーヴェンの魅力を熱心に語られ、大晦日にテレビ放映される《第九》の演奏会を聴くように言われたのだ。聴いてみて、正直分からないところもあったが、終楽章後半、それまで厳めしい表情をしていた指揮者が突如晴れやかな顔で指揮しはじめたことが強く印象に残った（その指揮者がヘルベルト・ブロムシュテットであったことは後で知った）。

音楽への関心をさらに深めたのは中学校時代である。文化祭での合唱に力を入れていた校風もあって、音楽科だけでなく、数学や国語など諸教科でも音楽の話題に触れる機会が多かった。数学科の先生は音楽と文学・哲学・天文学との関係も語っておられた。音楽を中心とした諸学のつながりに関心を抱いた最初のきっかけは、間違いなくこのときの先生方からのご教示にある。

その頃は祖母がときどきプレゼントとして買ってくれるカセットテープを聴くのが何よりの楽しみだった。《月光》《悲愴》《熱情》の三大ソナタや、ピアノ協奏曲《皇帝》は何度繰り返して聴いたか分からない。祖母は数年前に他界したが、これらを耳にすると、三十年以上昔の郷里の情景がいまも鮮やかに甦ってくる。

その後も誠に多くの方に研究上のご指導を賜わった。お世話になった方すべてのお名前を挙げることは紙幅の都合で叶わないが、本書に直接の学恩のある方にはどうしても謝意を記したい。

まず、ドイツ文学者の田中亮平先生である。筆者の学部時代から大学院時代にかけて七年間余り、『純粋理性批判』をはじめとするドイツ語テクストを大学の授業外で講読してくださった。そのときの勉強の一環で、先生との共訳「シラー初期詩編――初稿を中心に」(二〇〇三年)に携わったことが、本書の着想の源泉にある。

この翻訳が契機となり、文学史家の故・高崎隆治先生から雑誌『第三文明』への寄稿の推薦をいただいた。そこから拙稿「「第九　歓喜の歌」――ベートーヴェン・シラー・カントをつなぐもの」(二〇〇四年)ができた。一つのテクストの主張をそれと同時代の他のテクスト群との対比によって浮かび上がらせる方法は、先生に教わったものである。

少し経って、ベートーヴェン研究家・藤井義正先生からお手紙を頂戴する僥倖に恵まれた。そこには歴代の「歓喜に寄す」邦訳に対する疑義(第6講で触れた「Seid umschlungen Millionen!」をめぐる解釈問題)が詳細に記されていた。以後、先生にはたびたびシラー解釈やドイツ啓蒙主義研究に関してご教示を賜ることとなった。

さらにぜひ御礼を伝えたい方がお二人。お一人は哲学者の福谷茂先生である。先生は日本を代表するカント学者であられるが、精神史・科学史に関する深い造詣を基に、本書のテーマに関わる参考文献を多数ご教示くださった。カントとベートーヴェンをつなぐ今回の試みを敢行できたのは、先生に強く背中を押していただいたおかげである。

もうお一人は哲学者の大橋容一郎先生である。日本を代表するカント学者であり、哲学と音楽の関係も多年にわたり考究されている先生は、朝日カルチャーセンター新宿教室主催「カント生誕三〇〇年「カント哲学と現代」シリーズ講座」や、放送大学埼玉学習センターで講義する機会を与えてくださった。本書の「エピローグ」はそのときの賜物である。

なお、本論に当たる全十四講は、創価大学文学部科目「哲学思想特講」で、カント生誕三〇〇周年と《第九》初演二〇〇周年を記念して行った講義「ベートーヴェンとカント」（二〇二三／二四年）を基にしている。受講者からの毎回の感想は励みになった。書籍化に際してはゼミ生や卒業生が有益な助言をしてくれた。本書が少しでも読み易くなっているとすれば彼らのおかげである。

資料面では、ボンのベートーヴェン・ハウス図書室と、創価大学中央図書館の蔵書に大いに助けられた。二〇二四年秋には同大主催の「ベートーヴェンと『歓喜の歌』展」を監修する機会にあずかり、同大所蔵のベートーヴェン直筆書簡（一八一五年九月、ブラウフル宛）や、「歓喜に寄す」初出誌『タリーア』合本版（一七八七年）に触れることができたのも大変に僥倖であった。

併せて、日頃より研究面でお世話になっている創価大学文学部および文学研究科、池田大作記念創価教育研究所、並びに公益財団法人・東洋哲学研究所の関係者の皆様にも篤く感謝したい。

最後に、筆者の研究を二十年来温かく見守り講談社をご紹介くださった哲学者の森一郎氏、同社の互盛央氏と岡林彩子氏に心から御礼申し上げる。お三方の絶大なるご高配とご尽力がなければ、本書が世に出ることはなかった。

著者記す

伊藤貴雄（いとう・たかお）

一九七三年、熊本県生まれ。創価大学大学院文学研究科博士後期課程修了。博士（人文学）。マインツ大学ショーペンハウアー研究所客員研究員等を経て、現在、創価大学文学部教授。東洋哲学研究所研究員。専門は哲学、倫理学、思想史。

主な著書に『ショーペンハウアー　兵役拒否の哲学』（晃洋書房）、『ヒューマニティーズの復興をめざして』（共編、勁草書房）ほか。

主な訳書に『ゲーテ＝シラー往復書簡集』（共訳、潮出版社）ほか。

哲《てつ》学《がく》するベートーヴェン
カント宇宙論《うちゅうろん》から《第九《だいく》》へ

二〇二五年　五月一三日　第一刷発行

著者　伊《い》藤《とう》貴《たか》雄《お》

発行者　篠木和久

発行所　株式会社講談社

東京都文京区音羽二丁目一二―二一　〒一一二―八〇〇一

電話（編集）〇三―五三九五―三五一二

（販売）〇三―五三九五―五八一七

（業務）〇三―五三九五―三六一五

KODANSHA

カバー装幀　森 裕昌

本文データ制作　講談社デジタル製作

本文印刷　信毎書籍印刷株式会社

カバー・表紙印刷　半七写真印刷工業株式会社

製本所　大口製本印刷株式会社

ISBN978-4-06-539670-4　Printed in Japan　N.D.C.760　343p　19cm

講談社選書メチエの再出発に際して

講談社選書メチエの創刊は冷戦終結後まもない一九九四年のことである。長く続いた東西対立の終わりはついに世界に平和をもたらすかに思われたが、その期待はすぐに裏切られた。超大国による新たな戦争、吹き荒れる民族主義の嵐……世界は向かうべき道を見失った。そのような時代の中で、書物のもたらす知識が一人一人の指針となることを願って、本選書は刊行された。

それから二五年、世界はさらに大きく変わった。特に知識をめぐる環境は世界史的な変化をこうむったとすら言える。インターネットによる情報化革命は、知識の徹底的な民主化を推し進めた。誰もがどこでも自由に知識を入手でき、自由に知識を発信できる。それは、冷戦終結後に抱いた期待を裏切られた私たちのもとに差した一条の光明でもあった。

その光明は今も消え去ってはいない。しかし、私たちは同時に、知識の民主化が知識の失墜をも生み出すという逆説を生きている。堅く揺るぎない知識も消費されるだけの不確かな情報に埋もれることを余儀なくされ、不確かな情報が人々の憎悪をかき立てる時代が今、訪れている。

この不確かな時代、不確かさが憎悪を生み出す時代にあって必要なのは、一人一人が堅く揺るぎない知識を得、生きていくための道標を得ることである。

フランス語の「メチエ」という言葉は、人が生きていくために必要とする職、経験によって身につけられる技術を意味する。選書メチエは、読者が磨き上げられた経験のもとに紡ぎ出される思索に触れ、生きるための技術と知識を手に入れる機会を提供することを目指している。万人にそのような機会が提供されたとき初めて、知識は真に民主化され、憎悪を乗り越える平和への道が拓けると私たちは固く信ずる。

この宣言をもって、講談社選書メチエ再出発の辞とするものである。

二〇一九年二月　　野間省伸

MÉTIER

英国ユダヤ人　佐藤唯行
ポル・ポト〈革命〉史　山田　寛
世界のなかの日清韓関係史　岡本隆司
アーリア人　青木　健
ハプスブルクとオスマン帝国　河野　淳
「三国志」の政治と思想　渡邉義浩
海洋帝国興隆史　玉木俊明
軍人皇帝のローマ　井上文則
世界史の図式　岩崎育夫
ロシアあるいは対立の亡霊　乗松亨平
都市の起源　小泉龍人
英語の帝国　平田雅博
アメリカ　異形の制度空間　西谷　修
ジャズ・アンバサダーズ　齋藤嘉臣
モンゴル帝国誕生　白石典之
〈海賊〉の大英帝国　薩摩真介
フランス史　ギヨーム・ド・ベルティエ・ド・ソヴィニー　鹿島　茂監訳／楠瀬正浩訳

地中海の十字路＝シチリアの歴史　藤澤房俊
月下の犯罪　サーシャ・バッチャーニ　伊東信宏訳
シルクロード世界史　森安孝夫
黄禍論　廣部　泉
イスラエルの起源　鶴見太郎
近代アジアの啓蒙思想家　岩崎育夫
銭躍る東シナ海　大田由紀夫
スパルタを夢見た第三帝国　曽田長人
メランコリーの文化史　谷川多佳子
アトランティス＝ムーの系譜学　庄子大亮
中国パンダ外交史　家永真幸
越境の中国史　菊池秀明
中華を生んだ遊牧民　松下憲一
戦国日本を見た中国人　上田　信
遊牧王朝興亡史　白石典之
古代マケドニア全史　澤田典子

講談社選書メチエ　社会・人間科学

MÉTIER

日本語に主語はいらない　金谷武洋
テクノリテラシーとは何か　齊藤了文
どのような教育が「よい」教育か　苫野一徳
感情の政治学　吉田　徹
マーケット・デザイン　川越敏司
「社　会《コンヴィヴィアリテ》」のない国、日本　菊谷和宏
権力の空間／空間の権力　山本理顕
地図入門　今尾恵介
国際紛争を読み解く五つの視座　篠田英朗
易、風水、暦、養生、処世　水野杏紀
丸山眞男の敗北　伊東祐吏
新・中華街　山下清海
ノーベル経済学賞　根井雅弘編著
日本論　石川九楊
丸山眞男の憂鬱　橋爪大三郎
危機の政治学　牧野雅彦
主権の二千年史　正村俊之

機械カニバリズム　久保明教
暗号通貨の経済学　小島寛之
電鉄は聖地をめざす　鈴木勇一郎
日本語の焦点　日本語「標準形《スタンダード》」の歴史　野村剛史
ワイン法　蛯原健介
MMT　井上智洋
手の倫理　伊藤亜紗
現代民主主義　思想と歴史　権左武志
やさしくない国ニッポンの政治経済学　田中世紀
物価とは何か　渡辺　努
SNS天皇論　茂木謙之介
英語の階級　新井潤美
目に見えない戦争　イヴォンヌ・ホフシュテッター　渡辺　玲訳
英語教育論争史　江利川春雄
人口の経済学　野原慎司
「社会」の底には何があるのか　菊谷和宏
楽しい政治　小森真樹

講談社選書メチエ　日本史

MÉTIER

喧嘩両成敗の誕生　清水克行
日本軍のインテリジェンス　小谷　賢
近代日本の右翼思想　片山杜秀
アイヌの歴史　瀬川拓郎
本居宣長『古事記伝』を読むⅠ〜Ⅳ　神野志隆光
アイヌの世界　瀬川拓郎
戦国大名の「外交」　丸島和洋
町村合併から生まれた日本近代　松沢裕作
源実朝　坂井孝一
満蒙　麻田雅文
〈階級〉の日本近代史　坂野潤治
原敬（上・下）　伊藤之雄
大江戸商い白書　山室恭子
戦国大名論　村井良介
〈お受験〉の歴史学　小針　誠
福沢諭吉の朝鮮　月脚達彦
帝国議会　村瀬信一

「怪異」の政治社会学　高谷知佳
大東亜共栄圏　河西晃祐
永田鉄山軍事戦略論集　川田　稔編・解説
享徳の乱　峰岸純夫
大正＝歴史の踊り場とは何か　鷲田清一編
近代日本の中国観　岡本隆司
昭和・平成精神史　磯前順一
叱られ、愛され、大相撲！　胎中千鶴
武士論　五味文彦
鷹将軍と鶴の味噌汁　菅　豊
戦国日本の生態系《エコシステム》　高木久史
日本人の愛したお菓子たち　吉田菊次郎
国鉄史　鈴木勇一郎
神武天皇の歴史学　外池　昇
徳川海上権力論　小川　雄

講談社選書メチエ　宗教

MÉTIER

- 宗教からよむ「アメリカ」　森 孝一
- ヒンドゥー教　山下博司
- グノーシス　筒井賢治
- ゾロアスター教　青木 健
- 『正法眼蔵』を読む　南 直哉
- ヨーガの思想　山下博司
- 宗教で読む戦国時代　神田千里
- 吉田神道の四百年　井上智勝
- 知の教科書 カバラー　ピンカス・ギラー　中村圭志訳
- フリーメイスン　竹下節子
- 異端カタリ派の歴史　ミシェル・ロクベール　武藤剛史訳
- 聖書入門　フィリップ・セリエ　支倉崇晴・支倉寿子訳
- 氏神さまと鎮守さま　新谷尚紀
- 七十人訳ギリシア語聖書入門　秦 剛平
- オカルティズム　大野英士
- 維摩経の世界　白石凌海
- 山に立つ神と仏　松﨑照明

- 逆襲する宗教　小川 忠
- 創造論者vs.無神論者　岡本亮輔
- 仏教の歴史　ジャン＝ノエル・ロベール　今枝由郎訳
- 創価学会　レヴィ・マクローリン　山形浩生訳／中野 毅監修
- 異教のローマ　井上文則
